C. S. Lewis

캔사스주 백버슨에 있는 펜인크톤에게

C.S.루이스
삶과 사랑

샘 웰만 지음 / 한대훈 옮김

서로사랑

C. S. Lewis
Copyrights ⓒ 1997-by Sam Wellman
All rights reserved
Originally Published by Barbour Publishing, Inc.
Korean translation Copyright ⓒ 2006 by
Seorosarang Publishing

C. S. 루이스 삶과 사랑

1판 1쇄 발행 | 2006. 5. 26

지 은 이 | 샘 웰만
옮 긴 이 | 한대훈
펴 낸 이 | 이상준
펴 낸 곳 | 서로사랑(알파코리아 출판 사역기관)
편집팀장 | 김복희
교정교열 | 노지선, 정현주
디 자 인 | 안현숙
영   업 | 이준화
이 메 일 | publication@alphakorea.org
컨퍼런스 | 이정자, 김태선
행   정 | 우혜인, 박미경, 김희정
사   역 | 윤종화, 김종선, 최선희, 엄지일
등록번호 | 제 21-657-1
등록일자 | 1994. 10. 31
주   소 | 서울시 서초구 방배동 918-3 완원빌딩
전   화 | (02)586-9211~4
팩   스 | (02)586-9215
홈페이지 | http://www.alphakorea.org
ISBN 89-8471-169-1-03230

* 이 책은 서로사랑이 저작권자와의 계약에 따라 발행한 것이므로
  본사의 허락 없이는 어떠한 형태나 수단으로도 이 책의 내용을 이용하지 못합니다.
* 잘못된 책은 바꿔 드립니다.
* 가격은 뒷표지에 있습니다.

추천의 글

  책을 만드는 사람의 최고의 보람은 읽은 분들이 감동과 유익이 있었다는 말씀을 할 때입니다.

  C. S. 루이스가 20세기 그리스도인에게 가장 큰 영향력을 끼친 기독교 변증가라는 수식어가 따라 다니듯이 알파코스 전 세계 책임자인 니키 검블은 21세기 최고의 기독교 변증가입니다.

  알파코리아의 책임자인 저로서는 니키 검블이 종종 C. S. 루이스의 글을 인용하는 것을 보고 C. S. 루이스의 책들을 읽는 기쁨이 있었습니다.

  C. S. 루이스의 책들을 대할 때 가장 겸손한 그리스도인의 모습으로 살아가면서 그리스도를 알고 그분께 순종하며 그분을 세상에 알리고자 하는 열정적인 삶에 매료되는 기쁨이 있습니다.

  그와 비례하여 C. S. 루이스의 개인적인 삶에 대한 궁금한 것이 더해 갈 때 마침 이 책을 만났습니다. 처음부터 끝까지 눈과 손을 뗄 수 없는 감동이 있습니다.

먼저 이 책을 만났더라면 C. S. 루이스의 책들을 이해하는 데 더 많은 도움이 되었겠다는 안타까움이 있습니다.

이 책을 읽고 C. S. 루이스의 다른 책들을 읽어 간다면 우리도 탄탄한 복음의 논리로 이 땅에 잃어버린 영혼들을 예수의 이름으로 생명을 살리는 데 선한 통로로 사용되는 벅찬 감동과 행복이 있을 것입니다. 이런 확신 속에 이 책을 독자들께 사랑과 존경의 마음으로 권해 드립니다.

발행인 알파코리아 대표 *이상준* 선교사

하나

"새로운 장교가 부임한다." 루이스 중위가 아이레스 하사에게 전달했다.

'일진이 이렇게 사나울 수가!' 제3서버셋 보병 중대 C. S. 루이스 중위는 이렇게 생각했다. 분명 프랑스에서는 전혀 반가운 일이 아니었다. 독일군의 포격은 전에 없이 심했고, 중위는 종일 포격을 피해 쪼그리고 앉아 있어야만 했다. 북부 지역으로부터 독일군이 독가스를 사용했다는 소문이 들려와 손에서 방독면을 한시도 놓지 못하고 움켜쥐고 있었던 덕분에 손가락이 아파오기 시작했다. 뿐만 아니라 어림잡아 15개 사단 병력의 독일군들이 루이스 중위가 배치되어 있는 곳에서 후방인 아라스를 공격할 준비를 하고 있다는 소문에 잔뜩 신경이 곤두서 있는 상태였다. 더 한심한 것은 중위가 병사들을 이끌고 독일군과 맞서 싸울

만큼 준비가 되어있지 못하다는 사실이었다. 차라리 항상 그랬던 것처럼 아이레스 하사에게 기대고 앉아 있고만 싶었다. 그런 상황에 새로운 선임 장교라니….

긴 한숨을 내쉬며, 참호 입구를 뚫어지게 쳐다보고 있을 때였다. 갑자기 지저분한 얼굴의 한 하사관과 얼굴이 말끔한 신임 장교가 입구에 쪼그리고 앉아있던 중위의 머리 위로 나타났다. 자신이 벼랑 끝에 서있다는 것을 불현듯 깨달은 신임 장교는 들리지 않을 정도로 작은 한숨을 내쉬었다. "새로 판 참호를 지나 왔는데 따로 3m가 더 있어야 해"라고 신임 장교가 큰 소리로 말했다.

"네, 적어도 3m는 더 파야 합니다"라고 부관이 대답했다. "우리가 지나 온 곳이 참호입니다. 잘 만들어진 곳이지만 우리는 최전방에 있습니다."

"내 다리가 고무라서 말일세"라고 신임 장교가 둘러대듯 말했다. 마치 나이를 속이기라도 하려는 듯 가성을 사용하고 있었다. "왜 참호가 이렇게 지그재그로 만들어진 건가? 너무 낭비가 심하지 않나?"

"적의 포격이나 집중 포화를 받을 시에, 일렬로 참호를 파면 파편에 맞아 모두 죽을 수 있기 때문일세." 루이스 중위가 대답했다.

신임 장교는 루이스 중위를 보며 겸연쩍은 듯 헛기침을 하면서 말했다. "물론 그렇지, 중위." 그리곤 사다리를 타고 내려가서 널빤지가 깔린 참호 바닥으로 쿵 소리를 내며 뛰어내렸다. 그는 눈을 깜박이며 말했다. "그런데 왠지 안면이 있단 말이야! 혹시 멜버른학교에 다니지 않았나?"

"그런 것 같군." 잭 루이스는 차갑게 대답했다. "하지만 여기서는 그런 것이 아무런 의미가 없어. 크리켓 경기도 전쟁으로 연기된 상태이지 않나?"

눈치를 챈 신임 장교는 자신들이 다니던 일류 공립학교에 대해 더 이상 언급하지 않았다. 잭 루이스가 전혀 호의를 보이지 않았기 때문이었다. 만약 이 신임 장교가 죽는다고 해도 당연한 일로 받아들일 것이다. 새로운 친구들이 얼마나 많이 전사했었던가! 어디까지 셈을 했는지도 잊어버린 상태였다. 게다가 이 풋내기 신임 장교는 벌써부터 곧 전사할 것처럼 느껴졌다. 루이스 중위는 신임 장교가 전망경을 보기 위해 참호 안의 발판을 오르는 모습을 지켜보고 있었다.

"철조망 때문에 잘 보이질 않는군." 신임 장교가 중얼거리며, 전망경으로 멍청히 바라보았다. "크라우트(Kraut, 독일군을 지칭하는 속어) 진지까지 거리가 얼마나 되지?"

잭 루이스는 단단히 쌓아 올려진 모래주머니에 등을 기대고 다른 누군가가 이 신임 장교의 질문에 대답하기만을 기다렸다. 잭은 '크라우트'라는 말을 싫어했다. 독일인들이 주식으로 먹는 소금에 절인 양배추인 사우어크라우트(Sauerkraut)를 줄여서 사용하는 말이기 때문이었다. '제리'(Jerry, 독일인을 비하하는 말)라는 말도 좋아하지 않았다. 비록 언제 누가 죽을지 모르는 전장에 있기는 하지만, 잭은 자신이 사용하는 말들에 매우 주의를 기울이는 그런 사람이었다. 진흙탕에 산다는 이유만으로 더러운 돼지가 되어야 하는 것은 아니지 않은가.

아무도 신임 장교의 질문에 대답을 하려고 하지 않자, 결국 잭이 입을 열었다. "독일 진지까지의 거리 말인가? 대략 50m 정도 되지."

"그럼 볼 수 있어야 하는 거 아닌가? 벌판 너머로 회색 군복에 철모밖에 보이지 않아! 독일군 하나가 참호를 따라 걸어가고 있군! 조심성 없는 놈 같으니. 나라도 머리를 쏴서 날려버릴 수 있을 것 같군."

"멋진 생각이야." 천천히 그리고 차갑게 잭이 말했다. "머리를 내밀고 한 번 쏴 보시지 그러나."

"아, 맞아. 독일군 저격수가 나를 먼저 쏘겠군. 우리가 먼저 총유탄(유탄의 한 가지, 수류탄보다 멀리 날아가도록 소총으로 내쏘게 되어 있음)으로 참호를 날려버리는 것은 어떨까?"

누군가 투덜거렸지만, 잭은 웃어야만 했다. 자신이 이 세계대전에 참전하던 날, 아이레스 하사에게 똑같은 말을 하지 않았던가? 1917년 11월 29일, 그러니까 지금으로부터 정확히 넉 달 반 전, 잭의 19번째 생일날이었다. 이 우울한 날 하사관들 중 아무도 신임 장교에게 대답을 하려고 하지 않는 것을 깨달은 잭은 이 신임 장교에게 한 수 가르쳐 줘야겠다고 결심했다.

"우리가 먼저 시작을 하면, 똑같은 반격을 받게 된다네."

신임 장교는 깜짝 놀란 모습이었다. "하지만 독일군을 죽여야 하는 거 아닌가?"

"너무 걱정 말게나. 참호에서 죽음은 필수품과 같아. 심지어 우리 쪽 참호와 독일군 참호 사이에 있는 무인지대에서도 마찬가지고. 보다시피 이 무시무시한 곳을 빈틈없이 우리 쪽 기관총과 독일군 기관총이 조준을 하고 있으니, 죽음은 필연적인 것이라네."

"그러니까 서로 막다른 골목에 서있는 꼴이군?" 놀란 신임 장교가 결론을 지었다.

"포도주나 홀짝홀짝 마시고, 줄담배를 피워대는 후방의 사령부에 있는 장군은 지도에 부대 이동을 알리는 표시가 하나도 움직이지 않기 때문에 안절부절하지." 루이스 중위가 불평하듯 내뱉었다. "그러다가 그가 표시 중 하나를 결정하면 우리 대대 중 하나가 독일군을 향해 진격하게 되지."

"그럴 수가…." 젊은 신임 장교가 눈썹을 치켜들었다.

"가서 불가에서 몸이라도 녹이게나." 다소 친근한 목소리로 잭이 말했다. "방공호 속의 멋진 철침대를 골라서 스튜 좀 먹고 좋은 책도 읽게." 잭은 몇 마디 더 하고 싶었다. 만일 독일군의 독가스에 죽지 않는다고 해도 독일군이 50m 무인지대를 가로질러 진격해 오게 될 때 보잘것없는 우리 대대는 아무것도 할 수 없다. 이미 미국에서는 수백만 명을 파병할 준비를 하고 있었기 때문에 이렇게 하는 것만이 이 끔찍한 전쟁에서 독일군이 승리할 수 있는 유일한 길이었다.

하지만 말할 수 있을 만큼은 아니었다. 자신마저도 겁에 질려, 마비가 될 지경이었다. 지금까지 중 최악이었다. 잭은 신임 장교가 잔뜩 웅크리고 방호벽을 지나 사라지는 모습을 지켜보았다. 방호벽은 두껍게 쌓아 올린 모래주머니로 되어있었다. 10m마다 만들어 놓은 방호벽은 지그재그로 만들어진 참호와 같은 전술적 목적으로 만들어졌다. 적이 폭약을 사용하거나 연발 사격을 한다고 해서 이렇게 만들어진 참호를 완전히 파괴할 수는 없었다.

"참호와 전쟁에 대해 너무 많이 아는 것 같군." 잭은 혼자 중얼거렸다.

잭만큼이나 전쟁에서 잘 지휘하는 사람은 없을 것이다. 잭은 미래를 어떻게 지켜야 하는지를 알고 있었다. 아일랜드 사람이었기 때문에, 그는 굳이 자원 입대를 할 필요가 없었다. 그럼에도 지금은 어떤 이유에서 입대를 했는지도 더 이상 기억 나지 않았다. 만일 영국 옥스포드 대학에 입학하는 데 도움이 된다면 아마 기쁨으로 영국을 위해 싸웠을 것이다. 아버지가 그러했던 것처럼 자신이 웨일스인이라고 불릴 수 있었기 때문이라고 할 수도 있을 것이다. 아니면, 1914년 형 워니(Warnie)가 이곳과 같은 습지에서 영국을 위해 싸웠기 때문이라고 해야 할까? 이유가 어찌되었든 간에, 잭 루이스는 자원 입대 했고, 복무 기간이 끝나면 전쟁은 잊어버리면 그만인 것이었다.

전쟁 발발 첫해만 영국은 20만 명의 병사를 잃었다는 이야기로 사람들이 떨고 있을 동안, 잭은 자신에게 영웅과 같은 조지 맥도날드의 환상 소설을 읽고 있었다. 다른 사람들이 전장에서 벌어진 이런저런 엄청난 전투들에 대해 이야기하는 동안 잭은 플라톤에 대해 깊이 생각하고 있었다. 결국 자신이 입대하게 되었을 때 잭은 이제야 현실로 돌아온 듯 이렇게 말했다. "아 전쟁. 그래, 나도 준비가 되어있어!" 그리고 최전방에 배치되던 첫날, 누군가 잭을 향해 총알을 쐈을 때에야 비로소 총성이란 것을 들었다. '이게 전쟁이란 것이구나' 라고 잭은 생각했다. 호머가 말한 바로 그것이었다.

사실 잭은 전쟁에 대해 몇 가지 동경하는 것이 있었다. 국립학교에 다닐 때와 같은 위선적인 행동이나 겉으로만 애써 좋아하는 행동을 하지 않아도 됐다. 아무도 전쟁을 좋아하지 않았고, 그 사실은 잭을 다른 사람들과 하나가 되게 해주었다. 생애 처음으로 잭이 다른 사람들과 함께 있는 것을 즐기게 된 것이다. 정말 멋진 기분이었다.

진정한 신사란 자신에 대한 것을 제외한 모든 것들에 대해 이야기한다. 만일 누군가가 자신이 서쪽 지방에서 온 농부라고 하거나, 아일랜드인 혹은 기독교 대학에 다니는 옥스포드 학생이라고 한다면, 진정한 남자가 아닌 것처럼 보이게 만들 것이다. 진정한 남자는 진정한 것들에 대해 이야기한다. 진정한 남자는 불평을 하지 않는다. 잭 루이스는 진정한 남자들과 함께하는 것을 정말 좋아했다. 그들의 웃음소리는 잭에게 음악과도 같았다.

또 다른 좋은 일이 벌어졌다. 잭은 어린 시절 내내 자신의 생각과는 상관 없이 무례한 얼굴을 하고 다닌다는 말을 들었었다. 그것은 무엇 때문이었을까? 눈꺼풀을 내리깔고 있는 것? 비웃는 듯한 입술? 교활한 학생처럼 보여서? 사실 자신도 전혀 알 수가 없었다. 하지만 기억하지 못할 정도로 자주 그리고 많은 곳에서 뭔가 분명한 이유가 있다는 말들을 들어왔었다. 어찌되었든, 그러한 모든 것들은 사라져버렸다. 아마도 전장의 붉은 피로 물든 프랑스 땅에 발을 내디뎠을 때였을 것이다.

"루이스!" 같은 대대 로렌스 B. 존슨 중위의 친근한 목소리였다. "그만 좀 하게나, 이 친구야. 이곳에서 멀지 않은 곳에 멋진 참호를 하나 발견했어." 항상 흥겹기만 한 존슨이었다.

"자, 그쪽으로 가자고." 존슨의 명령이었다.

새로 구축된 참호에는 촛불이 켜져 있었고 지열로 따뜻했다. "봐, 앉아서 이야기하기에 충분하지? 세 명의 신사가 앉기에 말이야. 신임 장교가 왔다고 들었는데?"라고 존슨이 말했다.

"따뜻한 국물이라도 마시게 보냈어." 잭은 관심없는 듯이 말하며 방독면을 옆으로 던졌다.

"내가 데려오지." 존슨이 단호히 말하고는 쏜살같이 사라졌다. 존슨은 관대하고, 호의적이며, 잭처럼 옥스포드 출신이었다. 또한 덕을 베풀며, 그것을 당연한 것으로 여겼다. 사실 존슨은 일종의 절대적인 존재를 믿고 있었다. 그것 때문에 잭은 존슨을 매우 아꼈다. 너무도 좋아한 나머지 그를 모방하려고까지 했다. 이 친구는 분명 잭의 오래된 스승 '커크' 선생처럼 한물간 덕목인 정직, 순결과 같은 것을 아직도 믿고 있었다.

사실 잭은 그러한 것들을 달갑게 생각하지 않았다. 그러한 덕목들을 동경해야 할 어떠한 합리적인 이유도 없었고, 믿을 만한 이유도 없었다. 그런데 왜 이렇게까지 존슨에게 끌리는 것인가? 거기다 일종의 신앙심이 깊은 사람인 체하는 조지 맥도날드와 같은 사람이 자신이 좋아하는 작가가 된 이유는 무엇일까?

"우리 왔네, 루이스"라며 들어오는 존슨이 잭의 생각을 가로막았다.

신임 장교가 존슨의 곁에 서있었다. 그는 이상할 만큼 많이 가라앉아 있었다. 아마도 잔뜩 들떠 있던 기분이 최전방의 현실을 보고 완전히 가라앉아 버린 것 같았다. 분명 전에는 상상도 못했던 그런 지옥과 같은 곳인데다, 이 신임 장교는 지금이 가장 평화로운 날이라는 말을 들은 것이 분명했다.

"이보게 톤, 잭과 나는 항상 유일신 사상에 대한 논쟁을 벌이곤 한다네." 존슨이 설명해 주었다. 존슨이 이 신임 장교의 이름을 알아낸 듯했다.

"신의 존재 말이지? 계속해 보라고." 톤이 말했다. "나도 들어 보세. 뭔가 민감한 것들에 대해 신경을 쓰지 못하다 보니 요즘은 완전히 머리가 둔해져 버렸지 뭐야." 상당히 우울한 듯한 목소리였다.

갑자기 땅이 뒤흔들리며 촛불이 꺼졌다.

"뭐였지?" 매우 고조된 목소리로 톤이 물었다.

"우리 쪽 포병이야." 잭이 차갑게 대답했고 존슨이 촛불을 다시 붙였다. 참호 천장에서 먼지들이 떨어졌다. 잭이 말을 이었다. "난 말일세, 우리 쪽 포격 때문에 4분마다 한 번씩 꺼지는 촛불 아래에서 로버트 브라우닝의 책을 모두 읽은 적이 있다네."

존슨이 다시 화제로 돌아가며 신난 듯이 말했다.

"지난번에 유일신에 대해 이야기하면서 루이스는 믿기 힘들어 하는 것 같았는데 말이야."

다시금 멋진 논쟁이 벌어진 듯 보였고 잭도 물러서질 않았다. "나는 그저 '마음'이 육체보다는 영적인 것에 가깝다고 생각했기 때문이라고."

"물론이지, 친구"라며 존슨이 인정한다는 듯 고개를 끄덕였다. "탄환과 같은 물질적인 것들이 그 영역을 마음으로까지 확장할 수 있다는 것에 대해 화를 낸 것은 인정하지. 그것은 '선'에 대해서만 가능하다고 생각하거든. 그리고 마음속에만 존재하는 '선'이란 것이 영적인 것으로 보여서 말이야"라고 말하며 존슨이 웃었다.

"억지로 그런 만족을 이끌어낼 필요는 없네"라며 잭이 반박했다. "그 결론에서 자네가 무엇을 믿는지는 중요치 않아."

하지만 잭의 깊은 내면에는 이 우주적인 논쟁으로 인한 몸부림이 있었다. 분리된 정신세계는 잭의 형인 워니의 장난감 정원이나 북쪽 지방의 신비와 같이 잭을 평생 두려움에 떨게 만든 어떤 존재에 대해 설명할 수 있는 방법이었다. 이러한 두려움들이 잠시 정신세계를 엿보았기 때문인가?

"지난번보다는 훨씬 많이 인정하는구먼." 존슨이 부추기듯이 말했다.

"단순 평형 상태를 말하는 건가? 물질이 본성이고 본성은 사탄이다?"

"사탄! 보라고, 자네가 어디까지 왔는지 말이야!"

"사탄은 유대인들과 고대 문명의 발상일 뿐이야."

존슨은 차분히 가라앉아 있었다. "자네 마음을 믿네. 루이스, 이미 이분론자가 되어있잖아."

"뭐라고? 내가 절대 존재를 믿는다고? 윌리엄 블레이크처럼 한쪽은 선이고 다른 한쪽은 악이라는 것을 믿는단 말이야? 말도 안 돼"라고 말하며 잭은 콧방귀를 뀌었다.

그럼에도 깊은 곳에서는 잭도 심각하게 고민하고 있었다. 분명 인식할 수 있는 일종의 우주적인 영을 자신이 소유하고 있다는 사실은 인정해야만 했다. 단지 이 영적인 존재가 사람들을 이리저리로 끌고 다닌다는 것만은 믿을 수가 없었다. 분명한 것은 육체의 욕망이 선을 향한 내적인 갈망을 방해하고 있다는 것을 인정하는 것이었다. 그렇다. 자신에게 분명 인간 혹은 사탄에 의해 창조된 프랑켄슈타인의 괴물과 같은 존재가 있는 것처럼 보였다. 여기서 그는 본성으로부터 더 강하게 작용하는 더럽고 추한 욕망을 떨쳐 버리기 위해 그동안 내내 몸부림치며 선을 갈망하고 있었다!

"어쨌든 루이스 이 친구는 뭐로 보나 책벌레란 말이야." 신이라도 난 듯, 존슨이 소리쳤다. 아마도 루이스가 궁지에 몰려서 혼란스러워하는 것을 알아차린 것 같았다. "최근에 읽는 책 좀 보여주게나."

잭은 두꺼운 야전 상의 속으로 손을 집어넣어 소중히 간직하고 있던 묵직한 책을 꺼내 보였다. "조지 엘리엇의 「미들마치」(Middlemarch)를 읽고 있다네."

"나도 엘리엇의 책을 읽어보려고 했는데"라며 톤이 끼어들었다.

잭이 또 다른 책을 꺼내 들었다. "「벤베누토첼리니의 회고록」(The Memoirs of Benvenuto Cellini)은 다 읽었었지. 그것도 두 번이나 말이야."

"뭐라고?" 톤이 다시 한 번 소리 쳤다. "두 번이나?" 그러면서 잭의 손에서 책을 낚아챘다.

"루이스, 자네는 책을 반복해서 읽는구먼"이라고 존슨이 덧붙였다.

"물론이지. 세상에 책을 한 번 읽어서 그 안에 있는 내용을 모두 이해할 수 있는 사람이 몇이나 되겠나? 정말 좋은 책이라면 계속해서 읽어야 하는 거라네."

톤이 눈을 깜박였다. "이런, 이보게 루이스, 자넨 책의 여백에 빽빽이 노트를 했잖아. 거기다 책 뒤에는 직접 목차까지 만들었군 그래." 신임 장교는 다소 겸손해진 듯 보였다. "사실 내 책을 모두 이곳으로 가져오려고 했는데, 너무 얇아서 도무지 이런 곳에서는 오래 못 견딜 것 같아서 말이야."

"그거라면 내게 좋은 방법이 있네"라고 잭이 말하며 분위기를 따뜻하게 만들어갔다. 잭은 책을 정말 사랑했다. "옥스포드에 있는 오브넬의 책방 여직원이 내게 책을 보내줬지. 책이 너무 얇으면 여러 권을 하나로 만들어 가죽으로 묶어서 겉을 두꺼운 종이로 다시 포장을 하면 된다네."

"정말 멋진 생각이야"라고 톤이 말했다.

그런데 갑자기 천둥과 같은 폭음이 귀를 때렸고 참호는 어둠에 잠기고 말았다.

둘

"우리 아직 살아있는 건가?" 신임 장교 톤이 속삭였다. 누군가 성냥을 켜는 소리가 들렸다. 존슨은 초에 불을 다시 붙였다. 참호 천장에서는 먼지가 비처럼 떨어지고 있었고 톤은 어찌할 바를 몰랐다. 존슨은 성냥불을 껐고 아무런 표정도 없었다. 잭이 한숨을 내쉬며 소중한 자신의 책을 다시 품 안으로 집어넣었다.

"현대화된 문명이라니…"라고 말하며 잭은 다시 한숨을 쉬었고, 방독면을 집어들었다. "밖으로 나가서 이 '굴욕의 골짜기'(Valley of Humiliation)에 사상자가 생겼는지 확인해 봐야겠군."

"그래, 자네 말이 맞아!" 톤이 거의 정신을 잃은 사람처럼 소리쳤다. "우린 지금 존 번연이 말한 '굴욕의 골짜기'에 있는 거야. 완전히 지옥을 맛보고 있는 거라고!"

세 명의 장교는 엄숙하게 참호 밖으로 나가서 각자의 임무로 돌아갔다. 잭은 참호를 떠나기를 주저하며 마음 같아서는 그냥 그곳에 남아있고 싶었다. 신임 장교 톤은 그런대로 괜찮아 보였다. 자신에 대해 이야기하지 않고 경청을 하면서, 심지어 「벤베누토첼리니의 회고록」을 가져가지 않았던가? 분명 그 책을 읽을 것 같아 보였다. 만일 둘 다 전사하지 않는다면, 함께 이야기를 나눌 수 있을 것이다. 마음이 맞는 친구를 찾기 위해 전쟁터로 가야 한다니. 이렇게도 운이 없을 수가….

전쟁이 주는 파괴만 해도 엄청났다. 물에 빠진 쥐 신세에 귀와 코까지 축축했다. 인간들이 남긴 오물에서는 끊임없이 악취가 풍겼고 날파리에 구더기까지 있었다. 그것이 전부가 아니었다. 잘 알든 모르든 곁에 서있던 전우들이 갑자기 찢겨 피투성이에 불구가 되기도 하고, 죽음을 당하며 마지막 신음소리를 내고 뭔가를 움켜쥐며 안간힘을 쓰는 모습들을 지켜봐야만 했다.

"패디도 그렇게 죽었을까?" 잭은 혼자 중얼거렸다.

그는 자신도 모르는 사이 패디 무어에 대한 생각이 떠올랐다. 무어는 클리프톤대학 출신이었고, 장교 훈련을 위해 옥스포드로 왔었다. 숙영 훈련을 위해 케블에 있는 동안 무어와 룸메이트가 되었을 때, 잭은 패디 무어가 어린아이처럼 나약하고, 전혀 의지할 수도 없으며 도덕적이지도 못하다고 생각했다.

하지만 점점 더 무어를 좋아하게 되었다. 뿐만 아니라 무어의 어머니와 11살 난 여동생 머린까지 좋아하게 됐다. 이들은 패디가 프랑스 파병을 위해 배에 오르기 전까지 브리스틀에서 함께 있기 위해 와있었다. 무어 부인은 당당한 여인이면서, 인자하며 남을 배려할 줄 알았고, 사교적이며, 매력이 넘치는 아일랜드 여인으로 영국인다운 차가운 모습은 찾아볼 수가 없었다. 부인은 잭을 패디와 머린처럼 잘 보살펴주었다. 또한 옷도 잘 입을 줄 알았다. 이런 부인에 대한 잭의 호감은 날로 깊어만 갔다.

잭과 무어가 속한 대대가 파병선에 오르기 전, 무어에게 무슨 일이 생기면 가족을 돌봐주겠다고 약속한 것은 어찌보면 당연한 일이었다. 다른 병사들은 몰라도 적어도 패디만은 살아 돌아올 것이라고 믿었다. 하지만 지금 패디는 실종 상태다. 패디가 속한 여단이 지난 3월 독일군의 전면 공격을 받았기 때문이다.

'패디는 그때 전사한 것이 분명해'라고 잭은 생각했다. '그리고 만일 이런 일이 벌어지면 패디의 어머니를 생명을 다해 지켜드리겠다고 약속하지 않았던가! 하지만 결국 나도 며칠 뒤면 죽을 것이 분명한데, 어쩌란 말이지?'

잭은 다음 방호벽 사이를 헤치고 지나갔다. 그리고 거기서 방금 전 자신들이 이야기를 나누던 참호에서 포격의 파편에 맞아 쓰러진 한 하사관을 발견했다. 그는 쓰러진 채로 신음하며 흐느껴 울고 있었다. 부상은 심해 보이지 않았음에도 마치 죽어가는 사람 같은 온갖 징조들을 보였다. 잭과 같은 아일랜드인이었지만, 고통으로 내뱉는 그의 말을 통해 잭은 그에게 그리스도가 함께하고 있음을 알 수 있었다. 하지만 잭에게는 아무도 없었다. 병사는 천국을 확신하고 있었지만 잭에게는 아무것도 없었다.

하지만 항상 그랬던 것만은 아니었다. 잭의 어머니 플로라가 살아있는 동안, 잭은 하나님의 존재를 햇살만큼이나 분명하게 믿고 있었다. 아버지와 어머니, 형 워니, 그리고 잭은 모두 교회에 정기적으로 출석했었다. 구교 중에 '얼스터 개신교도'(Ulster Protestants)라고 불리는 교인들이었다. 자신들이 구교에 비해 종교적인 전통으로부터 자유로운 사람들이라고 여기기는 했지만, 엄격한 교육과 함께 공동 기도문의 한 글자도 틀리지 않게 외우기는 구교와 마찬가지였다.

오직 짧고 고상했던 설교만은 구교를 따르지 않고 있었다. 잭이 보기에 어머니는 자신이 어릴 적에 초조함을 달래주던 것만큼이나 예배에 열심이셨다. 어린아이였던 잭이지만 아버지 앨버트가 종교 의식과 자신에게 익숙한 기도문들을 좋아했던 것을 알고 있었다. 그렇다. 정말 그 시절은 모두 좋은 기억들뿐이었다.

잭은 행복한 아일랜드의 소년 시절로 다시 돌아가 있었다. 어느 날부터 잭은 부모님께서 지어주신 클라이브(Clive)라는 이름이 아닌 잭시(Jacksy)라는 이름으로 자신을 소개하기 시작했다. 심지어 아버지까지 웃게 만들었고, 아버지께서 즐겨 쓰시는 표현이었던 "어처구니없는 일이군!"이라는 말을 듣지 않은 것은 기적 중에 기적이었다. 형 워니는 상당히 놀란 것처럼 보였다. 워니는 자신이 워랜이라고 불리지 않는 것만으로도 성공한 것이라고 여기고 있었다. "너무 좋아하진 말아. 형, 어떤 이름은 형한테 정말 잘 어울린다구"라며 잭이 장난을 걸었다.

가끔씩 잭은 방 안 거울에 비친 자신의 모습을 보며 갑옷을 입은 고상한 개구리나 왕같이 차려입은 호화로운 토끼의 모습을 그려보곤 했다. 잭은 구슬픈 모습의 계란형 얼굴에 머리는 짧은 갈색이었다. 가끔씩 자신이 형 워니처럼 사각형 얼굴을 하고 있다고 착각하기도 했다. 그럴 때면 잭은 혼자 깔깔거리며 이렇게 말했다. "그게 뭔지 알아, 워니?"

"잠깐만, 잭." 워니가 중얼거렸다. "먼저 이 문장을 마쳐야 한단 말이야."

"문장이라고? 뭘 쓰고 있는 거야?"

"인도의 국왕 라자의 나라."

"인도에 대한 이야기를 쓰고 있단 말이야?"

"물론이지. 사람들은 절대 상상도 못하는 곳이잖아."

"아니, 왜? 오래전 우리가 상상했던 것과 똑같은 거 아니야?"

"글쎄, 지금은 내 모습에 대한 이야기를 쓰고 있거든."

잭은 생각해 봐야만 했다. 마치 자신이 동물의 왕국 그림이나 심지어 지도를 그리기 시작했던 때와 똑같지 않은가? 하지만 잭 자신은 한 번도 글을 써본 적이 없었다. 동물의 왕국에 대한 이야기가 떠오르기 시작했다. 갑자기 잭의 집 앞에 차 한 대가 모습을 드러냈다.

"저것 봐!" 잭이 소리쳤다.

"윌리엄(William) 삼촌이야."

"안 돼." 워니가 우는 소리를 냈다. "조세프(Joseph) 삼촌이 와야 하는데. 아니면 리차드(Richard) 삼촌이던가."

어떤 삼촌이 오든 둘에게 좋지 못한 것은 마찬가지였다. 오늘 밤은 보모 리지가 들려주는 라프리콘의 이야기는 들을 수가 없기 때문이었다. 「피터 레빗」(Peter Rabbit)의 이야기를 반만이라도 들을 수 있으면 좋으련만. 두 꼬마는 아버지를 자기들끼리 푸데이타버드(Poodaytabird)라고 불렀다. 아버지가 감자(Potato)를 그렇게 발음했기 때문이었다. 아버지는 삼촌들과 나누는 '남자들만의 대화'에 항상 두 아이들을 초대했다. 물론 주제는 늘 사업이나 정치였지만, 대부분은 정치 이야기였다.

"글래드스턴 같은 수상을 또 갖는 건 하나님께서 금하신 일이란 말일세. 정말 어처구니없는 일이군!" 아버지가 윌리엄 삼촌에게 말했다.

"글래드스턴은 멍청이에 악당이야. 아일랜드 사람들을 위한 지방 자치라니, 정말 말도 안 되는 일이야." 리차드 삼촌이 장단을 맞추었다.

"물론이지." 아버지가 말했다.

잭이 워니의 눈치를 보았다. 워니는 전에 벌어졌던 대화들도 그대로 기억하고 있었다. 항상 그랬던 것처럼, 두 꼬마는 대화 내용을 들으며 그중에 모순된 부분들을 찾아내려고 했다. 물론 할머니께서 영국 리버풀 출신이셨는데도 푸데이타버드는 자신을 웨일즈인이라고 여겼다. 두 소년은 아일랜드에 살았지만 왠지 자신들이 살던 벨파스트가 영국에 있는 도시처럼 보였다. 물론 아우거스터스(Augustus) 삼촌과 어머니 플로라(Flora)처럼 자신들이 스코트랜드인이라고 생각할 경우는 달랐다. 그럼에도 할머니 해밀턴(Hamilton) 여사는 자신을 영국인이라고 생각했다. 정말 복잡하기 그지없었다. 오직 자신들의 보모였던 리지만이 진정한 아일랜드인 같아 보였다.

"1904년 일이었지"라고 윌리엄 삼촌이 뭔가 설명하려는 듯이 말했다.

"자네 말이 맞는 것 같군 그래." 푸데이타버드가 기억을 되새기며 말했다. "잭은 겨우 6살인데다 가슴이 너무 약해 빠졌어."

잭은 이야기를 놓치고 말았다. 윌리엄 삼촌이 푸데이타버드를 어딘가에 연루시키려고 하고 있었는데, 잭이 주의를 기울이지 못한 것이다. '그런데 그것이 내 가슴이 약한 것과 무슨 상관이지? 워니는 왜 저렇게 뭔가 걱정하는 것처럼 보이고 말이야. 도대체 둘이 무슨 이야기를 한 것일까?' 잭은 나중에 워니에게 물어보아야겠다고 결심했다.

그러는 사이 어른들은 변호사였던 아버지의 직업에 대해 이야기를 나누었다. 윌리엄 삼촌이 아버지께 어떤 이유에서인지 사무실을 하나 차리라고 했고, 아버지는 어깨를 으쓱이며 이렇게 말했다. "돈이 너무 많이 든단 말이야." 이제야 잭은 다시 이야기가 어떻게 돌아가고 있는지 알 것 같았다. 전에도 변호사 사무실 개원에 대한 이야기는 열두 번도 넘게 들었던 내용이었다.

침실로 돌아온 후, 잭이 워니에게 물었다.

"내 약한 가슴에 대해 뭐라고 이야기한 거야?"

"아빠는 네가 감기에 걸릴까 봐 걱정을 했던 거야. 이 꼬마 돼지 녀석아."

"그게 어쨌다고, 이 큰 돼지야?"

잭이 질세라 형에게 대답했다.

"아버지께서는 조세프 삼촌이 사는 위쪽 지방 홀리우드 힐즈로 이사 갔으면 하셔. 거기가 건강에 좋다고 말이야."

"뭐라구? 이사? 다른 곳으로?"

갑자기 잭에게 몰아닥친 두려움이 리지에게도 전해진 듯했다. 리지는 아이들에게 「피터 레빗」을 끝까지 읽어주기 위해 함께 있었다. 하지만 그게 다가 아니었다. 잭은 지금까지의 것들 중 가장 심한 악몽을 꾸고 말았다. 딱정벌레 꿈이었다. 정말 끔찍한 꿈이었다. 크고 무시무시한 가위 턱에 다리들은 모두 가시로 덮여있었고 거기다 잭보다 훨씬 빨리 잭을 쫓아다니며 밤새도록 얼굴 위로 기어 다녔다. 잭이 얼마나 벌레를 싫어하던가!

"정원에 나가서 황금 항아리를 찾아보자." 다음 날 아침 워니가 잭에게 한 말이다.

"난 집 안에 있을래." 잭은 내키지가 않았다. 밤새 벌레들에게 쫓겨다녔는데 벌레가 우글거리는 정원이라니.

잭은 동물의 왕국에 다시금 빠져들었다. 잭에게 있어 진정한 영웅은 토끼 왕과 피터 마우스 경, 그리고 개구리인 피터 벤 경이었다. 사실 잭의 영웅들은 모든 벌레들을 정복했다. 하지만 잭은 엘리자베스 네스빗의 책에서 먼 옛날 어떤 일들이 벌어졌는지를 발견했다. 그래서 잭은 동물의 왕국을 머나먼 옛날이야기로 만들기로 했다. 잭은 정원으로 나가지 않고 멋진 갑옷을 차려입은 개구리 경이 정원으로 당당히 걸어나가 모든 벌레들을 무찌르는 모습을 보고 있었다.

한편, 워니의 인도 이야기에서는 현재 수많은 증기선과 말 없이 달리는 자동차 이야기들로 가득했다.

"잭, 내가 널 위해 뭘 만들었는지 한 번 봐." 워니가 불렀다. 상상에 빠져있던 잭은 깜짝 놀랐다.

"뭔데?" 워니가 내민 손 쪽으로 잭이 몸을 기울였다.

양철통 뚜껑이었고, 투명한 녹색 이끼가 한 겹 붙어있었다. 위로 향한 가느다란 이끼 줄기들이 빽빽이 붙어있었고 작은 돌들로 길까지 만들어져 있었다. "너를 위해서 정원을 여기로 옮겨 왔어"라고 워니가 말해 주었다.

잭은 놀라지 않을 수 없었다. 정말 멋진 작품이었다. 아니 정원 그 이상이었다. 작은 천국과도 같았다. 갑자기 뭔지 모를 느낌이 잭을 감싸 안았다. 얼마나 정원을 갖고 싶어했던가? 하지만 이제는 정원을 갖게 됐다. 그리고 이제 뭔가 다른 것을 원하게 됐다. 자신을 축소해서 이 작은 천국과 같은 정원을 거닐 수만 있다면…. 그렇게 될 수 없는 것을 알지만, 정말 이런 느낌은 처음이었다. 이렇게 뭔가를 간절히 원해 본 적이 없을 정도로 정말 대단한 만족감을 느꼈다.

그런데 순식간에 그 느낌은 사라져 버렸다. 잭은 이끼 줄기들과 조약돌로 덮인 작은 정원을 들여다보았다.

"정말 멋진 작품이야, 형." 강한 경험이었음에도 잭은 약한 반응을 보였다.

"어젯밤에 윌리엄 삼촌과 푸데이타버드가 한 이야기에 너무 신경을 쓰는 거 아니야?"라고 워니가 그런 반응에 불만인 듯 이야기했다.

"형 이야기는 없었잖아." 잭은 놀라서 변명하듯이 말했다.

"물론 아니었지, 꼬마 돼지야. 윌리엄 삼촌이 사촌 노만이랑 윌리가 영국에서 다니는 국립학교에 대해 얼마나 자랑을 해댔는지 봤잖아. 사실은 그게 사립학교여서 그런 것이지만."

"나도 들었어. 그래서 그게 어떻다고?"

"그때 푸데이타버드 눈빛이 어땠는지 기억 안 나?" 워니가 잭의 기억을 상기시켜 주려는 듯 크게 말했다.

"아니, 못 봤는데." 잭이 당황한 얼굴로 고개를 흔들었다.

"난 봤어. 분명 영국으로 보낼 작정이었어!"

"안 돼! 정말 영국으로 갈 거야?" 잭이 소리쳤다. "그리고 나머지는 모두 홀리우드 힐즈로 이사 가야 한단 말이야? 이보다 더 이상 나빠질 수는 없을 거야!"

가족들은 모두 홀리우드 힐즈의 새로운 집을 '리틀 리'라고 불렀다. 창문이 있는 벽돌로 만든 삼층집으로 물고기만한 크기의 처마와 외벽에 회반죽과 돌이 입혀진 집이었다. 지붕에는 5개 정도의 굴뚝이 있었다. 방들은 모두 크고 볕이 잘 들었다. 디자인 자체는 약간 서툴러서 마치 소년들을 위한 동화 속 요정의 집 같았다. 또한 왜 만들어졌는지는 모르겠지만, 분리된 공간과 터널이 있었다. 물론 남자아이들이 탐험을 하며 놀기에 안성맞춤이었다. 사방에 책이 꽂혀있었다. 푸데이타버드는 절대 책을 빌리는 법이 없었기 때문에 어디를 가든 가지고 다녔다. 당연히 아이들은 아버지와 같이 책을 읽었다. 아무런 제약도 없었다.

또 다른 멋진 일이 벌어졌다. 두 형제가 만들어낸 동물의 왕국과 워니의 인도 이야기가 '복슨'이라고 하는 새로운 왕국으로 이어져 이야기들과 그림들로 빠르게 발전해 갔다.

하지만 한 달도 못 되어 워니가 떠나가 버렸다.

리틀 리로 이사온 지 얼마 되지 않아 너무도 갑작스럽게 벌어진 일이라, 책을 읽고 있던 잭이 고개를 쳐들고 워니를 찾으며 "워니 형, 어디 갔어?"라고 소리치게 만들 정도였다.

"하트퍼드셔에 있는 원야드로 떠났잖아." 리지가 안타까운 듯 대답해 주었다.

"영국 말이야?"

"그래, 영국."

"그럼 난 외톨이가 된 거네?"

사실 잭은 외톨이가 아니었다. 가족들이 함께하고 있지 않은가. 항상 곁에 있어주는 리지와 가정부들, 가정교사, 요리사, 또한 와인 냄새가 나는 정원사들까지 함께 있었다. 물론 함께 놀 수 있는 여러 동물들도 있었다. 작고 친근한 강아지 네로, 여러 종류의 쌀쌀맞은 고양이들, 거기다 애완용 쥐와 카나리아들까지. 하지만 아무도 모르는 둘만의 아지트로 갈 때면 영락없이 외톨이라는 느낌이 들었다. 어머니가 집에 있을 때에도 항상 집 안 어디에 있는지 보이질 않았다. 푸데이타버드가 집에 있을 때에는 늘 책을 읽거나 응접실에서 정치 이야기를 하곤 했다. "글래드스턴 같은 수상을 또 갖는 건 하나님께서 금하신 일이란 말일세"라고 푸데이타버드는 누군가에게 불평을 하곤 했다. 때로는 잭이나 강아지 네로가 그 상대가 될 때도 있었다. "정말 말도 안 되는 일이야!"

물론 아버지가 항상 사업과 정치에만 관심이 있는 것은 아니었다. 때로는 상당히 많은 시간 동안 잭과 함께 그림을 그리곤 했다. 그러던 어느 날 잭이 아버지에 대해 갖고 있던 푸데이타버드라는 이미지를 완전히 바꿔 버린 일이 있었다.

어느 날 저녁, 정치에 대한 이야기가 끝날 것 같지 않아 잭은 아버지와 조세프 삼촌을 거실에 남겨두고 기분 전환을 위해 자리를 떴다. 조금 후, 거실 옆방에 있던 책을 다시 가지러 갔을 때, 지금까지 듣던 것들 중 가장 활기찬 대화가 들려왔다. 거실에서는 몇몇 어른들이 깔깔거리며, 큰소리로 웃고 있었다. 누군가를 흉내내며, 농담을 하고, 서로 간지럼을 태우며 박장대소를 하며 정말 시끌벅적하게 멋진 시간을 보내고 있었다. 잭은 살금살금

문 쪽으로 기어가서 열쇠 구멍 틈으로 안을 들여다보았다. 들리던 소리와는 달리 안에는 아버지와 삼촌만이 있었다. 듣던 모든 소리가 콧수염을 한 아버지, 푸데이타버드가 만들어낸 소리였다!

"지금까지 듣던 이야기들 중 가장 익살스러운 이야기예요." 잭의 아버지가 마침내 말을 멈추자 조세프 삼촌이 숨이 넘어갈 듯 웃으며 말했다.

저게 잭의 아버지와 삼촌들이 말하던 바로 그 익살이란 것이구나! '익살'은 정성을 들인 놀랄 만한 숨은 이야기다. 잭은 조세프 삼촌의 익살을 듣기 위해 있었지만, 정말 아버지 것에 비하면 아무것도 아니었다. 그 이후 잭에게 있어 그 어느 누구도 아버지만큼 멋진 이야기꾼은 없었다. 아버지야말로 완벽하리만큼 열정적이고 생기 넘치며 흉내를 잘 냈기 때문이었다. 그런데 그때까지 푸데이타버드의 이 숨은 재주가 잭과 워니에게 감춰져 있었다니!

'모든 사람들이 아버지처럼 신비스러운 모습을 감추고 있는 걸까?' 잭은 궁금했다. '그럼 어머니께서는 어떤 재주를 숨기고 계신 거지?'

어머니는 통통한 몸매에 안경을 쓴 금발의 부인으로 집안을 관리하고, 앉아서 뜨개질을 하거나 매일 저녁 책을 읽으셨다. 항상 부드럽고 즐거운 듯한 표정 때문에 사람들은 그녀를 잘못 보곤 했다. 어머니께는 걱정거리가 많았고, 잭도 그 사실을 알고 있었다. 물론 아버지도 마찬가지였다. 재정 문제로 늘 중얼거리셨지만, 어떤 이유에서인지 잭은 그것이 이제는 투정이 아니라 아버지 자신을 자유롭게 하는 것임을 알게 되었다. 하지만 어머니는 심각하게 걱정을 하셨다. 때로는 두통으로 인해 어딘가로 사라지기까지 했다. 그리고 함께 있어도 함께 있지 않은 것처럼 느껴질 때도 있었다.

하지만 잭이 집에서 공부를 하기 시작하게 되었을 때, 어머니는 더 자주 볼 수 있는 사람이 되었다. 가정교사였던 애니 하퍼는 불어와 라틴어를 제외한 모든 과목을 가르쳤고, 그 두 가지 과목은 어머니께서 직접 가르치셨다. 그런 어머니야말로 진정한 미스터리가 아닐 수 없었다. 어머니는 또한 수학을 할 줄 안다고 잭에게 말씀하셨고, 잭은 왜 수학도 직접 가르치지 않냐고 물었다. 어머니는 그저 부드럽게 웃어 보이셨다. 잭은 어머니의 높은 수준을 자신이 이해할 수 없기 때문임을 알 수 있었다.

그렇게 잭은 또 다른 인생의 신비를 알게 되었다. 어머니가 아버지보다 더욱 신비스러워졌기 때문이었다. 그 이후 잭은 어머니를 아주 많이 자랑스럽게 생각하게 됐다.

친척이 아닌 이웃이 방문하는 경우는 좀처럼 없었다. 잭은 워니가 방학을 맞아 돌아오기만을 기다렸다. 함께 근처에 있는 사촌들을 찾아다닐 수 있었기 때문이다. 대부분의 시간 동안 워니는 떠나 있었기 때문에, 잭은 혼자 '복슨' 이야기를 쓰기 시작했다. 자신을 이야기의 일부로 만들어 일탈을 시도한 것은 아니었다. 아니, 절대 아니었다.

   잭은 이제 새로운 이야기를 만들어 낼 만큼 많은 책을 읽은 상태였다. 이야기는 잭 밖으로 뛰쳐나와서 복잡한 음모와 계략들을 만들어 내고 있었다. 그는 푸데이타버드와 삼촌들의 이야기를 듣고 그냥 넘겨 버리지 않았다. 잭은 현실 세계란 것이 정치와 사업 이야기로 가득하고 대부분이 정치에 관한 것임을 알고 있었다.

   잭은 워니가 양철통으로 만든 정원을 들여다보는 동안 무엇인지 모를 갈망이 몰아닥쳤다. 이런 감정은 두 번 일어났다. 한 번은 「다람쥐 뉴트킨」(Squirrel Nutkin)을 읽는 동안 감당하기 힘들 만큼의 동경을 느꼈다. 그는 그 갈망함을 채울 수 있기만을 바랬지만, 안타깝게도 그럴 수 없었다. 다시 한 번 잭은 자신이 진정으로 원하는 것이 다름 아닌 만족, 그 자체임을 깨닫게 되었다. 그리고는 갑자기 그 느낌이 온데간데없이 사라져 버렸다. 마치 뭔가 신비한 경험을 한 듯했다. 또 한 번은 「롱펠로」(Longfellow)를 읽고 있었을 때였다. 잭은 「피터 레빗」에서 밀턴의 「실락원」까지 다양한 책을 읽을 수 있을 정도였다. 잭은 「롱펠로」 안에 있는 시 '올라프 왕의 무용담'을 좋아했다. 하지만 초기 시의 비운율 번역을 읽게 되었을 때 잭은 놀라지 않을 수 없었다.

   나는 울부짖는 한 목소리를 들었네.
   "아름다운 발더가

죽었네, 죽었네!'
안개 가득한 창공을 지나
구슬프게 울며
태양으로 항해해 가는 두루미들처럼
가버렸네.[1]

불현듯, 광대하고 차가운 북녘 하늘의 느낌이 잭을 휘감았다. 그후 잭은 몹시 춥고 광활하며 혹독하다는 말 외에는 표현할 수 없는 동경으로 앓아누워 버렸다. 자신을 '북쪽 지방 사람'이라고 생각하게 만드는 것을 얼마나 갖고 싶어했던가? 저 다른 세상을 한 번이라도 더 엿볼 수 있을까?

'다른 세상'을 보게 되면서 잭은 갈망과 불만족을 정확히 꿰뚫을 수 있게 되었다. 하지만 이러한 만족감 그 자체가 자신을 조금도 방해하지는 않았다. 그것들을 기쁨으로 여겼고 즐겼다. 리틀 리에서 9살 난 소년 잭이 누리는 이 만족감은 영원히 계속될 것만 같았다. 하지만 1908년 결국 그 꿈은 깨지고 말았다.

어머니 플로라는 식욕을 완전히 잃고 피로와 두통 때문에 힘들어 했다. 어머니는 40세밖에 되지 않았다. "너무 젊은 나이야"라고 앨버트가 말했다. 의사들이 무엇이 문제인지를 알아냈다. 위에 생긴 암 때문에 출혈이 있었던 것이다. 결국 계속되는 출혈로 어머니는 지칠 대로 지쳐서 구토까지 하기 시작했다. 최대한 빨리 의사들은 집에서 수술을 감행했다. 집에서 수술을 하는 것은 부유한 집안의 관습과도 같았다. 하지만 이것은 또 다른 문제를 만들고 말았다.

루이스 할아버지께서 일 년 전쯤부터 잭의 가족들과 함께 살고 계셨다. 담배를 태우고 침을 뱉는 할아버지가 잭은 못마땅하기는 했지만, 잭에게 잘해 주셨고, 예전에는 상당히 유명한 조선업자셨다고 사람들이 말했다.

"루이스 할아버지께서는 이젠 너무 연세가 드신 거야"라고 앨버트가 설명해 주었다. "너무 시끄러우신 데다, 깨끗이 씻지도 않으셔. 수술을 받고 회복 중인 사람이 있는 곳에서는 같이 계실 수가 없어."

앨버트가 루이스 할아버지를 요양원으로 보낸 이유였다. 하지만 할아버지께서는 이해할 수가 없으셨다. '내가 뭘 잘못했단 말이지?' 플로라가 수술에서 회복되는 동안, 할아버지께서는 66세의 나이로 돌아가셨다. 앨버트 자신이 이젠 부쩍 나이가 들었다고 느끼는 것도 당연한 일이었다.

5월, 어머니는 혼자 걸어다닐 수 있을 만큼 회복되었고, 잭을 데리고 바닷가에 나갈 수 있을 정도였다. 몇 년 동안 여름 휴가를 직접 데리고 가셨는데도 어머니께서 그곳에 계심을 잭이 알 수 있는 것은 그때가 처음이었다. 잭은 기뻐하는 어머니의 얼굴에서 고통도 함께 볼 수 있었다. 결국 6월에 어머니는 다시 침상으로 돌아가야만 했다. 워니는 7월에 집으로 급히 돌아왔고, 왠지 모르게 많이 가라앉아 있었다. 잭도 마찬가지였다. 어머니의 상태는 악화되어 앨버트의 생일이었던 8월 23일, 결국 위암으로 세상을 떠나고 말았다.

"하나님께서는 우리 집안에 가장 멋진 여자이자, 아내, 어머니를 주셨단다"라고 앨버트가 아이들에게 말해 주었다.

그리고 열흘 뒤 조세프 삼촌도 세상을 떠나셨다. 조세프는 할아버지와 어머니께서 가장 아끼던 삼촌이었다. 모든 사람은 죽을 수밖에 없다. 루이스가에 이만큼 안 좋은 일이 또 있겠는가?

셋

 이번에는 워니 혼자 떠나지 않았다. 어머니 장례식 후 며칠밖에 지나지 않았지만, 잭도 함께 떠났다. 잠시 짧은 옷과 평상시 신는 구두를 신고 뛰어다닌 잭에게 리지가 검정색 울 정장을 입혀주었다. 바지 무릎에는 단추가 달려있었고, 풀을 먹여 잘 다려진 와이셔츠 칼라에 중절모가 씌워졌다. 가장 편안한 재질로 만들어진 옷들처럼 보였지만 덥고 따끔거렸다.
 "영국은 따뜻한 곳이 아니야"라고 워니가 충고해 주었다.
 런던이 아래쪽으로 그리 멀리 떨어져 있지 않았음에도, 마치 다른 별나라인 것처럼 느껴졌다. 원야드는 왓포드의 한 마을로 칠턴 구릉지대 경사 아래쪽의 너도밤나무 숲에서 북쪽 외딴 곳에 위치하고 있었다. 잭은 왓포드의 모든 것들이 싫기만 했다. 땅은 노란색이었고 너무 딱딱했다. 날씨 또한 지금까지 살았던

곳들 중 가장 추웠다. 하지만 이런 것들은 불만 축에 들지도 못했다.

교장인 '올디'는 전형적인 폭군 스타일에 악취를 풍기는 데다 입술까지 두꺼운 거인 같은 인물이었다. 수업에 참여한 15명의 학생들을 회초리로 때리는가 하면, 교회에서 임명받은 부제(집사) 선생들에게까지 심하게 욕을 해 댔다. 수업 또한 엉망이어서 학생들이 모두 알고 있을 정도였다. 그나마 기하학은 나름대로 괜찮은 것 같았지만, 잭은 수학에는 전혀 관심이 없었다.

"아빠한테 여기가 이렇게까지 형편없다는 말을 왜 안 한 거야?"라고 잭이 워니에게 물었다.

"아빠한테 그런 말을 한 번이라도 해 보고 하는 소리야? 듣기는 하시지만 정말 귀를 기울이지는 않으시잖아"라고 워니가 되받아쳤다.

무슨 말인지 알겠다는 듯이 잭이 고개를 끄떡였다.

"알겠어." 현실을 깨달은 듯 잭이 몸을 떨었다.

그렇게 형제는 한 달 한 달 학교 생활을 견뎌 나갔다. 워니의 보호 아래, 잭은 쉽게 다른 아이들 틈에 낄 수 있었다. 올디의 폭정이 아이들을 하나로 만들어 준 것 같았다. 한편, 사생활이 완전히 없어져 버린 것을 어떻게 대처해야 하는지를 배워 가며, 잭은 다시금 하나님을 발견하게 되었다. 윈야드에서 예배를 드리는 동안 영국 교회의 형식적인 교회 분위기에 너무도 놀랐던 잭이지만, 설교에 완전히 사로잡혔다. 목소리를 높이기 위한 것이 아니라 가르치기 위한 것이었다. 이미 잭이 머리로 알고 있던 것이 가슴속까지 그 생명력을 펼쳐갔다.

  잭은 자신이 정말로 하나님을 믿고 있음을 깨달았다. 하나님은 자신의 삶에 있어 너무도 중요한 존재였다. 또한 하나님을 두려워하는 것이 중요했다. 그러한 두려움이 부족한 사람은 지옥에 빠지고 만다. 그러한 것들은 잭에게 모든 것에 감사하게 만들었다. 잭은 많은 날을 기숙사의 침대에 누워 커튼 없는 창문 너머로 달과 별을 바라보았다. 잭을 둘러싼 아이들은 모두 코를 골며 잠이 들어있었다. 하나님께서는 무한하시고 달과 별, 저 우주보다 위대하시다! '하나님을 아는 것은 그분을 두려워하는 것이다.' 잭은 두려움과 전율을 느꼈다. 하나님을 많이 아는 것이 전혀 즐거워 보이지 않았다.

  일 년 후 워니가 멜버른에서 수마일 떨어진 고학년 남자 학교로 옮겨 갔다. 런던보다는 브리스틀에 가까운 곳이었다. 윈야드에서의 2년째 생활이 시작될 무렵, 잭은 자신이 가지고 있던 학교에 대한 생각이 학교 밖에서도 마찬가지임을 알게 되었다. 아버지께서 5년 전에 신중히 알아보고 확인했던 것과는 완전히 상황이 달랐다. 학교에 남은 학생은 잭을 포함해 5명뿐이었다! 윈야드에서 일 년을 더 보낸 후에야 앨버트는 학교가 11살이 된 잭에게 해를 주고 있음을 시인하게 되었다. 1910년 7월, 잭은 다시 리틀 리에 있는 집으로 돌아왔고, 다시는 윈야드로 돌아가지 않게 될 것을 확신할 수 있었다.

잭은 다시 복슨 이야기에 빠져들었다. 이젠 글을 쓸 시간이 있었다. 워니가 집에 돌아오자, 잭은 가장 최근에 쓴 '인도의 자하와 동물 왕국의 토끼 대왕'에 대한 이야기를 읽어주었다.

보스포러스에 밤이 깃들 무렵, 마을 경계병은 작지만 멋진 범선 한 척이 포트레싸로 항해해 올라가는 모습을 발견했다. 젊은 수병 하나가 보였고 방향키 옆에 근육질의 한 기사가 아무 생각 없이 파이프 담배를 피우고 있었다. 기사는 바위들이 많은 지류로 능숙하게 배를 몰아가서는 강변에서 약 180m 되는 지점에 닻을 내렸다. 기사는 선원 한 명을 불러 개인 보트를 내렸고, 곧 보트가 범선 반대쪽에 놓여졌다. 힘차게 몇 번 노를 젓자 강변에 다다랐다. 배를 고정시킨 후 기사가 배에서 내리자 어둠을 가르고 반대쪽에서 건장한 사내 둘이 걸어오는 모습이 보였다.
"아니! 높으신 분들이 여긴 웬일이신가요?"
그들은 돌아섰다.
"맥굴라."
"여기서 뭣들 하는 겐가?"
'자'가 대답했다. "오, 터키어를 배우고 있는 중이라네."
"혼자서?" 기사가 물었다.
"아니. 빅이 여기 있어"라고 버니가 대답했다.
"여인숙에 말인가?"
"그렇다네."
세 친구는 뒷문으로 걸어갔고, 문지기가 약간이지만 통행세를 내라고 했다. 여인숙까지는 불과 100m도 안 되는 거리였다. 여인숙에 들어서

자 야외복 차림의 뚱뚱한 개구리가 맥굴라의 눈에 들어왔다.[1]

워니가 잭을 올려다보며 물었다.
"이거 다른 소설에서 베낀 거지?"
"아니, 내가 직접 쓴 건데"라고 잭이 당당하게 말했다.
"너무 형용사를 많이 쓴 것 같은데." 그냥 지나갈 수 없다는 듯 워니가 한마디 했지만, 상당히 놀란 표정이었다.

6개월간 잭은 리틀 리에 머물면서 근처에 있는 학교에 다녔다. 물론 건성으로 다닐 수밖에 없었다. 그러는 사이에 앨버트는 워니가 다니는 멜버른학교 옆, 세르부르 중등 학교에 잭을 들여 보내기 위한 준비를 했다. 1월이 되자, 잭은 워니와 함께 영국으로 떠났다.

워니의 얼굴은 잭이 지금까지 본 얼굴 중 가장 심하게 잘난 척 하는 모습으로 금방 바뀌어 버렸다. 이제 15살이 된 워니는 다듬어진 자신의 손톱을 들여다보며 말했다.

"이봐 잭, 이제 12살이 됐으니, 너도 영국을 충분히 즐길 수 있을 거야."

잭은 영국이 좋아졌다. 워니와 잭은 아이리시 해협을 따라 벨파스트에서 리버풀로 항해해 가면서, 남쪽으로 가는 첫 번째 기차를 잡기 위해 조금도 서두르지 않았다. 오히려 한적한 카페를 찾아 담배를 피우고, 책을 읽으며 몇 시간을 보냈다. 그 여유를 즐기며 멜버른으로 돌아왔고, 영국으로 가는 가장 느린 기차를 골라 탔다.

그곳 학교에는 훌륭한 선생님들이 있었고 잭에게도 도전이 되었으며, 학교는 또 다른 즐거움이 되었다. 잭이 운동 시합을 지독하게 싫어하긴 했지만, 나머지 20명의 아이들을 비롯한 많은 아이들과 함께할 수 있었다. 서쪽으로 이어진 초록빛 언덕과 동쪽으로 흐르는 세번강을 따라 펼쳐진 푸른 평원까지, 잭은 이 모든 것들이 좋기만 했다.

아이들을 돌보는 여자 사감 또한 셰르부르에서 보내는 잭의 일상을 즐겁게 해 주었다. 너무도 자상한 이 부인은 유명할 뿐만 아니라, 종교에 대한 이야기를 하기 좋아했다. 하지만 그녀가 하는 종교 이야기는 영국 교회의 틀에 박힌 것들과는 달랐다. 훨씬 높은 차원이었고 신성의 신비와 영적 세계에 대한 것들이었다. 부인은 그러한 영적 세계와의 대화에 대한 도전을 던져주었다. 잭의 상상력은 그러한 부인의 말을 받아들이기에 충분히 비옥했고, 부인에 대한 신뢰를 갖게 만들었다. 심지어 부인이 이야기하는 그런 보이지 않는 세계를 동경하게 만들었다.

그와 함께, 잭은 라틴과 헬라 고전을 읽고 있었다. 이러한 모든 이방 작가들은 종교에 대한 이야기를 하고 있었다. 잭은 종교에 대한 생각들이 매우 오래된 것이고 다양한 형태를 갖추고 있음을 깨닫게 되었다. 다른 것들과 다를 바가 없지 않은가? 또한 이 종교란 것이 그저 죽음에 대한 공포 때문에 만들어진 것이란 생각은 피할 수 없는 일이었다. 결국 두려움을 없애기 위한 것이란 말인가?

루크레티우스의 2행시는 잭을 더욱 오싹하게 만들어 버렸다.

만일 하나님께서 이 세상을 만드셨다면,
세상은 우리가 보는 것처럼 덧없고 결점투성이는 아니었을 것이다.

수업 시간을 통해 많은 선생님들이 이 사상을 받아들이고 있음을 확인할 수 있었다. 학생들 또한 그들의 뒤를 따르며 무관심의 차원을 넘어 자신들의 종교를 완벽하게 포기해 버리고 있었다. 이들은 모두 종교란 것이 매우 고리타분한 의무이고 하나님을 두려워하는 것이야말로 가장 재미없는 태도라고 여겼다. 결국 잭은 스스로가 하나님을 더 이상 두려워하지 않을 뿐만 아니라, 이제 그 존재마저도 믿지 않고 있음을 알게 됐다.

영적인 것들은 물질 세계를 초월한 것일 수도 있지만, 성경에 기록되어 있는 하나님의 요구는 그렇지 않았다. 잭은 스스로가 그러한 요구들로부터 자유로워진 것처럼 느껴졌다. "이젠 뭔가 다른 것들로 옮겨 가야 할 때가 된 거야"라며 잭은 친구들을 부추겼고, 친구들도 거절하지 않았다.

자신이 동경하는 '다른 존재'에 대한 경험이 몇 년 동안 없었고 사실 잊어버리다시피 했지만, 잭은 다시 한 번 발견하게 됐다. 정말 우연히, 어느 날 한 잡지에서 '지크프리트와 신들의 황혼'(Siegfried and Twilight of the Gods)이라는 단어를 보게 됐다. 갑자기 뭔지 모를 광대하고 차가운 북녘 하늘의 느낌이 잭을 다시 한 번 감싸 안았다. 차갑고 광대하며 혹독한 무엇인가에 대한 동경에 사로잡혀 버린 것만 같았다. 그것은 다름 아닌 예전의 바로 그 '북녘의 것'(Northerness)이었다. 다시 한 번, 충족되지 못한 욕망이 채워졌고 또 다른 세계를 다시금 들여다보게 된 것 같았다. "사감이 말한 그런 천진난만하고 보잘것없는 그런 영적 세계가 아니다. 뭔가 대단한 것이 있다"라고 잭은 스스로에게 말했다.

잭은 '지크프리트와 신들의 황혼'이 독일 작곡가 리차드 와그너가 만든 오페라라는 사실을 알게 되었다. 또한 그것을 통해 오페라가 뚱뚱한 남자, 여자 가수들이 바보같이 고함을 치는 것이라는 생각을 완전히 바꿔 버렸다. 얼마 지나지 않아, 잭은 축음기에서 흘러나오는 와그너의 오페라를 따라 부르기 시작했고, '황금'(Rhinegold)과 '반지 3부작'(the Ring Trilogy)에 흠뻑 빠져들어 버렸다. 음악이 더해졌지만 잭은 '북녘의 것'을 향한 애착의 또 다른 차원에 있었다. 하지만 마음의 갈망은 우연히 엿보게 됐던 형언할 수 없는 기쁨에 집중되어 있었다.

1913년 늦은 여름, 루이스 형제에게 또 다른 큰 변화가 몰아닥쳤다. "키치너 장군 밑으로 들어갈 거야"라고 워니가 잭에게 말했다. 마치 완벽하게 영국 우월주의에 빠져 잘난 체하도록 교육이라도 받은 듯한 표현이었다.

키치너는 위대한 전쟁 영웅으로 수단의 야만인들을 정복한 후, 지금은 워니가 사랑하는 인도에서 군대를 이끌고 있었다. 그렇게 워니도 군인으로의 경력을 쌓기로 작정한 모양이었다. 군인으로 성공적인 경력을 쌓는 데는 한 가지 방법뿐이었다. 영국의 최고 사관학교인 샌드허스트를 졸업하는 것이다. 하지만 일에는 순서가 있는 법이지 않은가. 샌드허스트 사관학교에 들어가는 특권을 누리기 위해서는 어려운 입학 시험을 먼저 통과해야만 했다.

워니는 "정말 최선을 다해서 준비하겠어"라며 벌써 사관학교에 들어가기라도 한 듯 뽐내며 말했다.

"이런 세상에나! 그렇다면 커크 선생이 시험 준비를 시켜줄 게다"라고 앨버트가 말했다. 커크는 런던 남쪽 그레이트 북햄에 살고 있는 앨버트의 개인 교사 W. T. 커크패트릭을 두고 하는 말이었다.

잭에게 찾아온 큰 변화란 멜버른학교로의 진학을 의미했다. 얼마나 고대했던 일인가! 다른 셰르부르 친구들과 함께 멜버른학교를 자주 방문하였고 고학년 학생들의 말에 완전히 매료되고 말았다. 그것은 힘과 영광의 세계로 넘어가는 데 필요한 과정을 보여주고 있었다. 열정적인 스포츠맨이었던 워니는 그곳에서도 이미 유명인사였기 때문에, 그 영향으로 잭까지 존경을 받을 정도였다.

하지만 워니는 이제 그곳에 없었다. 멜버른에서의 첫날부터 잭에게는 불행과 고통뿐이었다. 스스로는 아무런 존경도 받을 만한 것이 없었다. 모두들 그 사실을 잭에게 말해 줄 정도였다.

뿐만 아니라 잭은 스포츠에 전혀 소질이 없었다. 아니 오히려 겁쟁이처럼 도망 다녔다. 특별히 멋진 외모도 아니었고, 깡마른 데다 오만하게 보이기까지 했다. 성격 또한 안타까울 만큼 거짓투성이였다. 잭은 그저 자신의 것이 없는 모조품일 뿐이었다. 학생부인 '블러드' 멤버가 되는 것 또한 전혀 불가능해 보였다. 그에게 언어 폭력을 넘어 채찍질까지 가해졌다. 한 행사를 놓친 것 때문에 잭은 매질을 당해야만 했다. 블러드 멤버 중 한 명이 잭에게 거짓말을 했던 것이다. 그 후 저학년 아이들은 블러드들에게 완전히 노예와 같은 생활을 해야만 했다.

그러나 굴욕의 기억들은 학교 도서관과 한 명의 선생으로 인해 사그러지는 듯했다. 저학년 아이들이 블러드로부터 자유로울 수 있는 곳은 학교 도서관뿐이었다. 물론 잭도 블러드를 피하기 위해서이기도 했지만 자신의 광적인 독서 버릇을 채우기 위한 것이기도 했다. 15살의 나이로 잭이 몇 백 권의 책을 읽었는지는 아무도 모를 일이었다. 아무도 시키지 않았지만, 잭은 스스로 읽고 또 읽었다.

잭에게 영감을 준 선생의 별명은 '스무기'였다. 스무기 선생은 고전과 영어를 가르쳤다. 그는 셰익스피어적인 풍부한 몸짓으로 시를 읽을 줄 알았다. 또한 자신이 가르치고 있는 것들을 잘 알고 있었다. 친근하지도 그렇다고 쌀쌀맞지도 않았다. 싸구려 우스갯소리를 하지도 않았고, 오직 명쾌한 말만을 할 뿐이었다.

"스무기는 완벽한 선생님이자 완벽한 신사셔"라고 잭은 거침없이 말했다.

겨울 방학을 맞아 집으로 돌아왔지만, 잭에게는 조금도 위안이 되지 않았다. 리틀 리마저 잭에게는 전쟁터가 되어 버렸기 때문이었다. 잭은 그 끔직한 멜버른학교에 대해 설명하며 앨버트에게 워니가 학교로 다시 돌아와서 자신을 보호하게 해달라고 애걸했다. 처음에 형제들은 서로에게 냉담하기만 했다. 형제의 불화 때문이 아니더라도, 앨버트는 워니에게 열변을 토하고 있었다.

"커크 선생은 네가 어린아이만큼이나 희망이 없다고 내게 편지를 보냈다, 워니."

"그런 늙은 선생보다는 내가 나 자신에 대해 더 잘 알아요."

보통 잭은 이웃의 방문에 관심을 보이지 않았지만, 아서 그리브의 경우는 달랐다. 아서는 워니와 같은 나이였지만, 병에 걸린 상태였다. 또한 잭에게는 잠시라도 리틀 리에서 벗어날 핑계가 필요했다. 전에도 아서는 친구를 사귀기 위해 애를 썼었지만, 루이스 형제는 그 누구도 자신들 틈에 끼어들게 하려고 하질 않았다. 게다가 키만 훤칠한데다, 금발에 볼이 붉은 아서는 심기증(신경쇠약의 한 증세, 스스로 생각하기에 큰 병에 걸렸다고 느끼는 증세) 환자에 매우 응석이 심했다. 잭은 그런 아서의 침상 곁에 있으면서 리틀 리로부터 떨어져 있는 것만도 즐거웠다. 그리고 침상 곁의 탁자에 책을 두고 스스로를 위해 읽어주었다. 「노스맨의 신화」(Myths of the Norseman)는 '북녘의 것'의 요약본이었다.

"이 이야기 좋아?"라고 잭이 조심스럽게 물었다.

"너는?" 놀란 아서가 되물었다.

얼마 지나지 않아 둘은 분명한 갈망과 표현할 수 없을 만큼의 기쁨에 대해 나눴다. '북녘의 것'에 대한 서로의 사랑이 너무도 컸던 나머지 사실이 아닌 것 같을 정도였다. 잭만큼이나 아서 또한 책을 사랑했다. 내용뿐만이 아니었다. 제본이나 인쇄, 여백과 종이의 무게, 모든 것이 같았다. 잭은 지금까지 보이던 아서의 모든 결점들이 더 이상 결점으로 보이지 않았다. 진정한 친구를 찾은 것이다. 잭과 아서는 편지로 이야기를 나누었다. '북녘의 것'과 책에 대한 사랑을 서로 나누게 됐으니 이제 멜버른에서의 힘겨운 나날은 견딜만해지게 되었다.

거의 기적이라고 해야 할 만큼, 1914년 초부터 루이스가를 뒤흔들었던 힘겨운 싸움은 사실상 1월 말이 가까워 오면서 완전히 잊혀져 버렸다. 새로이 발견한 친구 아서와 함께 기쁨을 나누며 잭은 큰 힘을 얻었다. 그뿐 아니었다. 앨버트는 잭을 멜버른에서 나오게 한 후 W. T. 커크패트릭 선생 밑에서 개인교습을 받게 해 주겠다고 약속했다. 잭에게는 더할 나위 없이 기쁜 소식이었다.

하지만 그중 가장 놀라운 일은 워니가 샌드허스트사관학교 입학시험을 우수한 성적으로 통과했다는 사실이었다. 앨버트는 크게 기뻐했다. "워니, 네가 200명 후보들 중 21등을 했단 말이냐! 이 애비와 커크 선생을 부끄럽게 만들어 버렸구나. 25명의 사관생도에게만 주어지는 상을 받게 된 거야!"

잭은 멜버른에서 남은 몇 달간의 생활을 '북녘의 것'에 빠져 지내며 견뎌냈다. 노르웨이 신화에서 영감을 받은 잭은 헬라 고전 서사시로 된 희극을 한 편 쓰고 '노키 바운드'(Noki Bound)라는 제목을 붙였다. 잭은 점점 더 자신이 시쪽에 더욱 소질이 있다고 확신하게 됐고「포켓용 운율 묵상집」(Metrical Meditations of a Cod) 이라고 부르는 책에서 서정시를 골라내기 시작했다. 잭은 스무기 선생의 수업을 위해 한 편의 시를 썼다. 마치 작별 인사와도 같은 내용이었다.

> 내가 친구라 부르는 이들이여,
> 비록 그대들은 얼마 안 되지만
> 알지 못하는 문제들로 부끄러워하며
> 나를 내버려두기는 했지만,
> 당당하게 나의 것들을
> 자신들의 것처럼 소중히 여겨주었다네.[2]

유럽에 세계대전이 발발하던 1914년 8월, 워니의 영광스럽던 샌드허스트사관학교 입학은 앨버트에게 아들의 사형 선고가 되어버렸다. 워니는 곧바로 훈련 과정으로 들어갔고 독일군과의 전투를 위해 프랑스로 보내지게 될 것이었다.

잭은 런던 남쪽 서리에 있는 그레이트 북햄으로 떠났다. 그곳에서 잭은 개인 교사 W. T. 커크패트릭과 함께 살게 될 것이다. 워니는 잭에게 서리가 산업화되고 인구가 많은 곳이라고 했지만, 기차 안에서 보이는 모습들은 작은 시내와 빽빽한 나무들뿐이었고 차라리 숲이라고 불러야 맞는 것 같았다.

흰머리에 콧수염을 기른 W. T. 커크패트릭이 기차역으로 마중을 나와주었다. 이 노년의 선생은 큰 키에 너무도 말라서 얼굴에 한점의 살도 찾아볼 수 없을 정도였다. 손을 움켜쥔 모습은 그의 강인한 본성을 보여주고 있었다. 모든 것이 '커크 선생'에 대해 들은 것과 똑같아 보였다.

기차역을 빠져 나오며 잭이 신이라도 난 듯이 말했다. "서리의 경치 때문에 놀랐어요. 기대했던 것보다는 황량하던데요."

"'황량'하다니, 무슨 뜻으로 한 말이지? 그리고 어떤 근거로 그런 기대를 한 게냐? 지도? 아니면 서리의 동식물에 관한 책 때문에?"

잭은 놀란 듯 커크패트릭 선생을 쳐다보았다. 모든 것을 심각하게 받아들이는 선생이었다. "아니에요. 선생님, 지도나 책 같은 건 본 적이 없어요. 그냥 선생님과 대화를 하고 싶었던 거예요." 잭은 애매하게 대답했다.

"왜 그런 거냐?" W. T. 커크패트릭 선생이 언성을 높였.

"이유가 뭔지를 말해 보란 말이다!"

선생의 집으로 오는 길 내내 잭은 그러한 질문을 막아내야만 했다. 잭의 분노는 그런 끊임없는 질문이 잭을 괴롭히려거나 판단하거나, 그냥 이야기나 농담을 하려고 하는 것이 아니었음을 깨닫게 되면서 사그라 졌다. 그러한 과정이 바로 커크패트릭 선생이 상대방을 알아가는 과정이며, 또한 잭으로 '황량하다' 라는 단어를 아무런 정의 없이 사용한 것을 깨닫게 해 주기 위한 것이었다. 잭은 W. T. 커크패트릭 선생을 금세 좋아하게 됐으며, 그를 '커크' 라고 생각하게 되었다.

스무기 선생만큼이나 특이한 커크 선생은 잭에게 두 번째로 위대한 선생이 되었다. 스무기 선생이 문법과 수학에 정통했다면, 커크 선생은 변증법과 질문을 통해 진리를 발견해 내는 데 탁월했다. 잭은 이제 모든 말을 조심하게 되었다. 잭은 뒤로 물러설 수 있었지만 그렇게 하지 않았다. 잭에게 너무도 솔직하고 친절한 커크 선생은 그러한 방법으로 잭에게 반응하지 않았다. 이제 무신론자가 되어버린 잭은 커크 선생이 무신론자라는 사실에 조금도 신경을 쓰지 않아도 됐다. 하지만 커크 선생만은 그러한 것들을 문제로 삼는 사람이었다. 물론 모든 우주적인 문제들을 들여다본다는 것이 선생의 이유였다.

이상하게도 커크 선생은 주일만은 존중했고, 다음 날인 월요일에는 호머의 작품으로 잭의 학업을 시작했다. 그것도 '일리아드' 의 처음 부분 몇 줄만을 읽고는 나머지는 잭에게 맡겨두었다. 처음에 잭은 어찌할 바를 몰랐지만 머지않아 그러한 독립적인 학습을 요구하게 되었다. 며칠이 지나자 잭은 자신이 낙원에 있음을 알게 되었다. 아침 8시 커크패트릭 부인이 차린 아침을 먹고, 9시 30분부터 1시까지 11시에 잠시 차를 마시는 것 말고는 책상에 앉아 공부를 하거나 글을 썼다. 점심 후 산책을 하고 4시에는 차를 마시고, 그런 다음 7시까지 책상에 앉아 공부를 했다. 저녁을 먹은 후에는 커크 선생과 대화를 하거나 간단한 독서, 혹은 편지를 썼다. 그리고 11시에 잠자리에 들었다. 꿀맛같은 잠자리였다. 잭이 하는 일의 양은 엄청났다. 하지만 지금과 같은 행복은 처음이었다.

1915년 워니가 세계대전이 벌어지고 있던 프랑스에서 돌아왔을 때, 서리에 들러 잭과 함께 리틀 리로 갔다. 앨버트의 눈에 이제 이 두 아들은 다르게 보였다. 워니는 거의 20살이 된 성인으로 전투에 익숙한 군인이 되어 있었다. 물론 16살이 된 잭도 다르게 보일 수밖에 없었다. 자만이었을까? 아니면 실망?

"커크 선생님께서 저에 대해 무슨 말씀 없으셨어요?"라고 잭이 앨버트에게 물었다.

"물론 있었다"라고 앨버트가 말했다. "그러니까 네가 문학을 독창적이며 숙련된 모습으로 판단을 한다고 하더구나. 또한 최고의 작품을 정확히 알아보고, 왜 그것이 최고인지를 구별할 줄 안다고 하셨어."

지금까지 앨버트와 워니가 샌드허스트에서의 군대 경력에만 집중해 온 것처럼, 앨버트와 잭은 심각하게 옥스포드 대학이나, 케임브리지대학과 같이 영국에서 얻을 수 있는 학위에 대해 고려하기 시작했다. 잭이 과학과 수학을 싫어했기 때문에 옥스포드보다 과학쪽에 강한 케임브리지는 제외시켰다. 그 이후 커크 선생은 잭을 옥스포드대학 시험에 통과시키는 것이 목표가 되었다.

그렇다고 해서 잭은 아서나 책에 대한 열정을 저버릴 수는 없었다. 1916년 초, 조지 맥도날드의 「판타스테스」(Phantastes)란 책을 발견한 잭은 "아서에게 편지를 써야만 해!" 라고 소리쳤다.

아서에게 조지 맥도날드를 발견하게 된 것에 대한 행복을 퍼부어주기 위해서였다. 자신들과 같은 또 다른 작가를 발견하다니! 윌리엄 모리스의 「세상 끝에 있는 우물」(The Well at the World's End) 이후에 처음 있는 일이었다. 얼마나 그 책을 사랑했었는지. 아서도 자신처럼 아노도스와 함께 작은 시내를 따라 요정들이 사는 숲으로 가지 않았던가? 분명 아서도 맥도날드가 훌륭한 저자라는 사실에 동의할 것이다. 잭은 지독한 물푸레나무와 그 물푸레나무 마디의 그늘이 아나도스가 읽던 책 위로 어떻게 떨어졌는지, 또한 「판타스테스」의 다른 장면들이 자신에게 얼마나 강하게 충격을 주었는지를 말해 주었다. 그 해 말, 잭은 아서에게 조지 맥도날드가 쓴 명작 단편 「황금열쇠」(Golden Key)에 대해 편지를 썼다. "이렇게 털어 놓을 수 있는 아서가 없었다면 어쩔 뻔 했어?"라며 잭은 기뻐했다. 이처럼 절친한 친구를 갖는다는 것이 얼마나 기쁜 일이란 말인가!

잭에게 삶은 놀라운 것이기만 했다. 깨어있는 시간은 모두 독서와 글쓰기로 채워졌다. 하지만 마침내 중요한 시간이 다가오고야 말았다. 12월 옥스포드대학 입학 시험을 친 것이다. 이 최고의 대학이 겨울의 혹한과 전쟁 때문에 절반이 문을 닫기는 했지만 입학 시험은 오리엘대학 강단에서 며칠간 치러졌다. 외팔들보로 된 강단이 어찌나 추웠던지 잭은 절대 외투와 왼쪽 장갑을 벗지 않았다.

시험이 끝난 후 잭은 커크 선생에게 이렇게 말했다. "제가 아는 라틴과 헬라 작가들에 대해서는 한 문제도 나오질 않았어요. 사무엘 존슨에 대한 문제는 잘 해낸 것 같지만, 독일 저자 괴테의 난해한 시는 완전히 망친 게 분명해요."

"그랬단 말이지?" 귀신처럼 창백해진 커크 선생이 물었다.

겨울 방학을 맞아 리틀 리로 돌아왔을 때, 커크 선생이 앨버트에게 잭이 시험에 떨어질 것 같아 걱정이 이만저만이 아니라는 내용의 편지를 보낸 것을 발견했다. 앨버트가 우울해진 것은 당연한 일이었다. 희망이 없었던 워니를 커크 선생이 샌드허스트에 입학시켰던 일조차 앨버트에게는 이제 아무런 소용이 없었다. "이런 어처구니없는 일이." 앨버트가 중얼거렸다.

앨버트와 한 명의 관리인, 그리고 새로온 개만이 있는 집은 마치 거대한 헛간처럼 보였다. 앨버트는 초조한 마음으로 옥스포드에서 올 편지를 기다렸다. 그리고 12월 13일 드디어 편지가 도착했다.

잭이 편지를 뜯어 보더니 무표정한 얼굴로 이렇게 말했다.

"옥스포드대학에 장학금을 받고 다닐 수 있게 된 것 같은데요."

잭의 내면은 기쁨으로 가득 차 있었다. 펄시 셸리가 대학에서 공부하던 당시 그가 무신론자라는 이유만으로 학교에서 제적당하기는 했지만, 지금은 잭과 같은 무신론 시인에게 더욱 관대해졌다. 1917년 4월, '리스판션'(학위 과정 1차 시험)이라고 불리는 추가적인 시험에서 형편없는 수학 실력 때문에 낙제를 하기는 했지만, 어쨌든 잭은 옥스포드대학에서의 공부를 시작했다. 전쟁이 끝난 이후에 잭은 다시 시험을 칠 수 있었다. 그리고 한 달 후 잭은 장교 훈련을 받기 시작했다.

1908년 잭의 어머니께서 돌아가신 후, 잭의 삶은 좋은 일과 나쁜 일이 계속되어 왔다. 기쁜 일이 있으면 슬픈 일이 찾아왔고 다시 기쁨이 찾아왔다. 비참했던 윈야드, 셰르부르에서의 기쁨, 불행했던 멜버른, 커크 선생과의 기쁜 나날, 하지만 이제 혐오스러우리만큼 비참한 전쟁이 찾아왔다. 이것으로 고난은 끝이 날 것인가? 또 다른 절정의 기쁨이 있을까?

"그렇지 않을 것 같아"라고 잭이 크게 소리치며, 참호의 모래주머니에 몸을 던졌다. 다정했던 커크 선생이 잘 사용했던 표현을 빌려 이렇게 말했다. "내 의견들은 해박한 내 지식에서 온 것이라네." 참호는 조용했다. 포탄 파편에 맞은 하사관에게 결국 죽음이 찾아오고야 말았다.

"루이스 중위?"

"네, 소령님!" 잭이 힘차게 대답했다. 참호 앞에서 소령을 만나는 것은 드문 일이었다.

소령은 잭을 옆으로 불러냈다. "새로운 소식이네, 루이스 중위. 독일군들이 북쪽에서부터 정면으로 공격을 해온 모양일세. 서머셋 장군은 우리가 적의 측면을 공격하길 바라고 있네. 부대원들을 모두 소집하게나. 이젠 참호에서 나갈 때야."

'결국 이렇게 되는 것이구나. 내게도 죽음의 종이 울리게 된 거야.' 라고 잭은 생각했다.

넷

"루이스 중위, 최전방 쪽 참호를 통해서는 북쪽으로 갈 수 없네"라고 소령이 알려주었다. "그러면 너무 늦으니, 뒤쪽 참호를 통해 비무장지대로 나가야 하네."

서머셋 경 보병대가 참호를 따라 몇 마일 뒤쪽으로 살며시 이동해 갔다. 잭은 제6독일 보병이 북쪽에서 포르투갈 부대를 완전히 섬멸시켰다는 사실은 이미 알고 있었다. 유일하게 좋은 소식이란 독가스가 사용되지 않았다는 것이다. 독일군들은 자신들이 몇 시간 후면 장악하게 될 곳을 독가스로 오염시키려고 하지 않는 것처럼 보였다. 갑자기 추워진다면, 마늘 냄새가 나는 독가스가 여러 날 동안 살포된 것이 분명해 보였다. 하지만 사실은 그렇지 않았다. 독일군은 포격과 박격포, 수류탄, 기관총, 그리고 탱크로만 포르투갈군을 무찔렀다.

"왜 이 한밤중에 이동을 해야 하는 거지? 독일군에게서 계속 멀어지고 있는 거잖아?"라고 톤 중위가 물었다.

"직 정찰기가 우리를 볼 수 있기 때문입니다"라고 아이레스 하사가 설명해 주었다.

"이쪽으로 가서 독일군을 기습할 거라네"라고 잭이 빈정거리며 말했다. "우리가 이렇게 반격할 것이라고는 상상치도 못하고 있을 거야."

"이건 자네가 가지고 있는 게 좋겠네"라며 톤 중위는 잭에게 「벤베누토 첼리니의 회고록」 사본을 건네주었다. 톤의 눈빛은 마치 자신이 분명 죽을 것이라고 생각하는 것처럼 보였다.

서머셋 중대는 이동을 위해 보급품을 줄이고, 후방 참호에서 해가 지기까지 기다렸다. 개활지를 지나는 동안, 병사들은 자신들이 완전히 노출되어 있다는 이상한 느낌이 들었다. 여러 주 동안, 잭은 조명탄이 만들어 내는 그 밝은 섬광을 무시하는 법을 익혔다. 그런데 이제 그 섬광을 다시금 인식하게 된 것이다. 독일군이 한참 노르웨이군을 사살하고 있는 북쪽 수마일 너머에서 많은 섬광들이 하늘을 밝히고 있었다.

새벽이 가까워 오면서 부대원들은 후방 참호를 찾아서 눈을 붙였다. 저녁 무렵 요기를 하고 다시 행군을 시작했다. 멀찍이 포병이 쏘아대는 굉음이 들렸다. 동쪽과 서쪽으로 모두 쏘아 날리는 것이 분명했다. 가끔씩 기관총 소리가 들렸다. 새벽녘에는 연기 냄새도 났다.

"라바세 운하에 있는 바지선들입니다"라고 누군가 알려 주었다. 바지선이 독일군에 의해 사용될 것을 우려해 초조해진 한 영국 장군이 바지선에 불을 놓게 한 것을 잭은 알고 있었다. 하지만 독일군들은 그렇게까지 멀리 가지는 못했다. 만일 전쟁이 그렇게까지 소름끼치는 것이 아니라면 가끔씩은 재미있기도 할 것이라고 잭은 생각했다. 놀랍게도, 운하를 가로지르고 있는 다리가 아직도 멀쩡하게 서있었다.

"난 눈을 좀 붙여야겠어. 참호는 어디 있는 거야?"라고 톤이 말했다. "여기에는 참호가 없습니다. 장벽 근처에 있는 대피호에서 자야 합니다"라고 아이레스 하사가 말했다.

"장벽? 무슨 장벽 말이야?" 톤이 지친 목소리로 웅얼거렸다.

새벽녘이 되자 근처에 산재해 있는 장벽들이 눈에 드러났다. 서머셋 중대원들은 장벽에서 최대한 가까이에 얕은 개인호를 파기 시작했다. 개인호는 겨우 포탄 파편에 맞지 않을 정도로 코 정도 높이까지만 팠다. 호를 파던 병사들은 장벽의 기초에서 겨우 18cm 정도 되는 곳부터 끈적한 점토로 되있는 것을 발견하고는 불평을 하기 시작했다. 할 수 없이 더 파 내려가서는 그 위를 표면 흙으로 덮어서 옷과 장비들에 진흙이 달라붙지 않게 해야만 했다. 작은 집들, 정원들, 그리고 담장과 나무들까지…. 프랑스의 이 지역은 전혀 무인지대 같지 않았다.

"아직까지는 말이야"라고 잭은 중얼거리며 잠이 들었다.

저녁에 일어난 부대원들은 돼지고기와 콩, 쇠고기 통조림으로 요기를 했다. 건빵이나 건포도로는 참호에서 먹던 큰 냄비에 담긴 스튜를 대신할 수 없었다. 서머셋 사단의 몇몇 병사들은 나머지 병사들이 북쪽으로 이동하는 동안 다시 배치를 받고 현 위치에 대치하고 있었다. 잭이 속한 대대는 가장 북쪽에 위치해 있었다. 잭은 무거운 발걸음을 옮기며 3월에 쥐들이 달려들던 일을 기억해 냈다. 대단한 포격이었고, 일 분에 3발씩 하루 종일 계속되었다. 공포에 질린 가엾은 쥐들은 사실상 위안을 받기 위해 잭에게 달려들었다. 이것이 징조일까? 잭은 평생 정말로 쥐들을 좋아했다. 하지만 그렇다고 이러한 일들이 있다니! 누구로부터의 징조란 말인가? 악마로부터일까?

"참호를 파는 게 좋을 것 같습니다"라고 아이레스 하사가 말했다.

"참호를 파라고?" 깜짝 놀란 잭이 말했다. 사실 잭은 행군 도중 잠시 졸았던 것이다. "물론이지, 하사."

대대에서 잭이 이끄는 소대는 북쪽에 거의 마지막으로 배치되었다. 잭의 소대가 있었던 곳은 마운튼 '베렌촌'이라고 불리는 곳으로 라일러스 마을 근처에 있는 언덕이었다. 잭과 잭의 소대가 있는 곳은 최전방에서 20마일은 족히 되어 보이는 곳이었다.

1918년 4월 15일 새벽, 잭은 전투가 코앞까지 닥쳐 있는 것을 볼 수 있었다. 잠자리만큼이나 나약해 보이는 정찰기가 가끔씩 폭탄을 떨어뜨렸다. 탱크들이 연기를 내뿜었고 이곳저곳이 폭

발로 먼지를 일으키고 있었다. 잭의 소대가 전장에서 상당히 떨어져 있는 것이 감사할 뿐이었다. 이곳까지 포격할 만한 박격포는 없었다. 잭은 박격포가 만들어 내는 '훅' 소리를 정말 싫어했다. 그리고는 박격포탄은 개인호 안으로 떨어지지 않는가! 수류탄은 어떠한가. 터지기 전까지는 어디 있는지도 알 수가 없었다. 옆에서 터지는 소리를 듣는다면 그 후 영원히 아무 소리도 들을 수 없게 된다.

"독일군이 사방에 깔렸습니다." 아이레스 하사가 소리치며 일어났다.

잭도 일어났다. 아이레스 하사 말이 맞았다. 독일군이 시야를 완전히 장악하고 있었다. 몇몇 사단이 한꺼번에 베순과 아르만티 사이에 있는 제1영국 사단을 한꺼번에 공격해 들어간 것이 분명했다. 독일군이 가까워 오고 있었다. 잭이 육안으로 볼 수 있을 정도였다. 그 용맹스럽던 서머셋 사단이 완전히 괴멸될 위기였다.

"뭐야!" 라고 누군가 소리쳤다.

잭은 거의 정신을 잃어가고 있었다. 등을 대고 누워 있는 건가? 확실치 않았다. 아무것도 볼 수가 없었다. 부상을 당한 것이 분명했다. 숨도 쉬는 것 같지 않았지만, 목소리는 들렸다. 살아있긴 한 것 같았다. 하지만 숨을 쉬지 못하고 있지 않은가. 아직 살아있지만 죽어가고 있었다. 잭은 자신이 꺼져가는 석탄이라고 생각했다. 아무것도 느낄 수가 없었다. 후회나 슬픔도 모두,

이젠 끝이구나. 아니면 꿈을 꾸고 있는 것인가?' 아직도 전쟁의 소리가 여기저기서 들리고 있었다. 무릎과 손바닥이 날카로운 돌들에 찢겨 있었다. 어떤 이유에서인지 손과 무릎에 의지하고 있었다. 왼쪽 팔에 부상을 입었고 가슴도 마찬가지였다. 잭은 기기 시작했다. 죽지는 않은 것 같았다. 살아있었다. 하지만 죽어가고 있단 말인가? 마치 으깨진 바퀴벌레처럼 부상을 입고 잠시 기어다니고 있는 것인가? 신이 존재하지 않는 이 세상에서의 마지막 쓰라린 농담인가? 잭은 마치 발에 밟힌 벌레처럼 잠시 기어 다니다 죽게 될 것이다. 강한 충격이 잭을 찌르고 지나갔고 잭은 의식을 잃고 말았다.

"신경쓰지 마세요. 하사님! 중위는 죽었어요." 누군가 소리쳤다.

얼마의 시간이 지났을까 잭은 다시 희미한 목소리를 들었다. 하지만 아무것도 느껴지지 않았고 볼 수도 없었다. 분명 죽음 이후의 세계일 것이다. 어둡고 아무 소리도 들을 수 없었고 정신이 이상한 듯했다. 분명 비기독교인들이 말하는 지옥이거나 유대교에서 말하는 저승일 것이다. 영혼이 아무런 감각 없이 영원히 떠돌아 다니는 것이다. 이것이 무자비한 하나님의 명령이란 말인가?

"붕대를 모두 감았습니다, 선생님." 한 여인의 보고하는 목소리였다. 살아있는 건가? 눈을 뜨려고 애를 썼다. 이런, 빛이 보이다니! "제 말 들리세요, 중위님?" 여인의 목소리가 귓가를 울렸다. "후송 중이에요."

후송 중이라고! 이 말에 잭은 정신이 번쩍 들었다. 중상이지만 생명에는 지장이 없었다. 한동안 병원에서 보낼 만한 상처라니. 어쩌면 영국으로 돌아갈 수 있을지도 모른다! 잭은 기쁨으로 심장이 요동치는 것을 느꼈다. "여기는 에타플에 있는 리버풀 이동 병원이에요, 중위님."

에타플은 프랑스 해안이었다. 얼마나 오랫동안 정신을 잃었던 것일까? 뭔가가 잭을 마구 흔들어댔다. 잭의 엉덩이 밑에서 뭔가 딱딱한 것이 마구 흔들리고 있었다. 잭은 똑바로 누워 있었고, 그것은 변기였다.

얼마 후 잭의 시력이 회복되었을 때, 잭은 백색의 바다를 떠다니고 있었다. 천장에서는 선풍기가 돌아가고 있었고, 침대는 잭이 끝을 볼 수 없을 만큼 길었다. 침대 위에는 붕대로 완전히 감긴 사람들이 누워있었다. "오늘이 몇 월 며칠이죠?" 마침내 간호사가 나타났고 잭이 물었다. 곁에 누워있는 사람들에게 물어봐도 아무런 대답이 없었기 때문이었다. 다들 혼수 상태였다.

"4월 16일이에요, 중위님."

"겨우 하루밖에 지나지 않았나요?"

간호사는 차트를 확인해 보았다. "네, 그래요. 어제 부상을 입으셨군요."

"다른 사람들은요? 아이레스 하사와 로렌스 중위는…."

"저는 모릅니다. 중위님을 이곳으로 데려온 병사밖에는 몰라요. 전투에서 어떤 일이 벌어졌는지도 모르구요. 죄송합니다."

"정말 운이 좋았군." 잭은 고개를 끄떡이며 말했다.

다음 날 잭은 아버지께 편지를 썼다. 통증과 무겁게 감긴 붕대 때문에 편지 쓰는 것은 힘들었다. 물론 아버지께 쓰는 편지였기 때문이기도 했다. 모든 단어를 정말 조심스럽게 사용해야만 했다. 상처를 별거 아닌 것처럼 말한다면, 푸데이타버드는 분명 잭이 귀환될 정도로 심한 상처를 입은 것이 아니라며 심하게 화를 낼 것이 분명했다. 그렇다고 상처에 대해 너무 과장해서 쓴다면, 반대로 심하게 걱정을 하실 것이 분명했다. 생각에 잠긴 잭은 화가 나고 말았다. 잭이 프랑스로 향하기 전, 브리스틀에서 아버지께 전보를 쳐서 자신을 보러 와달라고 했었지만, 아버지는 그 전보 내용을 이해하지 못했던 것처럼 보였다. 어쨌든, 아버지는 잭이 프랑스로 떠나기 전에 브리스틀에서 패디 무어와만 시간을 보낸 것에 화가 나신 것이 분명했다. 사실, 잭 자신도 자신의 상처에 대해 알지 못하고 있었다. 왼쪽 팔이 옆구리에 고정되어 있었고, 왼쪽 손에 상처를 입었다는 것뿐이었다. 그는 어떤 내용을 쓰든지 간에 결국 상황이 좋지 못할 것이란 결론을 내리고, 그저 왼팔에 상처를 입었다고만 썼다.

그날 마침내 잭은 의사를 볼 수 있었다. "본국으로 다시 가는 건가요?" 잭은 다소 퉁명스럽게 물었다.

"그렇다네, 중위. 송환될 걸세. 손에 파편을 맞았지만 그리 심각한 건 아니네. 무릎 뒤쪽에도 맞았는데 그것도 심각하지 않고,

겨드랑이에 파편 한두 개가 파고들었는데, 가슴 근처에 박혀 있는 것 같네. 좀 심각한 상태지."

"알겠습니다. 다른 소대원들은 어떻게 됐습니까?"

"중위가 속한 대대의 피해가 상당했던 모양이야."

"아이레스 하사와 존슨 중위는 어떻게 됐죠?"

"나로서는 알 길이 없네." 그리고는 군의관은 사라졌다.

잭이 병원으로 이송된 다음 날 한 병사가 들어오기 전까지 대대가 얼마나 심하게 독일군의 공격을 받았는지를 알지 못했다. 잭이 맞은 포탄 파편은 행운이 아닐 수 없었다. 아마도 아군의 포격이었을 것이다. 아이레스 하사는 전사했다. 잭과 같은 포탄에 맞은 것 같았다. 아이레스 하사는 끝까지 잭을 지켜주었다. 로렌스 존슨도 전사했다. 그는 잭의 친구였다. 나중에 잭은 존슨이 마음을 닫고 남의 말을 듣지도 않았다는 말을 듣게 되었다. 다시 한 번 자신에게 소중한 사람을 잃게 된 것이다. 톤에 대해서는 도저히 물어 볼 수가 없었다.

잭은 살아있는 사람들에게 편지를 쓰며 망자들에 대한 마음을 달래려고 했다. 안소니 트롤럽과 월터 스콧 경에게 편지를 썼다. 옥스포드와 전쟁, 그리고 '영혼'에 대한 시였다.

평화와 시련 그리고
몽상과 소망의 궁궐이 있다니 좋은 일이다.
적어도 우리의 운명을 잊거나 굶주리고 갈망하는

그런 영혼의 일을 그만두지 않도록,
우리가 영적인 존재로 태어났음을 잊지 않도록,
이제 붉은 전투의 동물들이 그물에 매달려,
일을 망치고 마음의 위안을 간절히 바라며,
비인간적인 위안을 거부하는 짐승의 고통들.
하지만 결코 그렇지 않으리.
우리에게 남은 그곳
짐승에게 아무런 의미 없는 한때 도시였던 그곳은
많은 사람들을 위해서나 인재를 찾기 위해서나,
날카롭고 사나운 힘을 가진
그런 통치자의 잔칫상을
채우기 위해 세워진 것이 아니다.
우리는 동물적인 존재만이 아니다.
우리에게는 깨끗하고 유쾌한
도시가 남아있다.[1]

  자신이 쓴 글로 인해 스스로가 놀랐다. 분명히 신의 존재에 대한 암시를 주고 있지 않은가. 절대자의 영에 대한 그 작았던 생각들이 자라난 것이다! 잭은 자신이 생각하는 절대 존재에 대한 느낌이 가라앉을 때까지 스스로와 논쟁을 벌였다. 분명 잭은 아서를 위해 시를 썼다. 결국 아서야말로 인간이 '신성을 가지고 태어난' 존재라고 믿고 있지 않는가. 그렇다고 잭이 아서의 생각에 반대를 하지는 않았다.

갑자기 워니가 병실에 모습을 드러냈다.

"완전히 미라꼴이잖아!"

"뭐라구!" 놀란 잭이 소리쳤다.

"보급 장교님께서 이런 전방까지 오실 줄은 몰랐는데요."

"우리 꼬마 돼지한테 박힌 파편을 보려고 말이야!"

"꼭 마라톤이라도 뛰고 온 사람 같잖아."

소금에 절은 워니의 셔츠를 보고 잭은 우스갯소리를 했다.

"여기까지 온종일 자전거 페달을 밟았단 말이지. 무려 25km나 되는 거리야. 푸데이타버드가 네 편지 이야기를 하던데, 그래 어떤 거야?"

"송환될 것 같아, 형. 파편이 심장 근처까지 파고든 모양이야. 의사 말이 그냥 거기 둬야 한다나? 그것 때문에 문제가 되지는 않을 거라더군." 잭이 어깨를 으쓱해 보였다.

워니는 잭이 어떤지 걱정되는 마음을 애써 감추고 있었다. 잭은 그러한 것들에 초조해 하기보다는, 형의 그런 모습을 오히려 즐겼다. 정말 재미있다고 생각하는 그런 상반된 유머가 아닌가. 멜버른 때문에 생긴 좋지 못한 감정들은 완전히 사라진 것처럼 보였다. 그리곤 마치 같은 바닥에 앉아 복슨 이야기를 함께 만들어갈 수 있을 것처럼 보일 정도였다. 워니의 방문으로 잭의 기분이 한결 좋아졌다. 거기다 이제 대위가 된 워니가 살이 찐데다 술도 마시고 할 일이 없을 때는 담배도 피우는 것처럼 보였다.

잭은 워니가 이제 다시 25km를 자전거로 돌아가야 한다는 생각을 하며 재미있어 했다.

잭의 5월 초는 상당히 느리게 지나 갔다. 한 달 동안 똑바로 누워자다 오른편으로 누워 잘 수 있게 되자 그는 마치 큰 승리라도 한 것처럼 느껴졌다.

5월 말이 되어가면서 병원도 타격을 입기 시작했다. 마치 고치 속의 번데기처럼 붕대에 감겨 침대에 묶여있는 잭으로서는 참호에 있을 때보다 더 두려웠다. 이 말도 안 되는 상황의 진정한 끝이 오기는 하려나?

"나는 숨지도, 달리지도 못해"라고 간호사에게 불평을 해보았다. 물론 대답을 바란 것은 아니었다.

며칠 후, 잭은 영국 해협을 건너 영국으로 후송되었다. 배에서 잔뜩 소금을 머금은 공기와 험한 파도 때문에 잭은 두려움에 떨어야 했다. 그후 기차의 창 밖으로 보이는 영국은 그야말로 축제 분위기와 같았다. 우중충한 야전 병원에서 밝게 칠해진 금남의 집으로 옮겨진 잭은 지금까지 한 번도 본 적 없을 정도로 밝게 빛나는 영국을 볼 수 있었다. 강물은 다이아몬드처럼 반짝거렸고 울타리도 은빛으로 반짝였다. 저 멀리 들판의 제비꽃들이 순금만큼이나 분명하게 빛나고 있었다.

잭이 있는 런던의 병원은 진짜 궁전이었다. 엔드슬레이 정원에 있는 엔드슬레이 궁이었다. 병실은 모두 개인 병실로 침대는 큰 것들이었다. 이제 일어나 앉아서 자신에게 찾아온 행운을 만끽하며 잭은 아서에게 편지를 통해 '다른 존재'로부터 느낀 전율이 정말 영적인 세계와의 접촉이었다고 시인했다. 물질 세계의 위대한 자비의 창조자가 다스리는 영적인 영역은 아니지만, 잭이 생각한 영적 세계는 물질 세계에 명백하게 반하는 것이다.

"어쩜 존슨 중위 말이 맞았을지도 몰라"라며 잭은 스스로를 자극했다. "어쩌면 나 자신이 미치광이 천재 윌리엄 블레이크처럼 생각하고 있는 것인지도 몰라." 블레이크의 완고한 예언들이 잭을 몸서리치게 만들었다.

잭은 아서에게 자신이 초기에 쓴 시들의 사본들을 보내 달라고 부탁했다. 시들을 모아 출판할 계획이었다. 지금까지 잭은 혼자 시를 쓰고 있었다. 시야말로 자신의 진정한 재능이라고 여겼다. 종이 위에 쓰지 않은 것들은 잭의 머릿속에 그대로 남아있었다. 분명한 결론은 그러한 본능이 정말 강력한 악마의 창조물이란 것이었다. 무관심한 신의 도움 없이, 인간은 악마와 싸워야만 했다. 전쟁에서 목격한 살육들은 그러한 잭의 확신에 힘을 실어줄 뿐이었다. 단조로운 원고들을 하나의 운율만으로 출판하고 싶지는 않았다. 다양하고 재미있는 운율들로 주제들을 만들려고 했다.

런던의 서점들은 잭의 회복을 가속화시켰다. 6월 중순경 짧은 거리는 걸어다닐 수 있게 되었다. 그렇지 않고서는 어찌 책들을 구할 수 있겠는가? 잭은 형편이 되는 대로 최대한 많은 책들을 사고 빌렸다. 어느 일요일에 잭은 그레이트 북햄에 있는 스코틀랜드 장로교회를 방문했다. 그 교회 정원의 양배추 밭 사이에 있던 커크 선생은 놀라워했다. 스코틀랜드 장로교회는 잭을 따뜻하게 맞아주었지만, 잭은 키크 선생에게 특별한 대우를 받지 않은 것이 오히려 마음에 들었다.

"자네의 의견은 충분한 지식적 배경이 없는 것 같군, 클라이브." 전에 변증법으로 대화를 나눌 때처럼 커크가 이렇게 말하곤 했다. 잭을 '클라이브'라고 부르는 것은 커크 선생뿐이었다.

하지만 시간이 지나면서 잭도 지치기 시작했다. 잭은 더 이상 강하거나 건강하지 않았다. 그런 척해도 소용없었다. 워니나 아서, 심지어 아버지마저도 보고 싶었다. 두 달 이상 치료를 받았고, 런던에 온 지도 한 달이 다 되어가고 있었지만 여전히 아버지는 잭을 찾아오지 않았다. 그로 인해 심하게 가슴이 아픈 자기 자신 때문에 잭 스스로도 놀라지 않을 수 없었다. 잭은 아버지께 보내는 편지의 마지막 부분에 다음과 같이 자신의 고통을 쏟아부었다.

> 아버지께서 이곳에 와주실 거라 믿어요. … 지금처럼 예전에 가족들과 함께한 시간들과 아버지를 간절히 그리워한 적은 없는 것 같습니다. 자주 아버지로부터 멀리 도망을 가려고 하면서, 아버지의 사랑과 인자한 마음을 깨닫지 못했던 것 같습니다. 하지만 정말 앞으로는 좋은 아들이 되겠습니다. 제발 저를 보러 와주세요. 밤이고 낮이고 정말 집이 그립습니다. …[2]

하지만 앨버트는 오지 않았다!

아서의 편지를 통해 아버지가 지독하게 술을 마신다는 것을 알게 됐다. 두 아들을 수백만 명의 젊은이들이 죽어가는 프랑스의 전쟁터로 보내놓고 혼자 골똘히 생각하며 지내야 하는 아버지라면 당연한 일이다. 또한 아버지는 자신의 일상을 벗어나는 것을 두려워했다. 여름에도 플로라와 아이들과 함께 해변에 결코 갈 수 없었다. 몇 분마다 주머니에서 시계를 꺼내 들곤했고, 신경과민으로 괴로워했으며 히스테리 증세처럼 보였다.

런던에서 어김없이 찾아올 만큼 잭을 걱정하는 사람이 있었다. 패디 무어의 어머니였다. 패디는 전사했다. 옥스포드에서 장교 훈련을 받는 동안 무어 여사를 방문한 다섯 장교들 중 살아남은 것은 잭뿐이었다.

"어째서 영국과 미국이 전쟁을 끝내지 못하는 거지?"라고 무어 부인이 한탄 섞인 말을 내뱉었다. "그렇다고 네가 프랑스로 돌아가야 한다는 건 아니겠지?"

사회 복귀를 위한 다음 단계로 넘어갈 준비가 된 잭은 '환자 요양소'로의 이동 일정이 잡혔다. 아일랜드 쪽으로 가고 싶어했지만 그곳의 몇 개 안 되는 요양소는 이미 사람들로 가득하다는 말을 들었다. 결국 적어도 신뢰할 수 있는 친구가 한 명이라도 있는 곳으로 가야겠다고 생각해서 무어 부인이 사는 브리스틀에서 요양할 것을 신청하게 되었다.

'요양소'는 12세기에 세워진 성으로 수백 년 동안 헤아릴 수 없이 많이 보수된 곳이었다. 숲으로 둘러싸인 그곳에서 잭은 혼자 산책을 할 수 있었는데 불쑥 튀어나오는 사슴만이 방해를 할 뿐이었다. 감사하게도 잭은 산책을 무척이나 좋아했다. 성의 도서관이 잠긴 것은 안타까운 일이 아닐 수 없었다. 하지만 그러한 제한들에 대한 분명한 이유를 다른 병사들이 제공해 주었다. 그들은 마치 무식한 게으름뱅이들처럼 당구나 치며 시간을 보내고 있었다. 잭은 다른 부상자들이 내는 휘파람 소리와 시끄럽게 떠드는 소리를 피해 독서를 하고 글을 쓸 수 있는 공간을 발견했다. 앨버트는 여전히 잭의 편지에 신경을 써주기는 했지만 찾아오지는 않고 있었다. 결국 잭은 앨버트로부터 점점 더 멀어져만 가고 있었다. 무어 부인만이 잭을 찾아와 주었다.

부인은 이렇게 말하곤 했다.

"잭, 너와 같은 학자에게 도서관이 없다니. 독서에 굶주린 거야. 여기 머린의 책 몇 권 가지고 왔어."

잭은 부인보다 그 책들을 더욱 기다리게 됐다.

"조지 맥도날드의 「공주와 고블린」(The Princess and the Goblin)이잖아요! 그것은 그가 쓴 '커디'(Curdie) 책들 중 하나예요."

"머린은 동화책을 많이 읽었지."

"정말 훌륭한 선택이에요! 아이들을 시와 환상의 세계로 인도해 주는 그런 책이잖아요. 요즘의 싸구려 시시한 소설들이 아니에요."

'커디' 이야기는 잭에게 큰 기쁨을 가져다 주었다. 최고의 환상 이야기로, 신나는 모험 이야기가 펼쳐지면서도 그 안에 분명한 의미들이 담겨있었다. 책 속에서, 잠자고 있던 커디는 자신이 잠에서 깨어나는 꿈을 꾸지만 그것마저도 꿈속에서 잠이 깨게 되는 그런 장면이 있었다. 잭에게 그런 내용은 영적인 여행을 하는 사람이 자신이 마치 변화된 것으로 상상을 하지만 결국 변화에 대한 생각 자체를 즐기는 것뿐이고 조금도 변하지 않는다는 것을 의미했다. 현실 세계에서 이뤄져야 할 일들이 있는 것이다.

'그 중요성은 무서울 정도이다'라고 스스로가 인정하면서도, 그는 맥도날드의 글을 갈망하고 있었다. 무어 부인이 잭에게 그러한 즐거움을 가져다 준 것이다. 무어 부인이 없었다면 잭의 영혼이 얼마나 파괴되었을까!

제니 무어 부인은 패티의 어머니라고 하기에는 너무도 젊어 보였다. 잘 정리된 금발 머리결에 부드러운 우유빛 피부, 부인의 강인한 턱은 아름다움과 열정으로 부드럽게 보였다. 부인의 친절은 정말 엄청난 것이었지만, 사람을 질식시키는 그런 것은 아니었다. 전쟁과 아버지의 알 수 없는 무관심이 자신의 마음을 마비시켰지만, 부인이야말로 완벽한 해독제가 되어 주었다. 무어에게 그의 어머니를 돌봐 드리겠다고 하지 않았던가? 하지만 사실 무어 부인이 자신을 돌봐 주고 있었다.

"나도 어머니를 잃었단다"라고 부인은 잭에게 자신의 이야기를 들려 주었다.

"정말 견딜 수 없는 고통이었지. 당시 나는 런던에서 학교를 다니고 있었는데, 지금도 어제 일처럼 생생하단다."

잭은 "정말 어제 일 같아요"라고 말하며 부인의 말을 거들었다. "하지만 저는 학교로 보내졌지만, 부인은 집으로 돌아가셨잖아요." 이미 잭은 무어 부인에 대해 상당히 많은 것을 알고 있었다.

"그래 맞아. 아버지께서는 어린 아이들을 양육하셔야 했어. 목사였던 아버지 교회에 신도들이 많기는 했지만 너도 알다시피 돈은 많지 않으셨지. 누군가 집안일을 해야만 했으니까. 내가 큰딸이었으니…."

잭이 부인의 말을 당당하게 가로막았다. "그래서 부인께서 이렇게 멋진 어머니가 되신 거잖아요!"

다섯

제니 무어 부인은 잭에게 자랑스러운 존재가 되었다. 힘겨운 인생을 살아온 부인이었지만, 절대 관용과 용기를 잃지 않았다. 목사였던 부인의 아버지 윌리엄 애스킨은 매우 엄격한 분이었다. 여동생 에디와 오빠 랍 역시 브리스틀에 살고 있었는데, 그들이 그러한 사실을 확인시켜 주었다. 제니는 자신이 결혼을 하게 될 때까지 집안에서 아이들을 키우는 일을 했다. 부인은 부지런하고, 신뢰할 수 있었으며, 아름다웠다. 결혼은 잘한 편이었다. 남편인 코트네이 무어는 기술자였을 뿐만 아니라, 국왕 찰스 2세의 귀족 집안인 드로게다 경의 친척인 신사였다. 하지만 코트네이 무어는 짐승 같은 사람이었다. 머린이 태어난 후, 무어 부인은 용기를 내어 두 아이를 데리고 남편을 떠났다. 물론 아일랜드에서 이혼이란 불가능한 일이었다.

"잭, 네 불쌍한 친구들을 위해서 집에서 파티를 열어야 할 것 같아." 문병을 온 무어 부인이 제안했다.

"원하신다면요." 잭도 동의하기는 했지만 전혀 열정을 보이지 않았다.

무어 부인다운 생각이었다. 부인에게 남을 대접하는 것이야말로 최고의 덕목이었다. 자신이 관심 없는 사람들을 자신의 영역에서 제외시키려고 하는 잭에게, 모든 사람들을 포함시키려고 하는 무어 부인은 어떤 이유에서인지 옳아 보였다. 부인은 잭에게 있어 종교를 포함한 모든 사회적인 면들에 대한 멘토와도 같았다. 목사의 딸이었음에도, 부인은 종교에 대해서만은 매우 현실적이었다. 그렇다. 종교는 바람직한 것이다. 그렇지 않다면, 어떻게 사회에서 사람들이 짐승처럼 행동하는 것을 막을 수 있겠는가? 하지만 그렇다고 종교가 현대의 사고를 방해하게 해서도 안 된다.

"좋은 사회 의무와 같은 선상에서 종교에 대한 고민을 하거라"라고 무어 부인이 충고해 주었다.

잭은 시집 만드는 일을 계속했다. 시집을 세 부분으로 나누었다. '옥사'(The Prison House), '망설임'(Hesitation), 그리고 '탈출'(Escape)이었다. 잭은 열심이었고, 대형 출판사들에게 원고를 보낼 날까지 잡았다. 무어 부인은 계속해서 잭에게 용기를 주었다. 모든 출판사들이 거절을 한다고 하더라도, 자신의 시에 대한 전문적인 비평을 받게 될 것이고, 잘 타이핑해서 보관될 것이다.

1918년 8월이 다 되어갔지만, 어떤 출판사에서도 잭의 책을 받아들이지 않았다. 이번에는 '감옥에 갇힌 영혼들: 서정 시집'(Spirits in Prison: A cycle of lyrical poems)이라는 제목이 붙여졌다. 하지만 더 큰 문제가 생기고 말았다.

"8월에 다시 프랑스로 보내질 거라는 소문이에요"라고 잭이 무어 부인에게 말했다.

"하지만 파편 때문에 숨을 제대로 쉬지 못하잖아. 너를 프랑스로 보내지는 못할 거야."

"군대가 얼마나 불합리한 곳인지 모르셔서 그래요."

하지만 무어 부인이 다음에 면회를 왔을 때, 잭은 이렇게 소리쳤다. "어머니 말씀이 맞았어요!"

군의관은 잭이 아직 전투에 나갈 만큼 회복되지 않았다고 했다. 이제 '감옥에 갇힌 영혼들'만 받아들여지기를 애타게 기다리기만 하면 됐다. 잭은 아서에게 자신이 새로운 시들을 추가했고 예전 것은 삭제했다고 편지를 썼다. 잭은 결국 자신의 판단에 대해 의심을 품기 시작했고 너무 어설프게 고쳐서 그럴지도 모른다고 생각했다. "어쩌면 더 심각하게 만든 건지도 몰라"라고 편지에 썼다.

놀랍게도 런던에 있는 윌리엄 헤이네만이 출판 의사를 밝혔다. 아버지로부터 너무 멀어져 버린 잭은 처음으로 자신의 시집에 대해서 편지를 썼다. 집에만 틀어박혀 지내고 있는 앨버트는 잭에게 다소 열정적이면서 도움이 될 만한 내용의 답장을 보내왔다. '감옥에 갇힌 영혼들'이란 제목은 이미 다른 사람이 사용했다는 것이었다. 잭은 '굴레에 매인 영혼들'(Spirits in Bondage)로 제목을 바꿨다. 앨버트가 성경을 인용하며 그리스도의 축복을 기원했지만, 잭은 거절했다. 계속해서 앨버트에게 자신한테 와 달라고 하는 것은 잭의 자존심을 상하게 하는 일이었다. 5월에 앨버트의 방문을 간절히 바랬던 마음이 결국 9월에는 회의적이 되어 버렸다.

잭은 무어 부인에게 이렇게 인정했다. "리틀 리에 대한 그리움이 완전히 사라져 버린 것 같아요."

"슬픈 일이구나. 하지만 이곳에도 네 집이 있지 않니."

잭은 군에서 필명을 사용했다. 어머니를 기리기 위해 '클라이브 해밀턴'이란 이름을 사용했고 책에도 같은 이름을 사용했다. 부대로 돌아가서 다시 배치되었을 때, 모든 좋은 것들을 싫어하는 무식쟁이들에 의해 '몽상가 시인'이라고 알려지고 싶지 않았던 것이다. 10월, 잭은 서식스주 이스트본에 있는 병참부에 배치되었다. 전쟁에 대한 악몽이 다시금 잭의 밤잠을 설치게 했다.

이스트본은 해안 지역으로, 프랑스로 직접 갈 수 있는 해안에 위치해 있었다. "제가 다음에 어디로 가게 될지는 불 보듯 뻔한 일이에요." 잭이 무어 부인에게 초조해 하며 말했다.

잭은 고전을 읽으며, 전쟁이 곧 끝나고 자신이 프랑스가 아닌 옥스포드로 가게 될 것이라고 스스로를 일깨웠다.

"우려하던 만큼 많이 잊어버린 건 아니더군요." 잭이 무어 부인에게 한 말이다.

"언어의 운율이 다시 돌아왔어요. 만족할 만큼 쓰게 될 때까지 오래 걸리지 않았으면 해요."

"옥스포드로 돌아갈 준비를 해야 할 것 같구나." 무어 부인의 대답이었다.

"최선을 다해서 그렇게 해야죠"라고 잭이 단언했다.

전처럼 열정을 가지고 아버지께 편지를 쓸 수는 없었지만, 잭은 편지를 써서 자신의 일상을 알렸다. 아버지는 모든 편지를 집안 창고에 보관해 두고 있었다. 잭은 대담하게 무어 부인과 그녀의 딸 머린이 이곳에서 자신을 위로해 주고 있다는 내용의 편지를 썼다. 아무리 나쁜 사람이라 해도 잭이 사용한 이러한 방법들이 무례하다고 생각지는 않을 것이다. 어떤 부인이 딸과 함께 있으면서 부적절한 행동을 할 수 있겠는가? 무어 부인 또한 부인의 아버지에게 편지를 썼고 잭과 패티가 프랑스로 떠나기 전에 서로에게 맹세한 사실을 전했다. 그런 의미에서 잭은 무어 부인의 아들과도 같았다.

1918년 11월 10일 저녁 9시경 이스트본의 모든 사이렌이 울리기 시작했다. 탐조등이 하늘을 갈랐다. 경찰관들이 거리를 달리며 하늘로 총을 쏴댔고 축제의 불꽃이 하늘 위로 쏘아 올려졌다.

"전쟁이 끝났다!" 수백 명의 목소리가 합창을 하고 있었다.

"이렇게 기쁜 일이! 내 머리를 단두대에 들이대러 돌아가지 않아도 된단 말이야?" 잭은 소리쳤다.

그해 성탄절에는 루이스 가의 세 남자들이 리틀 리에 모두 모일 수 있었다. 너무도 변한 모습에 서로가 놀란 듯했다. 워니는 진(Gin) 때문에 얼굴에 윤기가 흘렀고 살까지 쪘다. 앨버트의 얼굴은 좋지 못했다. 그는 56살에 나온 배를 애써 감추려고 꼿꼿이 앉아 있었다. 20살이 된 잭은 무뚝뚝하다는 말을 들었다. 눈이 풀렸고 연필처럼 말랐다고들 하며 다들 걱정을 했다. 왠지 모를 침묵이 흘렀고, 잭은 리틀 리가 이제는 자신에게 뒷전임을 알고 있었다. 워니에게도 마찬가지였다. 워니는 다시 프랑스로 돌아가서 명령을 기다려야만 했다.

1919년 1월 13일, 잭은 최고의 안식처인 옥스포드대학으로 돌아왔다. 하지만 이번에는 혼자가 아니었다. 무어 부인은 자신과 딸 머린을 위해 원포드 거리 28번지에 방을 빌렸다. 집 주인인 미스 피더스톤은 혼자 작은 방에서 살고 있었다. 이 노년의 부인은 날씨가 어떠하든 간에 걸어서 아침기도에 다녀와서는 무어 부인의 차 시중을 고집스럽게 들었다. 복음적으로 살려고 하는 이 기독교인들은 사실 잭에게 큰 감명을 주었다. 하지만 자신이 위선자들을 경멸하기 때문에 그런 감동을 받는 것이라며 잭은 애써 자신을 설득했다.

아침에는 공부에 열중하고, 무어 부인과 점심을 먹기 위해 자전거를 타고 몇 킬로미터를 달려와서는 저녁 늦게까지 집에 머무는 그런 일상에 빠져드는 데 오랜 시간이 걸리지 않았다. 무어 부인이 그렇게 고집했기 때문에, 잭은 대부분의 시간을 공부하는 데 보냈다. "우리가 잭의 공부를 방해해서는 안 되지. 11시가 되면 알려 줄게"라고 부인은 약속했다.

그후, 잭은 대학에 있는 자신의 공간으로 돌아갔다. 침대에 누워있을 때면 자정을 알리는 종소리를 듣고 깊은 감사를 느꼈다. 옥스포드를 위해 살고, 옥스포드를 위해 죽을 수 있을 것 같았다. 사방에 널려 있는 노랗고 푸른 돌들, 아늑한 서점들, 커다란 아치의 강당, 비교할 곳 없는 도서실, 포플러들, 졸릴 정도로 조용한 강들. 스위스만큼이나 평온하고 순수해 보였다.

하지만 전쟁 후의 대학 생활은 분명히 달랐다. 장교 훈련을 위해 떠나기 전에는 학부생이 겨우 10명 남짓이었지만, 지금은 25명이나 되고 점점 더 많아지고 있었다. 전쟁에서 살아남은 졸업생들만이 신입생들에게 전통을 물려줄 수 있었다. 석탄도 부족해서, 교실 한 개와 도서관, 학생 휴게실만 아늑하게 데워졌다. 언젠가는 학부생들도 아침과 점심을 각자의 방에서 먹을 수 있겠지만, 지금은 강당에서 먹어야만 했다. 학부생들이 처음으로 회의를 위해 학생 휴게실에 모두 모였을 때, 전쟁은 자신의 존재를 분명하게 드러냈다.

"여길 봐! 마지막으로 회의가 있었던 것이 1914년이었어!" 서기가 소리쳤다.

전쟁이 잭에게 적어도 한 가지의 위안은 남겨준 듯했다. 참전 군인들을 위한 혜택이었다. 모든 참전 군인들에게 필수 1차 시험이 면제됐다는 내용이었다. 수학 때문에 처음에 낙제를 하기는 했지만, 절대 재시험을 볼 필요가 없었다. 하지만 다른 장애물이 다가왔다. '1차 학위 시험'이었다. 과목은 그리스와 라틴 문학, 그리고 잭의 전공인 고전 문학이었다. 시험을 통과하기만 한다면, '1, 2, 3 등급'으로 나뉘지게 된다. 잭은 커크 선생의 엄한 지도를 받는다면 어렵지 않게 시험을 통과할 거라고 생각했다.

"미래의 학자라면 누구나 1등급을 받아야지. 하지만 아직 자네가 쉽게 1등급을 받을 거라고 생각하지는 않네." 잭의 개인 지도 교수인 아서 포인튼이 충고해 주었다.

50대인 포인튼 선생은 고전에 있어 탁월한 선생이었기 때문에, 잭은 그의 조언을 기쁘게 받아들였다. 전쟁으로 인해 지체되기는 했지만 그동안 필요 이상의 공부를 해왔던 잭이라 공부하는 것이 힘든 일은 아니었다. '1차 시험'을 넘어 잭은 부전공으로 '인문 과학 과정' 학위를 받기 위해 고전 문학의 역사와 철학을 공부했다. 물론 '1등급'을 받으려는 것은 당연한 일이었다.

"제 목표는 장학금을 받고, 옥스포드의 특별 연구원이 되는 거예요"라고 잭이 무어 부인에게 털어놓았다.

옥스포드의 전통을 따라, 잭은 개인 교수인 포인튼 선생을 일주일에 한 시간씩 만났다. 그곳에서 잭은 자신이 읽은 것들에 대해 이야기했다. 사실 대학에 다니는 것 자체가 힘든 일은 아니었다. 학생들은 일 년 3학기 동안 8주씩만 수강을 하면 됐다(가을 학기, 미가엘 축제, 겨울 학기, 사순절, 그리고 봄 학기, 부활절). 또한 학업에 있어 열심인 학생들은 소위 '방학'에도 학교에 남아서 공부를 한다는 사실에 잭은 기뻐했다. 더 이상 리틀 리로 돌아가 아버지와 함께 있어야 할 이유가 없어졌기 때문이었다. 이제는 아버지가 혐오스럽기까지 했다. 잭은 신경쓰지 않았지만 아버지와의 연락은 충분했다. 또한 자신의 '일지'에도 기록하고 자신이 의무라고 여기는 것을 다했다. 아직까지 아버지로부터 경제적인 지원을 받고 있지 않은가.

"내게 필요한 애정은 무어 부인으로부터 충분히 받고 있어"라고 잭은 스스로를 위로했다.

1919년 3월, 「굴레에 매인 영혼들」이 헤이네만에 의해 출판되었다. 신문 서평에는 칭찬뿐이었다. 잭이 가장 신경을 쓴 비평 기사는 지식인들 사이에 'TLS'로 알려진 '런던 타임즈(London Times)의 문예 부록'이었다. 런던 타임즈에서는 잭의 시들이 '기품있고 세련 된' 것들이라고 평했다. 책에 대한 아버지와 워니의 의견 또한 놀라운 것들이었다. 워니는 잭의 시집을 좋아했다. 하지만 잭이 어리석게 무신론을 받아들였다는 사실 때문에 걱정했다. 영국에서 유명인이 되기 위해서는 신과 국왕을 믿어야만 하기 때문이었다. 한편, 아버지 앨버트는 희미하게나마 책에 대한 칭찬을 했지만, 잭이 무신론을 받아들였다는 것은 전혀 믿지 않았다. 잭은 일종의 이원론자였다. 무신론자였다면 이렇게 쓰지는 않았을 것이다.

내게 무한한 삶이란 무엇인가
만일 편협한 나 자신이
바리고 실패하고 어전히 고민하는 것이
하나님의 뜻을 대항하는 나 자신의 뜻을 굽히는 것이라면.[1]

  책은 잘 팔리지 않았다. 하지만 잘 팔린 시집이 몇 권이나 되겠는가? 적어도 시집은 옥스포드에서 잭의 존재를 분명히 해 주었다. 몇몇은 우스갯소리로 잭을 '유명인 루이스'라고 불렀다. 다른 대부분의 사람들에게 잭은 '알 수 없는 루이스'로 통했다. 자전거를 타고 나가서 몇 시간 동안 보이지 않는 것은 잭뿐이었다.

  잭의 자신의 관심사를 나누기 원하는 열정을 인정해야만 했다. 아서가 하나의 세계를 표현하고 있었고, 무어 부인이 또 다른 세계를 묘사했으며, 워니 또한 다른 세계를 대표했다. 리틀 리를 하나의 세계로 형상화시켰다. 옥스포드 또한 또 다른 세계를 요약하고 있었다. 아서와 무어 부인만 그러한 잭의 세계와 익숙한 사람들이었다.

  '몇 안 되는 사람들만 내 세계를 접하고 있어'라고 잭은 생각했다.

  1919년 6월 아서가 옥스포드를 방문했다. 물론 드문 일이었다. 아서도 이미 무어 부인에 대해 잘 알고 있었기 때문에, 잭은 아서를 무어 부인에게로 데려갔고, 부인은 아서 또한 친자식처럼 대해 주었다. 곧 부인은 아서와 함께 농장을 시작하는 것에 대해 이야기했다.

"멋진 생각이에요." 아서가 찬성해 주었다. 아서는 잭이 아는 사람 중 다른 사람의 의견을 가장 잘 받아들이는 사람이었다.

오래전, 잭은 아서에게 무어 부인과 모자 관계 이상으로 발전해 갔다고 귀뜸해 주었던 것이 기억났다. 아서를 지켜보고 있던 잭은 그 거짓말에 대한 해명을 할 필요가 없음을 깨달았다. 아서는 이미 알아차리고 있었다. 이제 잭은 자신이 남긴 암시에 대해 생각했다. 아마도 잭이 한 거짓말이 아서로 하여금 잭의 아버지에게 이상한 반응을 하게 했고, 그것 때문에 잭과 아버지의 관계가 더 악화된 것 같았다. 잭이 커크 선생과 함께 있을 때 근처에 사는 벨기에 소녀에 대해서도 거짓말 했던 것을 기억해 냈다. 잭은 자신이 소녀와 가깝게 지낸다고 했다. 청소년기에 하는 또 다른 거짓말이었다. '글쎄, 어린 시절 자신의 사랑 이야기에 대해 거짓말을 지어내지 않은 사람이 어디 있겠어?'라며 잭은 자신을 정당화했다. '편지의 내용을 좀 더 정열적이고 재미있게 만들고 싶었던 것뿐인데…'

아서가 집으로 돌아갈 무렵, 무어 부인은 아서 또한 아들로 여기게 되었다. "정말 멋진 부인이셔"라고 아서가 잭에게 말했다.

"박하향만큼 멋진 분이시지." 잭이 가장 인기있는 캔디의 향을 들어가며 동의했다. 아서가 아일랜드로 돌아간 후, 잭과 아서는 편지에 무어 부인에 대해 이야기할 때 박하라는 말을 사용했다.

 잭 자신이 무어 부인 가족과 함께 지내기는 했지만, 옥스포드에서의 생활도 등한시한 것은 아니었다. '마틀릿'(Martlet)이라는 문학 클럽에서 잭을 초청했고 잭은 그 초청을 받아들였다. 12명 정도의 학부생만이 초대를 받았다. 마틀릿은 잭을 옥스포드에서 가장 높은 사람들에게 소개시켜 주었다. 그들은 존 메이스필드나 윌리엄 버틀러 예이츠 등과 같은 위대한 시인들을 찾아가는 것에 대해 이야기했다. 메이스필드의 설화시는 매우 유명했다. 그가 영국의 계관 시인이라며 사람들이 웅성거렸다. 하지만 잭은 예이츠를 더 좋아했다. 이교도인 컬트족 신화를 배경으로 한 예이츠의 서정시를 동경했다.

 "예이츠와 대화를 나누게 될지도 몰라." 믿기지 않을 만큼 놀라운 일이었다.

 몇 달간 잭은 같은 관심사, 특히 시에 대해 관심이 많은 다른 학부생들을 만났다. 로드니 파슬리가 가장 사교적인 인물이었는데 잭에게 깊은 인상을 받은 그는 사실상 잭을 자신과 차원이 다르고 생각하기까지 했다.

 "잭은 우리들과 같은 그런 평범한 학부생이 아니야. 정말 무시무시한 '두뇌'를 가졌단 말이야." 파슬리가 잭을 칭찬했다.

 파슬리는 자신이 잭의 존재를 발견했다며 루이스를 주위 사람들에게 소개시켰다. 얼마 지나지 않아 다른 열두 명의 사람들과 함께 잭에 대해 이야기를 했다.

곧 잭은 레오 베이커, 오웬 바필드, 그리고 세실 하우드를 만났다. 이 셋은 모두 1919년 워덤대학의 가을 학기부터 시작하는 이들이었다. 칼날같이 예리한 변증법, 고상함과 정직함은 잭에게 로렌스 존슨을 떠올리게 했다. 키크 선생도 이들을 인정할 것이 분명했다. 잭은 이러한 신사들과 함께하는 것만도 자신이 나아지는 것이라고 느꼈다. 그들이 조금도 유약한 모습을 보이지 않은 것 때문만이 아니었다. 적극적이고 조각한 듯한 턱에, 야성적인 머리 모양을 한 바필드는 잭과 곧바로 논쟁을 했고, 둘은 서로 잘 맞았다.

"어떻게 이런 올바른 책들을 읽고 그릇된 결론을 내렸나?" 잭은 바필드에게 유도심문하듯이 물었다.

"루이스, 너는 내 입에서 솔직한 말이 나오게 하는구나." 바필드가 얼버무렸다.

그럼에도, 바필드는 잭에게 두 번째로 절친한 친구가 되었다. 물론 첫 번째는 아서였다. 잭의 분신과도 같은 아서는 잭의 거의 모든 것들에 대해 동의해 주었다. 처음에는 아서도 모든 것에 있어서 잭과는 달랐다. 못생긴 외모마저도 그러했다. 결국 잭이 아서의 관점을 갖게 되고, 절대 읽지 않았던 소설을 읽고, 잠시 쳐다보기만 하던 시골의 경치를 즐기게 되었다. 반면 바필드는, 잭과는 완전히 상반된 이미지였다. 잭이 하얗다고 하면, 바필드는 까맣다고 말했고, 잭이 까맣다고 말하면, 바필드는 하얗다고 말했다. 아서와 마찬가지로, 바필드 또한 잭의 모든 주요 관심사를 나누기는 했지만 조금의 변화도 없이 결론은 늘 달랐다. 하지만 놀랍게도 서로를 부인하기는커녕 다음에 있을 논쟁을 간절히 기대하는 사이가 되었다!

"끊임없는 논쟁이 결국 강한 우정으로 이어졌지 뭐예요"라고 잭이 무어 부인에게 말했다. "논리적으로 자기 편을 잘 설득하고 떨어져 나가게 하지 않는 사람을 정말 존경해요."

잭에게 있어 함께할 만한 친구란 자신들의 의견을 논리적으로만이 아니라 감정적으로도 서로를 지지해 줄 수 있어야만 했다. 하지만 멋지고, 열정적인 변증법으로는 충분치가 않았고, 경박하거나 냉소적인 모습을 보이는 사람은 친구로의 자격이 없었다. 숨겨진 사실이나 혼란스러운 사실들에만 정통한 사람들에게는 가장 관심이 없었다. 소수의 사람들만이 이 엄격한 규정을 통과할 수 있었다.

잭의 이 엄격한 기준을 통과한 몇 안 되는 친구들이 열띤 토론의 장을 펼칠 수 있는 공간을 옥스포드가 제공해 주었다. 겨울에는 벽난로 근처에 모였다. 기후와 상관없이 나무가 늘어선 길들과 주위의 언덕과 골짜기를 거닐었다. 산책이야말로 옥스포드 신사들의 삶의 한 부분이었고, 혼자일 때나 벗들이 함께 있을 때나 마찬가지였다. 또한 잭과 같이 운동 경기를 싫어하는 사람에게는 산책이 제격이었다. 따뜻한 날에 친구들은 처웰강에서 카누를 타거나 수영을 했다. 강에서 가장 고립된 공간인 '파슨스 플레저'에서 그들은 수영을 하고 일광욕을 즐겼다.

"매일 아침을 먹기 전에 파슨스 플레저로 가서 태양이 떠오르는 곳을 향해 자유형으로 수영을 한다네. 그런 다음 다시 방향을 바꿔서 배영으로 헤엄을 치면서, 머리 위에 있는 버드나무들을 쳐다보는 거야. 밤을 벗어 버리는 일종의 의식이라고 해야 할까?" 라고 잭이 오웬 바필드에게 털어놓았다. 바필드는 아서만큼이나 절친한 친구가 되었다.

잭은 더 이상 리틀 리로 돌아가려고 하지 않았다. 물론 워니가 앨버트의 호기심을 달래줘야 한다고 할 때만 빼고는 그랬다. 앨버트는 여전히 잭이 무어 부인과 함께 지내는 것을 수상히 여기며 그것이 어떤 의미일지에 대해 걱정했다. 편지로 잭을 추궁하고는, 길 건너 아서의 집으로 가서 아서에게 잭에 대해 꼬치꼬치 물었다. 이렇게 되자, 결국 잭은 아서에게 아버지로부터 어쩔 수 없이 질문을 받게 되면 어떤 편지를 보여줘야 할지를 알려 주어야만 했다. 후에 앨버트는 편지로 워니가 프랑스나 벨기에, 아니 어디에 주둔해 있든지 간에 워니를 괴롭게 만들었다.

결국 잭은 아버지를 점점 더 싫어하게 되었다. 신사들은 다른 사람들의 일에 대해 절대 캐지 않는 법이다. 심지어 같은 학부생들 중에 만일 잭의 뒤를 캐려고 한다면, 아무리 친한 친구라고 하더라고 잭은 불같이 화를 내고 더 이상 그런 생각도 하지 못하게 만들었다.

루이스가 두렵게 할만한 '두뇌'를 가졌다고 판단한 파슬리는 진실의 절반만을 발견한 것뿐이었다. 나머지 절반은 잭의 자유로워진 지성의 압도적인 힘이었다. 과묵한 학생이 점점 더 위협적인 존재로 발전해 갔다. 두말할 필요 없이 커크 선생의 작품이 있다. 사상 즉각적으로 확인할 수 있는 방법은 논쟁을 벌이는 것이었다. '내 생각은 그렇지 않아' 혹은 '반대로'라는 말이 친구들에게 익숙해졌다. 잭은 논리의 대립에서 펜싱의 찌르기, 밀어붙이기, 받아넘기기, 반격과 같은 모습을 드러냈다. 심지어 '투세'(펜싱에서 정곡을 찔렀을 때 사용하는 말)라고 외치기도 했다.

아이러니한 것은, 잭의 강력한 지성은 무어 부인과 함께 있으면서 자유롭게 됐고, 부인은 잭이 좀 더 조숙하고 남들과 잘 어울리도록 해 주었다는 사실이었다. 또한 바필드 같은 친구와 함께하면서 다른 어떤 사람들보다 자신이 좋은 사람이라고 느끼게 되었다. 이제 잭은 다른 학부생들을 편하게 대할 수 있었고, 커크 선생으로부터 배운 가혹한 변증법도 자유로이 전개할 수 있게 되었다.

"논쟁을 하나님으로부터 시작할 수는 없어! 나는 하나님을 받아들이지 않아!" 그는 자신이 믿는 친구들에게 갑자기 이렇게 말하곤 했다.

기독교인들과 이야기를 나눌 때면, 자신이 생각하기에 답변이 불가능하다고 생각하는 질문들로 폭격을 하곤 했다.

"왜 네가 믿는 하나님은 세상을 이렇게도 잔혹하게 만든 거지?"

"왜 네가 믿는 하나님은 아무 죄도 없는 동물들에게 고통을 겪게 한 거야?"

"왜 네가 믿는 하나님은 아기들이 죽게 내버려 두시는 거지?"

"왜 네가 믿는 하나님께서는 이 넓은 우주에 한 별에만 생명체를 두신 거지?"

"만일 네가 믿는 하나님께서 선하시고 전능하시다면, 왜 이렇게도 수많은 그의 피조물들이 불행한 거지? 그들을 사랑하지 않는 건가?"

"왜 인류는 항상 이렇게 전쟁 중에 있는 거야?"

잭의 맹렬한 공격을 잠시나마 견뎌낸 사람들은 잭의 마음속에 A, B, C 등과 같은 등급이 매겨졌다(오웬 바필드는 A등급 중 최상위에 있었다). 하지만 자신들의 주장을 옹호하지 못하는 불쌍한 영혼들에게 잭은 조금의 자비심도 보이지 않았다. 잭은 이러한 친구들을 마음속에 '바보들'이라고 못박아 버렸다.

1920년 4월, 1차 학위 시험에서 잭은 1등을 했고 학부생들 중 부동의 최고 자리를 확인시켰다. 일등급은 소수에게만 주어졌다. 잭은 그리스 문학과 라틴 역사와 철학을 정복해야만 하는 인문 과학 과정 학위 준비에 들어갔다.

그는 또한 다른 방향으로 움직여갔다. 학생들은 2학기가 지나면 학교 밖에서 살 수가 있었다. 이제는 저녁에 거의 기숙사로 돌아가지 않았다. 그는 무어 부인의 집에 있는 자신의 작은 방 침대에서 보내기도 했다. 이러한 것들은 더 이상 친한 친구들인 바필드와 베이커, 하우드에게 비밀이 아니었다. 자주 그들을 초

대해서 차를 마시며 늦은 저녁까지 대화를 나누었기 때문이었다. 무어 부인은 재치있게 항상 자리를 피해 주었다. 남자들이 파이프 담배를 피우며 벽난로 근처에 모여 대화를 나눌 때 여인은 자리를 피하는 것이 관습이었기 때문이었다. 잭은 친구들에게 무어 부인과의 관계를 속이거나 설명하려 들지 않았다. 어느 겨울 저녁, 대화 자리에서 일어나며 잭은 그저 이렇게 말했다. "어머니의 뜨거운 물 주전자를 채워 드려야겠어." 잭은 친구들이 자신에게 무어 부인이 어머니와 같은 존재이며, 자신 또한 무어 부인에게 아들과 같은 존재임을 알고 있을 것이라 생각했다.

아버지에게는 무어 부인과의 관계를 속여야만 했다. 아버지에 대한 좋지 못한 감정은 이제 분노로 변해 가고 있었다. 부상으로 병원에 있는 동안 아버지께 찾아와 달라는 부탁을 거절 당한 것에 여전히 화가 나있었다. 또한 살며시 잭의 뒷조사를 한 것에 대해서도 화나 있었다. 그러한 문제들에 대해 잭이 아무런 언급도 하지 않는 것을 존중하기는커녕, 점점 더 심하게 뒷조사를 하고 다니지 않았던가. 하지만 여전히 학비 때문에 아버지를 의지해야 한다는 사실에 잭은 더 괴로웠다. 만일 앨버트가 잭과 무어 부인과의 관계를 알게 된다면 어떻게 될 것인가? 그러한 것들을 받아들이지 않고, 돈을 주지 않아서 잭을 꼼짝 못하게 할 것인가? '만일 아버지가 진정한 신사에 합리적인 사람이라면 이러한 일들 때문에 거짓말을 하지 않아도 될 텐데'라고 잭은 자신을 합리화시켰다. 정말 그렇게 간단한 일이었다. 앨버트의 거

드름 피우는 듯한 기독교식 자기 의가 잭을 더욱 참을 수 없게 만들었다.

1921년 초 삶은 마치 '기쁨과 고뇌가 함께 손을 흔드는 것'이라고 말한 윌리엄 블레이크의 주장을 증명하기라도 하려는 듯, 두 개의 중대한 사건들이 잭을 동시에 찾아왔다.

여섯

아버지로부터 전보가 날아왔다.

"비극. 커크 선생 돌아가심."

스무기 선생은 지난 1918년에 영국을 강타한 전염병으로 세상을 떠났다. 잭의 두 번째로 위대한 스승이 세상을 떠난 것이다. 이러한 때 감정에 휩싸이지 말라고 충고해 줄 첫 번째 사람은 다름 아닌 커크 선생임을 잭은 잘 알고 있었다. 하지만 그러한 자신의 지적인 무기를 예리하게 만들어 준 사람, 또한 그 엄하디 엄했던 커크 선생이 아니었던가. 옥스포드에 들어갈 수 있었던 것이 누구 때문이었던가? 생각을 분명하게 표현하는 법을 누가 가르쳐 주었던가? 커크 선생이었다. 자신의 생각에 있어 완고하리만큼 정직하도록 가르친 것이 누구인가? 커크 선생이었다. 어떤 좋은 기억들이 이 노년의 선생을 잊지 못하게 하고 있는가. 무미건조했던 유머, 냉정하지만 좋은 성품, 그의 열정적인 에너지! 극소수의 사람들만이 커크 선생의 눈에 들 정도였다.

'얼마나 미덕을 사랑하셨던가!' 잭은 선생을 떠올렸다. '게다가 하나님을 받아들이지 않는 선생이었어.'

역설적이기는 하지만, 잭의 친구들 중 상당수가 기독교를 받아들였고, 극소수는 유일신 사상을 받아들였다. 바필드와 하우드는 오스트리아의 과학자이자 철학자인 루돌프 스타이너의 인지학을 받아들였다. 스타이너는 하나님이 아닌 인간에게 초점을 맞춘 철학자였다. 인간의 영적 능력이 유물론에 대한 헌신을 통해 약해지지만, 적당하게 발전된 지성이 영적인 세계로 통할 수 있게 해준다는 이론이었다. 잭에게 있어 스타이너는 고대 신비주의 이단이었던 그노시스주의와 별반 다를 게 없었다. "인지학이란 것이, 자기 숭배와 분별없이 주문을 외워대는 것의 중간 정도에 있는 것 같단 말이야"라며 잭은 바필드를 자극했다.

커크 선생의 죽음으로 괴로워하던 잭을 위로라도 해 주려는 듯 아일랜드 시인인 윌리엄 버틀러 예이츠가 옥스포드를 방문했다. 그것도 잭이 사는 기숙사에서 불과 5분 거리인 브로드가 4번지였다. 잭과 친구들은 벽을 따라 나있는 계단을 올라갔다. 벽면에는 신비스러운 천재 윌리엄 블레이크가 그린 악마와 괴물들이 그려져 있었다. 그 그림 위층 방 안에서 촛불과 벽난로

불이 만들어내는 불빛들이 춤을 추고 있었다.

반원의 딱딱한 의자들이 불타는 장작들을 향해 있었다. 창에는 오렌지색 휘장이 드리워져 있었고, 소파 또한 불 쪽을 향해 있었다.

"신사분들, 자 이쪽으로 앉으시죠." 예이츠 부인이 잭과 친구들을 의자 쪽으로 인도해 주었다.

놀랍게도 예이츠가 의자를 선택하는 동안 예이츠 부인이 소파에 앉아 있었다. 이미 50대 후반의 큰 키에 살까지 많이 찐 예이츠는 안경 때문에 얼굴이 더 커 보였다. 이 거인 시인은 아내가 재치있게 던지는 질문들에 답을 해가며 독백을 선사해 주었다. 예이츠는 독특한 무대식 억양을 사용했는데 그러한 억양이 잭에게는 마치 프랑스어처럼 들렸다. 잭이 예이츠의 억양에 익숙해지자, 이제는 아일랜드어로 들렸고 잭은 넋이 나간 사람처럼 경청했다. 예이츠는 그의 시에 딱 맞는 목소리를 가지고 있었다. 잭은 완전히 숨을 죽였다. 마치 자신이 사무엘 존슨의 말을 듣는 특별한 무리 안에 속해 있는 듯이 느껴졌다. 물론 예이츠는 존슨과는 완전히 대조되는 인물이었다. 존슨은 굉장히 온건한 반면, 예이츠는 신비스러우리만큼 광적인 데가 있어 보였다. 예이츠는 마술에 대해 이야기했다. 이러한 것들을 충분히 다룰 수 있는 사람들이 얼마나 되겠는가.

"예이츠를 믿어." 잭은 결국 작은 소리로 이렇게 말했다.

예이츠가 독백을 늘어놓는 동안, 잭은 자신의 의견을 말해야만 한다는 유혹을 겨우겨우 참았다. 하지만 얼마 지나지 않아 결국 누군가 잭이 하고 있던 생각과 똑같은 의견을 던지고야 말았다. 예이츠는 재빨리 그리고 설득력 있게 논쟁을 잠재워 버렸다. 얼마나 멋진 모습인가. 심지어 잭마저도 압도당할 정도였다. 예이츠는 마법사이었을 수도 있을 것 같았다. 얼마 후 잭은 예이츠가 하는 말이라면 무엇이든 믿을 수 있을 것만 같았다. 저녁이 깊었고, 이야기를 정리해 가면서 다들 커다란 병에 담긴 베르무트[Vermouth, 포도주에 베르무트 초(草) 등 몇 가지 향료를 우려서 만든 술]를 괴상한 모양의 잔에 마셨다.

나중에 잭은 예이츠로부터 들은 충격적인 대화에 대해 더 자세히 이야기해 주었다. 겉으로 보기에 잭이 좋아하는 모든 환상, 신비 소설들을 예이츠는 사실로 받아들이고 있었다!

한 주가 지난 후 잭은 저녁 시간에 예이츠를 다시 찾아갔다. 이번에 예이츠는 전혀 신비스러운 분위기가 아니었다. 예이츠는 교수와 같은 학문적이고 절제된 모습으로 대화를 이끌었다. 그럼에도 잭은 예이츠와의 대화를 무척이나 즐거워했다.

전에는 위대한 시인으로서 예이츠에게 친근감을 느꼈다면, 이번에는 좀 더 대담하게 말을 건넬 수 있었다. "선생님께서는 윌리엄 모리스의 환상 산문시를 좋아하시나요?"

"아, 나도 모리스를 잘 알지. 내가 런던을 떠나던 1896년경에 세상을 떠나셨어. 그래. 나도 그분의 환상시를 좋아해."

예이츠의 대답은 잭에게 놀라운 기분이 들게 했다.

그후 1921년 봄, 잭의 작품인 「낙천론」(Optimism)이 영국 최고의 수필 부총장상을 받았다. 6월 옥스포드에는 '인시니어'(Encaenia)라고 불리는 졸업 기념 축제가 열렸고, 모든 졸업생들이 참석했다. 참석자들은 모두 야외복에 모자를 썼고, 빨강, 파랑, 은색의 가운을 입고 있었다. 그해 축제의 절정은 위대한 프랑스 지도자 클레망소에게 명예 학위를 수여하는 것이었다. 축제의 한 순서로, 수상 학생들은 자신들의 수필 중 2분씩을 낭송했다.

"저렇게 왜소하고, 딱정벌레 같고, 안경을 낀 괴상한 발표는 처음 보는군"이라고 잭은 혼자 중얼거렸다.

잭의 개인 교수였던 아서 포인튼은 잭의 성공을 기뻐했다. 일부는 자신의 공이기도 했기 때문이었다. 하지만 잭은 동료 학부생들의 반응에 놀라지 않을 수 없었다. 촌뜨기들에, 돈만 많은 야만인들인데다, 운동만 잘하고, 근육질 몸매들로 복도를 가득 채우는 인간들로 분류해 버린 그들이 잭을 축하해 주고 있었다. 뿐만 아니라 잭을 정중하게 대해 주었다. 잭은 운동 시합에 나갔던 그들을 한 번도 축하해 준 적이 없었다. 갑자기 잭은 자기 자신이 그런 촌뜨기인지도 모른다고 생각했다.

옥스포드의 방 안에 있던 어느 날 한 통의 편지가 잭을 놀라게 만들었다. 편지를 읽던 잭은 "아버지가 6월에 옥스포드에 오신다!"라고 자신도 모르게 중얼거리고 있었다. '이렇게 오랜 시간이 지났는데 이제야!' 그는 조용히 이유를 생각해 보았다.

'아마도 커크 선생의 죽음에 충격을 받으셨을 거야.' 편지에는 아버지와 아우거스터스 해밀턴 삼촌과 숙모, 애니 고모까지 차를 빌려서 웨일스에서 영국으로 여행을 온다는 내용이 적혀 있었다.

잭이 무어 부인의 집에서 머물고 있었기 때문에, 사실을 알릴 것인지, 아니면 지금까지 공들여 지켜온 거짓말을 지킬 계획을 세울 것인지 선택을 해야만 했다. 작은 거짓말로는 충분치 않았다. 잭은 허탈해진 가슴을 안고 실망하게 될 것이 아버지만이 아님을 인정해야만 했다. 잭이 그리도 좋아하는 애니 고모는 어머니께서 돌아가신 후 자신을 리틀 리에서 극진히 돌봐 준 고모였다. 잭이 떠날 때 옷가지를 챙겨주며, 따뜻하고 사랑스러운 포옹으로 작별 인사를 해 준 고모가 아닌가. 무어 부인이 있기 전에는 고모가 어머니와 같은 존재였다. 고모께서 얼마나 실망하실까! 무어 부인에 대한 그 어떠한 설명도 고모에게 소용이 없을 것이 분명했다. 고모가 사랑했던 올케 플로라 대신이라! 바로 그거야!

그렇게 잭은 거짓말 쪽을 선택했다. 잭은 아버지께 편지를 써서 로드니 파슬리와 함께 대학 밖 아파트로 옮겨갔다고 했다. 로드니가 시험 때문에 밤낮으로 공부를 하니 가능하면 최대한 빨리 대학에 들렸다가 돌아가 달라고 아버지와 삼촌, 고모에게 부탁했다. 그리고 잠시 들렸다가 자신도 여행에 함께 동참하는 것이 어떻겠냐고 제안했다. 앨버트도 동의했다.

아버지를 경멸하는 잭의 마음은 점점 더 심해졌고, 그러한 마음은 워니에게 쓴 편지에 잘 드러나 있었다.

> 물론 가장 우스꽝스러운 모습은 말이야, 다름 아닌 아버지였어. 풍선처럼 뚱뚱해진 모습이 어찌나 괴상하게 보였던지 형은 아마 상상도 못할 거야. 늙어서 쭈글쭈글해진 데다 아버지 특유의 표현들을 쓰면서 혼자 걸어다니지 않겠어. 게다가 눈썹은 반쯤 머리 위까지 올라가 있었어. 주변 환경에 완전히 멍해져서 내 방에는 들어갈 생각도 하지 않았어. 그러면서도 "학자들에게 공짜로 연구 공간을 제공해 주다니 대우는 확실히 해주는구먼"이라고 하더라구.[1]

하지만 앨버트가 리틀 리로 돌아간 후에 잭이 아버지에게 보낸 편지에는 이러한 불평이 조금도 담겨있지 않았다.

> 여행의 진정한 가치를 이제야 깨닫는 것 같습니다. 여행을 통해 머릿속 깊숙이 담아온 형상들과 생각들이 마치 서서히 피어오르는 향기처럼 올라오고 있습니다.[2]

무엇이 잭에게 이렇게까지 두 마음을 품게 만들었을까? 잭과 워니는 아버지에 대해 이야기를 나눌 때 항상 그러했다. 어린 시절의 파편이었고, 오만하며, 캐기 좋아하는 아버지로 인한 괴로움이 있었다. 잭이 워니에게 한 신랄한 비판에 의하면, 아버지 앨버트는 가장 무능하고 이상한 모습들뿐이었다. 잭이 방심하고 있는 순간에는, 아버지가 여전히 강력하고, 똑똑한 모습으로 남아있음을 인식하게 해 주는 것만 같았다. 게다가 돈 주머니를 쥐고 있었기 때문에 여전히 잭의 삶에 있어 일정 부분에 확실한 통치 영역을 가지고 있었다.

  22살이 되었음에도, 잭은 자신이 아버지를 속인 것에 대한 죄책감이 조금도 들지 않았다.

  "부끄럽지는 않아. 너의 그 소중한 정직과 자기 부인, 그리고 고상함의 덕목에 의하면, 보잘것없는 것이지만 말이야." 잭은 자랑하듯 바필드에게 말했다.

  아버지의 방문 이후, 잭은 집안일을 도와 요리와 청소, 눈 치우기 등 큰 아들이 해야 할 모든 의무를 다했다. 물론 아버지의 방문은 이제 없을 것이라고 잭은 믿고 있었다. 무어 부인의 아들로서 뿐만 아니라 머린의 큰 오빠로서의 자리 또한 즐거워하며 학교 숙제인 목공이나 미술 등을 도와주었다. 머린은 밝고 때로는 놀라운 성숙미와 재치를 보여주었다. 하지만 대부분은 남의 화를 돋우는 전형적인 사춘기 소녀의 모습이었다. 머린이 잭이 가장 아끼는 조지 맥도날드의 책을 몰래 읽고 있는 모습을 발견한다고 할지라도 절대 화를 낼 수는 없었다!

  잭은 또한 남을 대접하기를 좋아하게 되었다. 스무기 선생과 커크 선생으로부터 지성을 전수 받은 것과 마찬가지로, 잭은 무어 부인으로부터 남을 대접하는 덕목을 전수받았다. 그는 이 세 가지를 점점 더 즐기게 되었다. 의사인, 무어 부인의 동생 존 애스킨이 근처 이플리에 살고 있었는데 종종 무어 부인을 찾아오곤 했다. 점점 그들의 친구 영역이 넓어져 갔다. 결국에는 잭의 옥스포드 친구들을 저녁 식사에 초대했다. 이러한 때에 무어 부인은 쌀 푸딩만큼이나 표정이 밝아졌다. 잭과 함께 있을 때는 자신의 의견을 높이기도 하지만, 잭의 친구들이 찾아와서 대화를 나누는 동안에는 침묵을 지키고 대화 내용에 그저 동의해 보이기만 했다. 이제는 자신이 부인에게 매료된 이유와 똑똑하고 상냥한 십대 소녀 머린과 함께 살고 있는 것을 친구들이 이해할 것이라고 잭은 믿었다. 무어 집안과의 관계에 아무런 꺼릴 것이 없음을 확인한 것과 같았다.

몇몇 여자 손님들은 검은 머리에 검은 눈, 혈색 좋은 볼을 가진 잭에게 매료되기도 했다. 전쟁 때의 여윈 모습은 사라졌지만, 잭은 스스로가 추하지도, 잘생기지도 않다고 생각했다. 외모가 어떠하든 잭은 한창 물이 오를 나이였다. 게다가 유능한 청년 아니던가? 잭에게 매력을 느낀 한 여성의 이름은 매리 위블린으로 '스머지'(얼룩)라는 별명을 가지고 있었다. 이 총명한 젊은 여인은 잭이 자신에게 라틴어 개인 교습을 해 주는 것에 대한 보답으로 머린에게 바이올린을 가르쳐 주고 있었다. 잭이 매리의 집까지 바래다주던 날 밤, 매리는 잭에게 사랑한다고 고백을 했다. 잭은 자신이 결혼에 대해 생각하기에 아직은 이르다고 대답했다.

"저한테 푹 빠졌더라구요." 나중에 잭이 무어 부인에게 털어놓았다.

"이런 세상에, 젊은 숙녀를 그렇게 실망시켜서는 안 돼. 스머지라면 널 기다려줄 거야."

1922년 6월, 잭은 옥스포드의 인문 학위 최종 시험으로 그리스와 라틴 역사 그리고 철학 시험을 쳤다. 시험은 6일 동안 계속되었고 후보생들은 매일 두세 시간 분량의 시험지를 채워야만 했다. 로마 역사와 그리스, 라틴 번역, 철학, 플라톤, 아리스토텔레스, 논리학, 일반 고대 역사, 그리스와 라틴 산문시 작품들, 윤리학, 정치학들이 포함되어 있었다. 가장 중요한 부분은 번역이었다. 그 부분에 있어서 잭을 따를 사람은 많지 않았다. 몇 년 전, 커크 선생은 앨버트에게 잭이 자신이 알고 있는 번역가들 중 가장 천부적인 재능을 타고났다고 말한 적이 있었다. 잭은 다시 한 번 1등급을 차지했다.

"학생으로 또 한 번의 승리구나." 무어 부인은 자랑하고픈 마음을 애써 달랬다. 하지만 한편으로는 잭이 자신을 떠나가 버리지는 않을까 하는 걱정이 들었다.

이제 잭에게 여러 곳에서 손짓을 해왔다. 미국에 있는 코넬대학과 영국의 리딩대학에서 교수 자리를 제안해 왔다. 하지만 잭이 원하는 곳은 옥스포드뿐이었다. 옥스포드에 있는 워덤대학에서도 제안을 해왔는데, 법률 개인 지도 교수직을 해 달라는 제안이었다. 잭은 이 모든 제안을 거절해야만 했다. 잭의 마음에는 오직 옥스포드에서 고전과 철학의 특별 연구원 자리를 받는 데만 있었다. 이 연구직은 평생 결실 있는 일들을 보장해 주기 때문이었다. 분명 일등급을 한 사람들에게는 너무도 당연한 일이었다. 학회 회원이 특별 연구원이 된 적도 있기는 하다. 하지만 정식 연구원이 되는 것은 아니다.

포인튼이 잭을 동정하며 말했다. "요즘은 말이야, 아무리 학생이 총명하다고 해도 학위 시험 후 바로 연구원으로 받아들이지를 않아. 언젠가 기회가 찾아올 테니 기운을 내. 그러는 동안 다른 학위를 따보는 게 어때? 영문학 학위를 따면 일자리를 잡는 데 큰 도움이 될 거야."

잭은 기절할 지경이었다. 공부를 더 하라고? 그 말은 아버지에게 돈을 더 구걸해야 한다는 말이었다. 그러나 결국 그렇게 했다.

> 만일 제 요구가 지나치다거나 이미 충분히 교육을 받았다고 생각하신다면 그렇다고 말씀해 주셨으면 합니다. 하지만 만일 공부를 더 하는 것에 동의해 주신다면 진심으로 감사드릴 것입니다.[3]

잭은 앨버트의 대답을 기다렸다. 학위 시험을 통과한 레오 베이커 또한 적당한 일자리를 찾지 못하고 있었다. 이 가엾은 친구는 결국 신경 쇠약에 걸리고 말았다. 레오 역시 무어 부인과 함께 살고 있었다. 레오를 받아들이는 것은 잭의 생각이 아니었다. 영원히 남을 대접하기 좋아할 무어 부인이 고집을 부린 것이었다.

그러는 사이, 잭은 몇 안 되는 1등급 중 한 명인 오웬 바필드와 함께 옥스포드에 있는 '올드 오크'에서 술자리를 같이 했다. 바필드는 '시적 언어'라는 멋진 제목으로 논문을 작성했다. 하지만 특별 연구원 자리가 하나도 나지 않자, 거의 학자로서의 삶을 포기하려고 하고 있었다. "법 쪽으로 가야 할 것 같아." 바필드가 한탄하듯 넋두리를 했다.

바필드는 잭에게 '다이머'(Dymer)라는 제목의 장편 낭송시 사본을 돌려주었다. 잭은 다시는 이야기를 만들어 낼 수 없다는 말을 차마 친구들에게 할 수 없었다. 어린 시절에는 단지 단어들만이 아니라 묘사해야 할 그림 전체가 잭의 마음에 떠올랐었다. 정말 신비스러운 경험이었다. 방법이 어떠했든 간에, 바필드는 그 이야기를 정말로 좋아한다고 확실히 표현했고, 하우드는 그 이야기로 인해 기뻐서 춤을 출 정도였고, 베이커는 침이 튀도록 칭찬을 했다. 그러면서 모두들 논쟁을 벌일 것들을 찾곤 했다. 잭은 인간을 파멸시키기 원하는 것을 간절히 꿈꾸는 자신의 시의 주제는 사실이라고 주장했다.

바필드는 그 말을 즉시 받아치며 "내 관점은 정반대야!"라고 했고, 논쟁은 다시 시작되었다.

이후 어느 날 잭은 바필드, 하우드와 함께 교외로 산책을 나갔다. 대화 중에 '다이머'에 대한 몇몇 주제들이 논쟁거리가 되었다. 환상 이야기의 거부, 이단의 위험, 전체주의 유토피아의 병폐와 그에 못지 않게 바람직하지 않은 무정부 상태, 그리고 죽음과 구원이었다. '세상에, 다이머가 정말 그렇게까지 숨이 막힐 정도의 주제란 말인가?' 라고 잭은 생각했다.

결국 누군가 이런 농담을 했다. "키플링이 옳았어. 우리 모두가 맞단 말이야!" 바필드가 갑자기 들판을 뛰어다니며 말들을 놀라게 했다. 이런 친구들과 함께 있으면서 불행해 질 수 있는 사람이 있겠는가? 잭은 이 멋진 친구들을 정말로 사랑했다!

앨버트가 마침내 잭의 요구를 받아들였다. 물론 조건이 있었다. 법과 비즈니스를 위한 것이어야 한다는 것이었다. 하지만 잭은 대학 경력만을 위한 것이고 이것이 유일한 조건이어야 한다고 분명하게 의사 표시를 했다. 커크 선생이라도 똑같은 말을 하지 않았을까? 커크를 경외하다시피 한 앨버트였기 때문에, 결국 계속해서 잭의 학업을 돕겠다고 동의했다. 앨버트는 절대 잭이 일등 자리를 놓치는 것을 허락하지 않을 것이다. 그것은 학자로서도 마찬가지였다. 잭이 옥스포드를 원한다면, 그렇게 되어야만 했다.

그렇게 잭은 영문학 학위 과정에 들어갔다. 지금까지는 단순히 기쁨을 위해 읽던 것들이 이제는 연구를 위한 것이 되었다. 초서, 셰익스피어, 스펜서 외에 수도 없이 많았다. 첫 번째 프로젝트는 「베어울프」(Beowulf)와 「십자가에 관한 꿈」(Dream of the Rood) 같은 보석 같은 작품들을 마스터하기 위해 고전 영문학을 배우는 것이었다. 그 다음, 매혹적인 중세 전설을 위해 C. T. 어니언즈 선생 밑에서 중세 영문학을 공부해야 했다.

영문학 학위를 따기 위해서는 많은 것들이 요구되었고, 엑세터대학에 30대의 살찐 프랭크 윌슨 선생 밑에서 지도를 받았다. 사실 윌슨 선생은 잭이 원하는 대로 9개월 만에 학위를 받을 수 있을지에 대해 의심을 품기는 했지만, 잭이 언어들을 얼마나 빨리 익힐 수 있는지 전혀 알지 못하고 있었다. 잭은 커크 선생 밑에서 이탈리아어를 7주 만에 마스터했다. 순식간에 잭은 고전 영문학을 섭렵하고는 이제 역사와 다를 바 없는 영문학을 파고들었다. 잭은 자신의 오랜 친구들인 바필드와 하우드라면 엑세터대학의 학생들과 비교가 안 될 것이라고 생각했지만, 예외가 있었다. 조지 고든 선생이 이끄는 토론 수업의 총명하고 강인한 네빌 코그힐이라는 학생이었다.

토론 도중 코그힐은 이렇게 가정했다.

"모차르트는 평생 6살짜리 소년이었습니다."

"그보다 더 즐거운 것은 상상할 수 없을 것 같은데요"라고 잭이 동의했다.

코그힐이 번뜩이며 관심을 보였다. 나중에 선술집에서 맥주잔을 기울이며, 큰 키에 여윈 체격의 코그힐은 잭에게 조심스럽게 물었다. "혹시 아일랜드 공화당원이야?"

"아니, 나도 너처럼 얼스터 출신 아일랜드인이야."

이야기는 전쟁담으로 이어졌다. "난 아라스의 참호에서 싸웠어"라며 잭이 기억을 되살렸다. "하지만 전쟁은 끔찍하게 싫어하지."

"난 포병이었어. 살로니카에 있었다네"라고 코그힐이 말했다. "하지만 가장 끔찍한 싸움은 아일랜드에서 있었지. 어느 날 공화당원들이 나를 집 밖으로 끌어내서는 총살대에 세웠어. 그리고는 잡자기 그냥 풀어주더라구. 모든 게 나를 겁주기 위한 거였던 거지."

"그래서 나한테 공화당원이냐고 물었었군? 우리는 정말 폭력적인 시대를 살고 있는 거야."

코그힐은 잭이나 다른 친구들 같은 변증가는 아니었지만, 매우 강한 예술가적 마음을 가지고 있었고 극문학에 마음이 끌리고 있었다. '정말 신기한 일이야. 코그힐 또한 기독교인이잖아!'라며 잭은 생각에 잠겼다. 왜 모든 총명한 학생들이 기독교인들일까?

'물론 나는 예외지만…'

그러는 사이 바필드는 옥스포드에 남아, 작은 잡지사에서 편집 일을 하며, 법 공부를 하지 않으려고 애썼다. 하지만 잭의 다른 친구들은 옥스포드를 떠났다. 예를 들어 슈타이너의 인지학에 푹 빠진 하우드는, 학교를 세우고 있었다. 로드니 파슬리는 공립학교의 교장이 되었고, 침체에서 회복된 레오 베이커는 옥스포드 지역 극단에서 플링을 추며 연기를 하다가 연기자에게 많은 기회가 주어지지 않는 옥스포드를 떠나 연기자들의 메카인 런던으로 갔다.

8월에 워니가 잭을 찾아왔다. "그 지긋지긋한 감옥 같은 군대에서 해방되기를 참고 기다렸는데 말이야, 내 스승이신 워즈워스가 원하는 것이 '모든 것들에 평안'과 '인간들을 위해 가장 좋은 것인 평화로운 날들'이란 것을 알게 됐지 뭐야."

잭의 눈에 워니가 지금은 특별히 비정상적이고 세상을 등진 것처럼 보였지만, 변한 것은 워니가 아니었다. 잭 자신이었다. 물론 무어 부인 때문이었다. 한때 잭이 전혀 사교적이지 않았던 것처럼, 워니는 그들과 함께 있기를 거절하고, 대신 고집스럽게 호텔에 머물렀다. 뿐만 아니라 함께 차를 마시자는 초대마저도 거절했다. 그러던 워니가 갑자기 태도를 바꾸어 집에 함께 머물겠다고 했다.

그날 이후, 워니는 무어 일가와 기꺼이 함께하면서 스머지를 포함해서 자주 찾아오는 젊은 여인들과 어울리기도 하더니, 나들이에도 열심히 참여하기 시작했다. 2주 동안 배 타기와 산책을 하고 자전거를 타고, 테니스를 치면서 잭은 워니가 견디지 못하고 나가 떨어질 것이라 생각했지만, 그렇지 않았다. 예전보다 훨씬 살이 찌긴 했지만, 보기보다는 좋은 체력을 유지하고 있었다. 그러한 모습들이 잭을 기쁘게 만들었다. 잭에게는 조금도 놀라운 것이 아니었지만, 워니에게는 놀라지 않을 수 없는 말을 듣게 됐다. 무어 부인이 워니에게 제대한 후 자신들과 함께 살자고 제안했다.

워니는 떠나면서 잭에게 이렇게 말했다. "잭, 날 위해서 이렇게 심각한 사회 생활을 준비할 필요까지는 없어."

"너무 그렇게 자만하지 마, 꿀돼지 아저씨." 잭이 장난을 걸며 말했다.

"우리는 늘 이렇단 말이야."

잭과 무어 부인이 옥스포드의 서쪽에 위치한 마을의 멋진 벽돌 집으로 이사를 간 후, 이들의 가정 생활은 더욱더 풍성해져 갔다. 이 집은 '힐스보로'라는 이름으로 불려졌다. 옥스포드에서 잭이 너무 지나치게 평온한 삶을 산 것을 시샘이라도 하듯이, 어머니의 큰언니인 릴리 이모가 포레스티 힐에 있는 작은 별장으로 이사를 왔다. 과부가 된 이모는, 무어 부인과 같이 압도적인 존재이기는 했지만 별난 모습이었다. 삼일 후 이모는 논쟁을 주도하며 지역 신문에 불과 같은 편지를 보냈다. 심각할 정도의 열정을 담은 편지의 내용은 다름 아닌 동물들이었다.

"발바리는 조금도 개답지 않다. 차라리 수세기 동안 몸집이 작아진 사자같지 뭐냐"라고 이모가 잭에게 말했다.

"잘 모르겠는데요." 잭이 공손하게 대답했다.

릴리 이모는 사실들과 추리들로 만들어진 잡담을 쉴 새 없이 말하는 사람이었다. 이모는 잭을 무척이나 좋아했다. 지적인 면에서 잭만큼 자신과 동등한 사람이 없었기 때문이었다. 이모와 아버지는 좀처럼 말도 하지 않는 사이였다. 잭은 자신을 화나게 만드는 아버지를 적대시 하는 이모의 모습을 즐겼다.

"동물들을 학대하는 건 잘못된 일이야." 흥분이라도 한 듯 이모는 자신이 가장 좋아하는 주제를 이야기하기 시작했다. "언젠가는 불쌍한 말을 때리는 사람이 있길래, 그 채찍으로 그 사람의 팔을 부러뜨린 적이 있지 뭐냐."

"탄광에는 정말 불쌍한 조랑말들이 많아요." 잭이 동정심에 슬퍼하며 말했다. "물론 그곳에서는 불쌍한 어린아이들도 일을 해야만 하지만요."

"오, 제발 아이들 이야기는 하지 말아다오!" 릴리 이모가 애원하듯 말했다.

"아이들은 결국 동물들처럼 자라날 뿐이란다."

1923년 잭은 완벽하게 합리적인 사람이 되기 위해 노력했다. 심리학을 더 받아들이면서 어린 시절 자신을 매료시켰던 낭만적인 신화들은 제쳐 두기로 했다. 잭 자신과 재능이 많던 친구들이 1등급을 받았음에도, 일자리를 찾지 못한 것을 생각하며, 잭은 공부의 주문이라도 걸린 것처럼 괴로워했다. 뿐만 아니라 시인으로서 자신의 자질까지 의심하기 시작했다. 오웬 바필드가 잭이 너무 많이 쓰고는 거의 수정을 하지 않는다고 말한 적이 있었다. 잭이 좋은 작품들을 쓸 수는 있지만, 많이 쓰는 것만으로는 충분치 않다는 것을 바필드는 알고 있었다. "속도를 줄이게나. 수정을 해야 한단 말일세"라고 바필드가 충고했다. 마음속으로 잭은 바필드의 말이 맞다는 것을 알고 있었다. 거의 모든 것들에 대해 바필드의 의견이 옳았다. 그럼에도 잭은 그러한 것들을 개의치 않고 마치 경주라도 하듯 시를 써 나갔다.

"'다른 존재'(Otherness)에 대한 내 오래된 열망 때문에라도 '나이머'는 반드시 끝내고 말겠어"라고 잭은 스스로에게 다짐했다.

장편의 낭송시인 '다이머'는 공상에 잠기는 것이 남자들을 약하게 만든다는 사실을 분명히 해 줄 것이다. 남자들은 자신 안에서 움츠러든다. 시 안에서의 주인공은 결국에 자신의 꿈들이 혼돈을 초래하고, 자신을 죽일 괴물을 죽여야만 구원을 얻게 됨을 깨닫게 된다. 자유시가 유행이었다. 그러나 그의 잔소리꾼인 바필드는 때때로 옛것들이 현대의 것보다 뛰어나고 다르게 생각하면 지금의 분별없는 편견일 뿐이라고 그를 설득했다. 결국 잭은 자신이 읽기 원하는 대로 시를 썼다. 잭은 여러 가지 운율을 혼합해서 시를 쓰고, 운율에 맞게 낭독하고 구성했다.

현실 세계에서 몽상에 잠기는 위험이나 영적인 세계의 주위를 맴도는 것들은 잭이 집에 있는 동안 현실 세계로 모습을 드러냈고 그 피해자는 다름 아닌 무어 부인의 동생이자 의사인 존 애스킨이었다. 이 '선생님'은 신지학과 심령술, 요가 같은 모든 종류의 이단적 행동들을 시도해 보았다. 존은 잭에게 마치 이러한 시도들이 안전할 것이라고 하는 산 증인이라도 되는 것만 같았다. 하지만 1923년 초, 존은 이상한 행동을 보이기 시작하더니 죽음에 대한 이야기를 하기 시작했다.

"만일 무엇이 사람들을 기다리고 있는지를 심각하게 생각한다면, 이 세상에서 한 시간도 버티지 못할 거야." 존은 불안함에 괴로워했다. 잭은 무척 난처했다. 잭에게 존은 자신이 상상할 수 있는 인물 중 가장 남에게 해를 주지 않고, 친절하며, 이기적이지 않은 사람이었다.

날이 갈수록 존의 상태는 심각해져만 갔다. 그러다 갑자기 상태가 너무도 악화되어 지옥에 대해 소리치고 신음했다. 그러한 '발작들' 때문에 존의 아내인 마리가 도움을 청해와서 힐스보로 데리고 왔다. 존을 끊임없이 지켜보면서 발작이 일어날 때 물리적으로 제제를 해야만 했다. 무어 부인의 또 다른 동생이 브리스틀에서 의사 생활을 하고 있었다. 숙련된 의사였던 그는 존을 펜션 병원으로 데리고 갔다. 병원에서는 허가를 받기 위해 일주일을 기다려야만 한다고 통보해 왔다.

"제발 저를 지옥에 보내지 말아주세요! 아직 때가 안 됐어요!" 존을 진정시키려고 할 때마다 존이 하는 말이었다. "이 땅에서의 삶을 단축시키지 말아주세요!"

존은 다음 날부터 나아진 듯하다가 다시 발작이 일어나기를 끊임없이 계속했고, 점점 더 심해져만 갔다. 점점 더 위험해져 갔고, 저항이 심해지면서 잠자는 사람들에게 큰 방해가 되었다. '갑자기 존이 한밤중에 칼이나 도끼를 들고 나타나지는 않을까?' 라고 잭은 걱정했다.

일곱

 존을 병원으로 데려갈 택시가 도착했을 때, 힐스보로에 살던 사람들은 마치 몇 주 동안 잠을 못 잔 것처럼 보였다. 그는 소리치고, 싸우며, 침을 뱉고, 졸도하는가 하면, 점점 더 완강해져 갔다. 하지만 결국 존은 세상을 떠났다.

 존이 집에 머문 것은 14일간이었다. 그리고 병원에서 3주 후 죽었다. 그리도 평온하고, 유순했던 사람이 불평하고, 미치광이처럼 소리치며, 자신이 만들었는지 남이 지어냈는지도 모를 지옥에 빠져들어 잭을 두려움에 떨며 이성주의를 붙들게 만들어 버렸다.

 "내가 잠시 맛본 기쁨은 분명히 덫인 것 같아. 하지만 그것이 어떤 영적인 존재가 있다고 인정하는 것인가? 악몽들은 어떤가? 그런 것들은 어디에서 오는 거지? 기억하지 않을 수만 있다면…."

잭이 마지막으로 꾼 악몽은 너무도 생생해서 반드시 일기장에 기록해 놓아야 할 것만 같았다. 잭과 친구들이 언덕을 올라갔고 거기에 한 마리의 늑대가 양 한 마리를 잡아먹고 있었다. 늑대가 도망간 후, 잭 일행은 양을 찢어서 먹기 시작했다. 그동안 양은 마치 사람인 것처럼 비명을 질러댔다.

어린 시절부터 잭은 악몽에 시달렸다. 이를 갈며, 갈고리 발톱으로 할퀴는 딱정벌레들이 공립학교의 무자비한 미치광이들에 의해 만들어졌다. 그후 수년 동안 전쟁의 현실로 인해 공포에 떨어야만 했다. 이제 꿈에서 사탄과 자신의 부하들이 싸우고 있다. 하지만 이성론자가 어떻게 악마를 믿을 수 있는가? 도대체 이 꿈들은 어디에서 온 것이란 말인가? 잭의 내면은 고통으로 신음하고 있었다. 침대에서조차 그런 유령들로부터 자유로울 수 없는 것인가? 평화는 어디에 있단 말인가? 잭은 점점 더 침체에 빠져갔다. 종종 몽상에 빠지기도 했는데 그러한 생각들은 병이 되어 버렸다.

"가끔씩은 제가 성공한 천재 노인으로 죽기만을 기다리는 그런 몽상을 하기도 해요"라고 잭이 무어 부인에게 털어놓았다. "바보 같은 짓이야. 이제 겨우 24살인데. 집 앞 계단 좀 청소해 주겠니?"라고 말하며 무어 부인은 잭을 망상에서 깨워주었다.

내면에 이러한 혼돈을 가지고도 성공적으로 학업을 마칠 수 있는 학생이 있겠는가? 하지만 1923년 말, 잭은 영문학 과정을 1

등급으로 졸업하는 쾌거를 거두었다. 옥스포드에 있는 35개 대학 중에서 유니버시티의 잭과 엑세터대학의 네빌 코그힐만이 1등급을 받았다. 이제는 분명히 옥스포드에서 확실한 자리를 차지하게 될 것이라고 잭은 확신했다. 하지만 몇 주가 되도록 그러한 기대는 현실로 이뤄지지 않았다. 그리고 몇 달이 지났다. 잭은 채점과 개인 교습을 하며 약간의 돈을 벌었다. 이렇게까지 잭과 무어 부인에게 돈이 부족한 적은 없었다. 워니로부터 돈을 빌려보려고 했지만, 거의 10년 동안 군대 생활을 했음에도 불구하고 워니가 한 푼도 모으지 못했다는 사실만을 알게 됐을 뿐이었다. 사실 워니는 앨버트로부터 돈을 타내기 위해 앨버트와 또 다른 전쟁을 벌이고 있었다!

잭은 담배도 끊었다. 힐스보로 저택의 하녀도 내보내야만 했고 그 일들은 모두 잭에게 넘겨졌다. 남을 대접하기 좋아하던 무어 부인도 더 이상 손님을 받을 수가 없었다. 개나 고양이가 없는 집이 얼마나 되겠는가? 잭은 어깨를 으쓱해 보였다. 적어도 굶지는 않고 있지 않은가. 어느 날인가 산책을 하던 중 잭은 자신이 '무거운 루이스'라고 불리는 것을 들었다. 잭은 자신의 별명을 자신을 모함하는 이들로부터 알게 되었다. 그것은 분명한 사실이었다. 그는 몇 년 전 나타났던 워니만큼이나 살이 쪘기 때문이다.

잭의 불행은 점점 더 심해져만 갔고 거기다 아서까지 잭을 찾아왔다. 누군가가 아서에게 자신의 모습에 충실하고 자신의 욕구를 충족시키라고 설득시킨 모양이었다.

"하지만 그건 네 기독교 신앙에 위배되는 거 아니야?" 저녁 식탁에서 잭이 물었다.

"아니, 전혀 그렇지 않아. 게다가 기독교란 서로에게 친절히 대하는 것이지 그 이상도 그 이하도 아니거든." 아서는 몸을 의자에 기대며 다리를 책상에 올려놓았다. "그런데 버터 없어? 난 마가린은 딱 질색이거든."

대화가 길어지면서 아서가 천국은 믿지만 지옥은 믿지 않는다고 했다. 인생에 염증을 느끼며 신앙이 단순해진 아서의 모습을 보며 잭은 오싹해지고 말았다. 전에는 그러한 것들을 어떻게 그냥 넘길 수 있었는가? 아서의 잘못들은 이루 말할 수 없이 불쾌한 것들이었고 매너 또한 구제불능이었다. 아서가 아일랜드로 돌아간 후, 잭은 더 이상 글을 쓸 수가 없었다. 아서가 새로이 갖게 된 그 역겨운 성격 때문이기도 했고, 잭에게 '다른 존재'에 대한 사랑을 심어 준 것이 다름 아닌 아서였기 때문이기도 했다. 존이 세상을 떠난 후 잭은 '다른 존재'에 대한 사랑을 정화시키기로 결심했었다.

존의 죽음 때문에 잭은 레오 베이커와의 관계도 끊었다. "왜 레오 베이커가 런던에서 멀리 떠나가 버린 것 같니?"라고 무어 부인이 잭에게 자신의 궁금증을 털어놓았다.

"그렇다고 찾아 나서지는 않을 것 같은데요"라며 잭이 투덜거렸다. "사실 그 배은망덕한 레오에게 다시는 보기도, 듣기도 싫다고 편지를 보냈어요!" 베이커는 존의 죽음에 대해 전혀 알지 못하고 있다. 신경 쇠약에 걸린 베이커를 존이 친히 자신의 집에서 치료해 준 것을 생각하면 절대 용서할 수 없는 일이었던 것이다.

일 년 후 잭은 영문학 학사 과정을 마치고 트리니티대학에서의 철학 연구원으로 초청되기만을 간절히 기다렸다. 그러는 동안 유니버시티 대학에서 잭에게 일 년간 철학 개인 교수 자리를 요청해 왔다. 연구원 자리를 포기하고 미국으로 갈 수도 있겠지만 잭에게는 선택의 여지가 없었다. 지푸라기라도 잡는 심정으로 옥스포드에 남아 있어야만 했다. 잭은 앨버트에게 편지를 써서 다음 학기에 14개의 강의를 맡았고 총 14시간인데, 5시간 만에 자신이 가진 모든 철학이 바닥나 버릴 것이라며 농담을 했다. 잭이 맡은 주제는 '도덕적 선'이었다. 잭은 전에 없이 열심히 준비했다. 잭은 홉스와 흄, 그리고 자신이 좋아하는 철학자 중 한 명인 헨리 베르그송에 대해 열심히 준비했다. 어떤 이유에서인지 베르그송은 잭에게 새로운 안목을 갖게 해 주었다. 사람은 존재의 이념에 대해 허송세월 할 것이 아니라 물질 세계를 현실적으로 다루어야 한다.

잭은 자신에게 하나님을 설명하려고 하는 사람에게 이런 냉소적인 말을 던졌다. "하나님은 자신의 존재를 증명하고 반증하는 데 시간을 쓰는 그런 존재 같군요."

잠시이긴 하지만, 잭은 연구원으로 임명되었기 때문에 주중에는 유니버시티 안에서 생활해야만 했다. 주말만을 무어 부인 집에서 지낼 수 있었다. 아침 식사는 옥스포드의 방에 준비되었다. 강의 외에 오전에는 개인 교수를 했고, 무어 부인의 집에서 점심을 먹고, 힐스보로 집안일을 처리한 후, 개인 교수와 저녁을 위해 옥스포드로 돌아갔다. 다시 한 번 대강당에서 저녁을 먹었지만, 이번에는 연구원들이 함께 모인 자리에서 였다. 잭은 가운을 입고 있었고, 6년 후에는 그것이 자신의 제2의 천성이 되었다.

하이네만은 잭의 '다이머' 원고 출판을 거절했다. 잭은 시인으로의 자신의 경력이 완전히 사라져 버리는 것처럼 느꼈다. 어쩌면 옥스포드에서의 경력 또한 사라질지도 모를 일이었다. 일 년 내내 잭은 철학과 영문학에 자리가 나는 곳마다 지원을 했다. 그러한 자리에 지원하는 것은 심사숙고해야만 하는 일이었다. 잭의 선배들 중 많은 이들이 지원하는 곳이기 때문이었다. 심지어 자신의 영문학 개인 교수인 윌슨도 지원을 했다. 결국 내키지는 않지만 지원을 했고 얼마 지나지 않아 잭은 윌슨 선생이 지원하지 않았다는 사실을 알게 되었다. 뜬소문이었던 것이다. 잭은 윌슨에게 달려가 추천서를 부탁했다. 윌슨은 사과를 했다. 잭이 철학을 위해 영문학을 포기했다는 말을 들은 윌슨은 잭의 경쟁 상대였던 엑세터대학의 네빌 코그힐에게 기꺼이 추천서를 써주었던 것이다. 잭과 동등한 실력자인 코그힐이 이제는 잭의 개인 교수였던 윌슨의 추천까지 받았다니!

"내가 얼마 동안 버틸 수 있을까?" 잭은 자신을 애도했다.

그런데 뜻밖의 놀라운 소식을 듣게 되었다. 코그힐이 자신의 학교 에세터에서 연구직 임명을 받아 모들린대학에 낸 지원서를 철회했다는 소식이었다. 윌슨은 기쁜 마음으로 잭에게 추천서를 써주었다. 아직도 기회가 남아 있을까? 행운이 잭에게도 미소를 지어줄 것인가?

하지만 5월 다른 후보자들과 함께 저녁 만찬에 초대 받았을 때, 잭은 그 초대를 무색하게 만들고 말았다. 다른 후보생들이 검정 넥타이에 만찬복을 입고온 반면 잭은 하얀 넥타이에 연미복을 입고 나타났던 것이다. 어떻게 됐든 잭은 결국 그 실수를 만회했고 놀랍게도 최종 두 명의 후보 중 한 사람이 된 사실을 알게 되었다. 이 우울한 날, 자신이 분명히 선택되리라는 강한 확신을 겨우 겨우 감추고 있는 상대 후보생을 본 잭은 점점 더 자신감을 잃었다. 짤막한 메모와 함께 잭이 모들린대학의 학장실로 불려갔을 때, 잭은 자신의 희망이 점점 더 멀어져만 가는 것을 느꼈다. 그후 학장 사무실 밖에서 30분을 기다렸다. 미래가 조금도 밝아보이지 않았다.

하지만 잭이 학장실을 나왔을 때, 회심의 미소를 지으며 "이런 세상에, 원래 무뚝뚝한 분이셨잖아"라고 중얼거렸다. 잭은 모들린대학에서 5년간 연구원으로 선임되었다.

잭은 즉시 아버지께 편지를 썼다. 이제 경제적으로 독립할 수 있다는 사실이 아버지에 대한 괴로움으로부터 잭을 자유롭게 한 것처럼 보였다. 수년 동안 잭은 성실치 못한 모습으로 아버지께 편지를 보냈지만 이제는 진심으로 감사할 수 있었다.

> 6년이 넘도록 관대하게 저를 지원해 주신 것에 진심으로 감사드립니다. 그렇지 않았으면 지금의 제가 있지 못했을 것입니다. 기나긴 과정 동안 저와 실력이 같은 친구들이 꾸준한 지원을 받지 못해 결국 포기하는 모습을 보아왔습니다. 계속해서 기회가 사라지고 목표했던 것들이 멀리 도망가는 것처럼 보였을 때도, 아무런 불평도 하지 않으셨을 뿐만 아니라 지금까지 아낌없이 격려해 주셨습니다. 다시 한 번 진심으로 감사드립니다." [1]

마침내 모든 죄책감으로부터의 해방이었다. 아버지가 돈줄을 쥐고 있긴 했지만, 자신의 뒷조사를 하고 염탐한 모습들 때문에 자신이 아버지를 적대시한 것에 대한 것을 정당화해 왔다. 이제는 그러한 분노가 정도 이상이었다는 것을 잭은 깨달았다. 아버지의 호령에 분노했고, 아버지의 관점과 신경 쇠약으로 집에만 붙어있는 모습에 화났었다. 뿐만 아니라 눈썹을 치켜뜨는 모습에도 화났었다. 앨버트의 모든 버릇들이 잭을 화나게 만들었다. 하지만 왜일까? 잭이 진심으로 즐거워하던 릴리 이모의 이상한 행동들은 앨버트보다 훨씬 모욕적이지 않았던가!

"아버지께서는 항상 저를 후원해 주셨어요." 잭은 무어 부인에게 말했다. "이제는 죄책감이 느껴져요."

"넌 잘 이겨낸 거야. 생각해 보렴. 넌 이제 옥스포드의 정식 교수가 된 거란다!" 무어 부인은 잠시 말을 멈추었다가 말했다. "오늘 부엌에 새 깔개를 좀 깔아 줄 수 있겠니?"

9월, 잭이 리틀 리로 돌아왔을 때, 중간 역할을 해주던 아서나 워니가 없었음에도 잭은 앨버트와 편안히 지낼 수 있었다. 워니는 리틀 리에 없었다. 완전히 딴 사람이 되어버린 아서는 더 이상 잭에게 관심이 없었다(물론 예전의 아서는 잭의 환상에 너무도 젖어있었던 나머지 잭에게 아무런 제약을 두지 않았었다). 잭은 영국으로 돌아오며, 아버지께서 여비를 챙겨 주시는 것을 정중히 거절할 수 있었던 것 때문에 기뻤다.

옥스포드에서 잭은 학기 내내 모들린대학의 숙소에서 살았다. 하지만 점심 시간만은 정기적으로 무어 부인을 찾아갔다. 3층짜리 신관 2층에 위치한 잭의 방은 화려하기까지 했다. 물론 신관이란 것이 1733년의 일이기는 했지만 모들린대학이 시의 동쪽 외곽에 위치하고 있었기 때문에, 옥스포드대학들 중 가장 넓고 자유로울 수 있었다. 2층 동쪽 끝에 자리잡고 있는 잭의 방 안 하얀 벽이 세 칸으로 나눠져 있어서 가장 자유로운 분위기였다. 잭은 아버지에게 이렇게 편지를 보냈다.

> 주변 환경은 제 예상이나 기대 그 이상으로 아름답습니다. 제 방 거실은 북쪽을 향하고 있어서 아무것도 보이지 않습니다. 심지어 제가 마을이 있는 곳에 있다는 것을 알려줄 수 있는 지붕이나 첨탑도 보이지

가 않죠. 고목들로 된 숲으로 이어지는 초원만이 보일 뿐입니다. 숲은 이제 가을의 붉은 색으로 물들어 있습니다. 야생 사슴들도 있는데 어느 날인가 밖을 내다보니 6마리쯤 되는 놈들이 바로 제 방의 창 밖 바로 밑에서 되새김질을 하고 있었습니다. 숫사슴 한 마리는 가만히 서서 안개 속으로 괴상한 소리를 내더군요. 그 소리를 밤낮으로 듣고 있습니다.[2]

작은 거실과 침실은 남쪽을 향하고 있어서 넓은 초원을 가로질러 쿼드랭글 대수도원과 오래된 모들린 탑을 볼 수 있었다. 그야말로 낙원이었다. 자신의 눈앞에 동쪽에서 북쪽으로 이어지며 모들린 탑을 지나 흐르는 처웰강을 이야기하는 것을 잊어버릴 정도였다. 침대, 카펫, 탁자와 의자들, 소파, 불쏘시게, 석탄통, 커튼 등을 구입하느라 매달 월급에 5%를 지출해야 했지만, 더 이상 생계 걱정은 하지 않아도 됐다.

"정말 아이러니한 것은 말이에요, 자주 보지 않는 코그힐 말고는 옥스포드의 가장 친한 친구들이 모두 떠나 버렸다는 거예요"라고 잭은 무어 부인에게 비밀이라도 이야기하듯 털어놓았다.

그렇게 잭은 매일 개인 교수와 강의를 했고 새로운 동료들과 식사를 하며 함께 이야기를 나누었다. 잭에게 중세 영어를 가르쳤던 C. T. 어니언즈와 같은 몇몇만이 예전부터 아는 사람들의 전부였다(잭은 자신이 구절들을 인용하기 전까지 어니언즈 선생이 말을 더듬고 있던 기억을 떠올리며 웃었다. 말을 더듬거리던 버릇은 완전히 사라지고 훌륭한 선생이 되어있었다). 이제 50세가 가까워진 어니언즈 선생은 잭이 모들린대학에서 존경하는 확실한 동료 5명 중 한 사람이 되었다. 다른 넷은 C. C. J. 웰, F. E. 브라이트만, P. V. M. 베네케, 그리고 J. A. 스미스였다. 이들 모두가 잭이 묻는 어떤 질문에도 "오 그래, 그건 어디 어디에 가면 답을 찾을 수 있어"라고 대답해 줄 수 있는 사람들이었다.

이 다섯 중 최고는 베네케와 스미스였다. 57세인 폴 베네케 선생은 큰 키에 각진 얼굴을 하고 있었고 고전 문학을 가르치고 있었다. 실수에 관대하고, 또한 고결함 때문에 사람들이 그를 싫어했다. 절대 술을 마시지 않았고, 금식을 했으며, 주일 예배에 한 번도 빠지지 않는 사람이었다. 종종 양심에 대한 모든 것들을 이야기하며, 신경질적으로 횡설수설하거나 듣기 싫은 소리를 내며 결국 아무런 영향도 주지 못하는 논쟁가가 되어 버리기도 했지만, 이러한 모든 것들에도 불구하고, 잭은 자신이 베네케 선생과 그의 기독교에 끌리고 있다는 사실을 발견했다. 그러면서 종종 선생과 함께 식사를 했다.

선생의 가운 안쪽은 초라한 옷차림이었다. 그에게 있어 유일한 낭비라고 할 수 있는 것은 돼지들의 모형을 수집하는 것이었다. 속을 채운 인형이나, 도자기, 나무, 유리, 상아 등으로 된 것들이었다. 선생의 거룩한 모습은 동물들을 이야기할 때 가장 잘 드러났다. "개의 눈에 있는 슬픔은 인간에 대한 연민 때문이라네." 어느 날 선생이 잭에게 알려준 내용이었다.

J. A. 스미스 선생은 베네케 선생보다 키가 컸고 나이도 많은 데다 더 냉정해 보이는 분이셨다. 철학을 가르쳤고 아리스토텔레스의 권위자이기도 했다. 도덕주의자였던 스미스 선생은 자신의 의견을 공공연히 드러내기도 했지만, 철학자로서는 상당히 잔꾀가 많아 직접적으로 논쟁을 벌이지는 않았다. 또한 수년 동안 말의 의미와 역사를 소중히 하는 언어 학자가 되었다. 스미스 선생은 잭의 아버지 앨버트와 같이 남을 즐겁게 하는 이야기꾼이었다. 무엇보다 스미스는 노르웨이 신화를 알고 있었다. 잭은 스미스 선생과 이야기할 기회를 좀처럼 놓치지 않았다. 스미스 선생과 이야기를 하다 보면 아버지 안에 남을 귀찮게 하는 특징들이 다른 사람들을 즐겁게 해 준다는 역설을 확인할 수 있었다.

그외 다른 교수들은 전혀 좋아하지 않았다. 토마스 웰던이 참호에서 싸운 노련한 군인이었음에도 잭은 그 젊은 교수와 마지못해 대화를 할 정도였다. 그가 철학자이며 신앙에 있어 잭과 비슷했음에도, 잭은 그를 굉장히 싫어했다. 토마스는 남을 의심하고, 모든 교리들을 경멸했다. 그런 그가 어느 날 잭을 놀라게 만들었다.

그는 「황금 가지」(Golden Bough)를 예로 들며 이렇게 주장했다. "프래저의 죽어가는 하나님은 잊어버려.", 그렇게까지 잭을 놀라게 한 적은 없었다. "신약성경을 읽어봤는데 말이야, 정말 일어난 일들 같았어"라고 말을 이어가던 웰던은 해명이라도 하려는 듯했다.

"뭐라고! 어떻게 그걸 믿을 수 있어." 잭이 소리쳤다.

"하지만 읽는 내내 그런 생각이 들었어. 한 번뿐이 아니었다네. 알다시피 참선을 했었지만 사람들은 장난 삼아 자신을 희생하지 않아. 하지만 예수를 따르던 사람들은 예수가 부활했다는 것만으로 자신을 희생했어. 또 다른 증거들도 있다고."

잭은 기절할 지경이었다. 기독교는 신화일 뿐인데, 만일 그렇지 않다면? 잭은 G. K. 체스터턴의 「영원한 사람」(Everlasting Man)을 읽은 적이 있고, 그의 주장이 매혹적이라는 사실을 발견했었다. 그리스도는 자신이 주장한 대로 하나님의 아들이거나 완전한 미치광이 둘 중에 하나였다. 하지만 그리스도는 조금도 미친 것처럼 보이지 않았다. 가장 의심이 많은 사람에게도 마찬가지였다.

초조해진 잭은, 그러한 유혹들을 뿌리쳤다. 잭은 '다른 존재'와 꿈들, 신화들로부터 자신을 정화시켰다. 지금 현실 세계를 살고 있지 않은가. 잭은 쓸쓸하게 자신의 몽상에 대해 기록한 어리석은 작품 '다이머'를 기억해 냈다. 얼마나 오랫동안 다이머에 시간을 쏟았던가. 그럼에도 '다이머'는 마치 죽어가는 친구처럼 아무런 열매 없이 잭의 마음에 계속해서 떠올랐다. 바필드마저 멀리 떨어져 있어서 조언을 해줄 수 없었기 때문에, 1926년 2월에 있는 영문학 교수 회의에서 네빌 코그힐에게 물어야만 했다. 거의 변명이라도 하듯이, 잭은 네빌에게 '다이머'를 한 번 봐 달라고 부탁했다.

놀랍게도 코그힐은 '다이머'를 극찬하면서, 잭이야말로 제2의 존 메이스필드라며 창찬을 아끼지 않았다. 잭은 조용히 있을 수가 없었다. "주제들 때문에 이상하지 않으셨어요? 예를 들자면 '지나친 몽상은 인간을 파괴한다' 같은 것들 말이에요."

"전혀, 게다가 단지 그 많은 주제들 중 하나일 뿐이잖아." 눈치를 챈 코그힐이 말했다. "다른 주제에서는 인간 자손들과의 마지막 전투에서 죽음으로 인간들을 구원하고 말이야."

"하지만 그건 기독교와는 아무런 상관이 없어요. 만일 그런 의도셨다면요"라고 잭이 가로막았다. "죽음을 통한 구원은 신화의 일반적인 주제잖아요." 하지만 잭은 더 이상 확신할 수 없었다. 바필드 또한 '다이머'를 좋아했다. 하지만 한 가지 잭이 폴란드어에 서툴다는 불평만은 남겼다.

그후 가장 놀라운 일이 있었다. 코그힐이 잭에게 다른 출판업자를 소개시켜 준 것이다. 4월 1일, J. M. 덴트 앤드 선즈(J.M. Dent and Sons)에서 '다이머'를 받아들였다. 이런 짐을 벗어버리고 앞으로 나아갈 수 있다는 것이 잭에게 얼마나 큰 위안이었는지 모른다. 이제 다른 일들에 집중할 수 있게 되었다.

5월 11일, 잭은 영문학 교육 과정을 다루는 영문학 연구 교수들의 모임에 참석했다. 처음에 혼란스럽기만 하고 전혀 희망이 없어 보였던 모임은 결국 언어를 강조하기 원하는 사람들과 문학을 강조하기 원하는 사람들의 분쟁이 되고 말았다. 모임이 끝난 후, 30대 중반인 창백한 얼굴에 깡마른 한 연구원이 잭을 몰아붙였다. 그는 "언어야말로 가장 중요한 것이에요"라고 주장했다. "영문학은 역사를 연구하는 것이 아니라 언어를 연구하는 것입니다. 처음부터 말이에요."

하지만 문학적인 면을 강조하기를 원하는 잭은 이렇게 반격했다. "교수님 말씀은 꼭 모두가 아이슬란드어를 배워야 하는 것처럼 들리는데요?"

"물론이죠"라고 교수가 대답했다.

"이런 세상에!" 잭은 눈을 번쩍이며 엑세터대학의 고대 영문학 교수인 J. R. R. 톨킨에게 화를 냈다. 잭도 인정하는 명석한 톨킨이었지만, 분명 기를 눌러줘야만 했다. 하지만 톨킨에 대해 알아가면서, 잭은 이 사람이 거의 100% 잘못되어 있다는 사실에 대해 더 이상 이상히 여길 필요가 없었다. 톨킨 역시 기독교인이었고, 분명 자신의 믿음대로 행하고 있었다. 잭은 자신이 애써 쌓아올린 현실주의적 인생관을 지켜야만 한다고 자신에게 조심스럽게 경고했다. 한편 잭은 박애주의자였던 한나 모어에 대한 책을 읽고 있었다. 철저한 박애주의에서 시작한 그녀였지만, 결국 사무엘 존슨이나 아마도 웨슬리 같은 사람들에게 깊이 빠져들었던 것 같았다. 결국 이 불쌍한 여인은 기독교의 함정에 빠져들고 말았다. 그렇다, 잭 자신도 조심해야만 했다.

7월, 잭은 자신이 모리스의 「세상 끝에 있는 우물」(The Well at

the World's End)을 읽고 있는 사실을 발견했다. "바로 이거야!"라며 잭은 머리를 흔들었다. "그 짧은 순간 오래된 '기쁨'을 자극했던 거야. 그 기쁨으로 뭔가 차원이 다른 것을 엿본 만족을 얻은 거야."

왜 그런 일을 했던 것일까? 그러한 것들로부터 자신을 지키지 않았던가? 이것은 자신이 새로이 발견한 합리주의나 인도주의, 혹은 잭이 무엇이라고 부르든, 그러한 것과는 맞지가 않았다. 사실 잭의 지적인 상태가 완전히 혼란 그 자체였다. 잭은 온갖 사상들이 뒤섞여 있는 우리를 지나며 자신을 그것들로 채워왔다. 하지만 이제는 자신과 맞지 않는 사상들인 것처럼 보였다. 잭은 바필드의 인지학 일부와 새로운 정신 분석학 일부, 커크의 합리주의 대부분, 예이츠의 동화 세상, 그리고 아서의 '북녘 세계'(Northerness)를 맛본 것이다. "이제 나 자신의 합리주의마저도 흔들리고 있다니…." 잭은 자신의 혼란스러운 머리를 흔들었다. "바필드의 그 무리들이 떠나간 건 잘된 일이야!"

그런 혼란의 씨를 심고 간 것은 다름 아닌 오웬 바필드였다. 초자연적인 영향 없이는 인간에게 지식의 만족할 만한 설명이란 불가능하다는 무서운 개념이었다. 지식이란 이성의 타당성에 의존한다. "우주가 우연히 만들어졌다고 주장하는 신자연주의자들은 머리에 뭔가 마구잡이 것들로 가득하다"라고 바필드는 주장했다. 그러한 무작위적인 과정들은 타당한 이성이 될 수 없었다. 머리에서 일어나는 이러한 무작위적인 전기적 과정이 근거나 지식을 만들어 낸다는 말을 어떻게 사람들이 믿을 수 있단 말인가? 그럼에도 거의 모든 사람들이 이러한 이성이나 지식이 사실이라고 믿고 있었다.

"그렇다면 이러한 이성들의 근거는 무엇인가?" 잭은 자신에게 반문했다. "다시 한 번 영적인 것들로 돌아왔군." 잭은 이를 갈았다. "바필드!"

잭의 위대한 사랑, 문학마저도 잭을 괴롭게 했다. 왜 자신이 조지 맥도날드의 작품을 그리도 기뻐했던가? 맥도날드는 심지어 일류 작가도 아니지 않았던가. 강력한 이야기를 받아들였던 필딩처럼, 맥도날드의 경우에도, 신화와 같은 이야기로 좋지 못한 글들을 극복했었다. 그 다음은 체스터턴이나 사무엘 존슨, 스펜서, 밀턴, 번연과 같은 일류 작가들이 있었다. 그들의 작품들은 깊고 풍부했으며, 일상의 삶에 대해 너무도 진실된 것들이었다. 그들은 이성과 온전한 정신의 이상에 있어 높이 솟은 탑과 같은 존재들이었다. 게다가 그들은 기독교인들이었다! 왜 잭 스스로가 「십자가에 관한 꿈」에 감명을 받았던가? 단테, 랭런드, 존 던, 그리고 조지 허버트, 이들 모두가 기독교인들이지 않았던가?

그리고 위대한 인도주의자들 대부분이 무신론자들이지 않은가? 조지 버나드 쇼, H. G. 웰즈, 존 스튜어트 밀, 기번, 그리고 볼테르…. 왜 그들의 작품은 그리도 가볍고, 빈약하고, 일상의 삶을 거부하고 있을까?

"이런, 내 문제는 그 이상이잖아!"라며 잭은 괴로워했다. 얼마 전 잭은 자신이 쓴 '다이머'를 들여다보았다. 여전히 환상을 거부하고, 경멸하고 있었다!

친구들은 어떠한가? 가장 친하고, 가장 명석한 친구들이 모두 기독교인들이거나, 적어도 유신론자가 아니던가? 바필드, 하우드, 코그힐, 로렌스 존슨에 심지어 응석받이 아서까지.

모들린 교수진들 중 잭이 함께 식사하기를 간절히 원하는 사람들은 어떠한가? 베네케 그리고 J. A. 스미스, 이들 역시 기독교인들이었다.

1926년 9월 「다이머」가 출판되었다. 잭은 다시 한 번 클라이브 해밀턴이라는 가명을 사용했다. 비평은 좋았지만, 잘 팔리지는 않았다. '시집이란 것이 다 그렇지 뭐'라며 잭은 자신을 위안했다. 이러한 문학들에 대한 대중들의 이해마저 자신의 책임인가? 몇몇 시인은 수백 년이 흐른 후에야 재발견되고 대중의 사랑을 받지 않았던가. 윌리엄 블레이크나 존 던처럼 말이다. 마음은 아팠지만, 「다이머」가 일류 작품이라고 주장할 수 있는지는 확실치 않았다. 자신보다는 웰던과 같은 냉소가에게 더 맞는 것 같았다.

잭이 만든 다른 낭송시들은 자신에게 더 많은 혼돈을 가져다줄 뿐이었다. 계속해야 할 것인가, 말 것인가? 시간이 없었다. 잭은 그것을 브리스틀대학에서 1918년에 시작했다. 1920년 '황야의 사냥꾼'이란 제목으로 이어졌다. 1924년 잭에게 계속해서 떠올라 다시금 개정하게 만들었다. 이제 '드림의 제왕' 이라고 불렸다.

"콜비타(Kolbitars)로 오지 그러나, 잭."

C. T. 어니언즈가 말했다. 1926년 말이었다.

"수상하리만큼 노르웨이어처럼 들리는데."

잭이 용기를 내어 말했다.

"아이슬란드어로 '석탄 무는 사람' 이란 뜻이라네. 벽난로의 석탄을 깨물을 수 있을 정도로 가까이 앉아있는 사람들을 뜻하는 말인데 톨킨이 지어낸 말이지."

"톨킨." 잭은 콧소리를 내더니, 머리를 흔들었다.

"우리는 아이슬란드 영웅담을 원어로 읽고 있지." 어니언즈가 말을 이었다. "조지 고든과 네빌 코그힐, 그리고 나도 함께하고 있다네."

"코그힐에 자네까지?"

그들이 어떻게 영웅담을 이야기하는지 어니언즈가 설명해 준 대로, 배우는 과정은 완벽하리만큼 커크 선생 방식이었다. 잭도 그러한 과정을 밟으며 자라나지 않았던가. 하지만 아이슬란드어라니….

잭이 머뭇거리는 모습을 지켜본 어니언즈는 소리 없이 웃으며 말했다. "노르웨이 전설이 그리스 전설보다 훨씬 신나기 때문일세."

"어떻게 그럴 수 있지?"라고 잭이 물었다.

"그들의 신들은 영웅이지만 죽었거든."

"그렇다면 왜 답답한 교수들 말고는 아는 사람이 없는 거지?" 잭은 그 차이를 알고 싶었다. 잭은 그 해답을 알고 있었다. 게다가 그 창백한 얼굴에 깡마른 톨킨이 배후에 있지 않은가.

"노르웨이에는 호머와 같은 시인이 없었고 그들의 이야기가 빈약한 시였기 때문이라네."

"한 번 생각해 보지."

그렇게 하기라도 하겠다는 듯이 잭이 말했다.

독일어와 고전 영어를 알고 있던 잭이기 때문에 분명 아이슬란드어도 쉽게 배울 수 있을 것이었다. 노르웨이 신화를 원어로 읽는다니! 진정한 북녘의 것이지 않은가! 분명히 뿌리칠 수 없는 유혹이었다. 하지만 그것이 자신의 합리주의를 위험하게 만들지는 않을까? 분명 이것은 '기쁨'을 탐닉하는 것이 아닌, 학문을 추구하기 위한 것임에 틀림없다. 그럼에도 불구하고, 혼란스럽고 비참한 합리주의의 상태를 생각하면 안타까운 일이었다.

그해 성탄절에 잭과 워니는 함께 리틀 리를 찾았다. 함께한 시간들은 평화로이 지나갔다. 누가 변한 것인가? 앨버트? 아니면 아들들? 앨버트는 좋아 보이지 않았다. 앨버트에 대해 뒤에서 했던 말들에 상처를 입고 형제들에게 관심을 잃고 말았던 것이다. 게다가 잭은 내내 마음속에 콜비타가 맴돌았다. 마치 자신이 지금까지 충분히 책을 읽지 못한 것만 같았다. 잭은 벽난로의 그 불타는 석탄의 유혹을 더 이상 뿌리치지 못할 것만 같았다.

여덟

    옥스포드로 돌아왔을 때, 잭은 자신의 감정들을 1922년 이후 간간이 써온 일기장에 기록했다. 잭이 '일기'를 쓰겠다고 결심했을 당시에는 아버지와 함께 리틀 리를 떠날 때였고 너무 제한된 내용들뿐이었다.

> 굉장히 행복한 기분이다. 다시 집에 오게 됐다는 기쁨이란! 뭔가 멋진 일에 참여하게 될 것이라는 막연한 느낌이 내게 첫 서리의 신선함을 주고 있다. 뿐만 아니라 마치 봄이라도 된 것처럼 새들이 지저귀고 있다.[1]

    무어 부인의 건강 상태가 좋지 못했다. 55세인 부인은 눈이 나빠지고 있었고, 자주 두통과 류머티즘으로 인한 통증이 찾아왔다. 머린은 사춘기가 막 지나가기는 했지만 엄마와 싸우기 일쑤였고, 잭을 중재자로 끌어들였다. 결국 둘 다 잭과 행복하지 못했다. 그것만으로도 충분하지 않았던지, 도티 보한까지도 못살게 굴었다. 도티는 머린과 함께 헤딩턴학교에 다녔다. 난폭하고, 망아지 같은 어린 도티는 머린보다 10배는 더 시끄럽고, 다루기 힘들었으며, 무어 부인을 더 심각한 상태로 만들어 놓았다. 도티가 점점 더 큰 소풍을 하게 해달라고 졸라댔고, 그러면 무어 부인은 그렇게 하도록 내버려 두었다. 도티는 무어 부인만큼이나 열정적이었고, 사치스러운 데다 인색하지 않았고, 손님 대접하기를 좋아했기 때문이었다.

"게다가 말이야, 우리집 강아지 팝워스 선생을 매일같이 산책을 시켜야 한다네"라고 잭이 불평을 늘어놓았다.

모든 불평을 뒤로 하고, 옥스포드로 돌아오는 것이 잭에게는 큰 기쁨이었다. 잭은 열심히 콜비타에 참여했다. 1월 28일 잭은 J. A. 스미스의 아이슬란드어 독본(Icelandic Reader)을 빌렸다. 곧 잭은 「신 에다」(Young Edda)의 첫 번째 장을 파고들었다. 아이슬란드어에 '신'과 '거인'이란 말들은 잭에게 오래된 전율과 15년 전의 광활한 북녘의 하늘들과 와그너 음악을 떠올리게 했다. 기억들은 유쾌할 정도로 감동적이었다. 처음에 그리도 사랑했던 작품들을 원어로 읽게 될 수 있다는 것을 믿을 수 없을 지경이었다. "순전히 학문을 위한 것이라니 정말 멋지지 뭐야"라며 자신을 확신시켰다.

1927년 봄, 잭은 오웬 바필드, 세실 하우드, 그리고 워프 필드와 함께 윌트셔에서 버크셔 다운스까지 도보 여행을 떠났다. 10kg짜리 등짐을 지고 다들 힘차게 걸었다. 매일의 목표는 여관에 도착해서 멋진 저녁 식사를 하는 것이었다. 조금도 호사스러운 여행이 아니었다. 아니 정반대였다. 삶은 소고기와 나무통에 저장했던 쓴 맥주가 전부였다. 최고의 여인숙은 왁스 칠을 한 나무 테이블이 있는 곳이었다. 추운 날에는 나무 장작이 필요했다. 천천히 걸으며, 다들 야외의 공기를 마셨다. 물론 다들 농담에 논쟁까지 벌였다. 그곳은 진정으로 잭이 원하는 대로 할 수 있는 곳이었다. 물론 세 명의 인지학자들의 거센 반격을 받아야만 했다!

잭은 무어 부인에게 넷을 이렇게 설명했다. "저는 혼자 고집스럽게 자기 주장을 하는 사람이에요. 오웬 바필드는 지성이 좀 부족하고 복잡해요. 워프는 그레이하운드만큼이나 예민하죠. 세실은 그냥 세실 그 자체에요. 정말 조용하거든요."

도보 여행은 잭과 친구들의 연중행사가 되었다. 1928년 같은 친구들이 옥스포드 서쪽 코츠월드를 지나 계속 걸었다. 우정이란 정말 즐거운 것이었다.

잭이 그리도 열심히 갈구했던 특권이 주어진 삶은 자신의 세상을 넓혀 주었지만, 달갑지 않은 의무 또한 따라왔다. 잭이 개인 교수를 맡은 학생들은 불가피하게 낙제를 받아야만 할 것처럼 보였다. 잭에게는 기독교적인 자비심이란 것이 없었기 때문에, 학생들을 '바보들'이나 '등신들'이라고 부르는 데 전혀 죄책감을 느끼지 않았다. 물론 잭의 일기장에는 더 심한 말들로 기록되어 있었다. 지나치게 자신만만해 하는 한 학생이 특히 잭의 화를 돋웠다. 바로 존 베츠먼이었다. 한 번은 개인 교수 시간에 화려한 침실용 슬리퍼를 신고 나타났다. "신경 쓰지 않으셨으면 합니다." 전혀 공손하지 않은 태도였다.

"내가 그런 것을 신었다면 분명 문제가 되겠지"라고 잭은 노엽게 말했다. "하지만 자네가 그런다면 상관없네." 결국, 베츠먼이 포기했고 학위를 받지 못하고 옥스포드를 떠났다.

하지만 그 당시, 교수진 또한 학생들만큼이나 잭을 못살게 굴었다. 영어 교육 과정에서 언어적 측면과 문학적인 측면을 강조하는 세력 간의 싸움은 계속되고 있었다. 그럼에도 잭은 J. R. R. 톨킨에 대한 마음만은 바꾸고 있었다. 사실 톨킨을 좋아하기 시작했지만, 결국 자신의 걱정을 심각하게 할 뿐이었다. 톨킨은 매우 유능한 사람이었다. 언어가 강조된다면 영어 교육 과정에서 중요한 자리를 차지하게 될 것이 분명했다.

이 모든 불화를 잠식시키는 소식이 들려왔다. 1928년 11월 모들린 대학 학장이 퇴임한다는 소식이었다. 그런데 모든 교수들이 지지했던 호가드가 갑자기 숨을 거두었다. 자신의 주장을 앞세우기 위해 냉소적인 교수 웰던은 첼름스퍼드를 내세웠다. 다른 교수들은 폴 베네케를 지지했다. 그는 기독교인이었음에도 잭이 존경하는 고전 학자였다. 선거 운동은 추해져 갔다.

잭은 바필드에게 다음과 같은 편지를 보냈다.

이 대학은 추한 것들이 사는 더럽고 악쉬나는 시궁창이 되고 말았네. 인간의 탈을 쓰고 서로를 밟고 올라서는가 하면 뒤통수를 치고, 자신의 주장 외에는 다른 것들을 모두 무시하고 심지어 자기들끼리 그러기도 한다네. 속이고, 배움을 위해 다른 것을 신경쓰지 않고, 필사적으로 야욕만 채우려 하고, 거짓된 친구들에, 구석에서 소곤거리고 신호를 보내 덫을 놓고, 뻔뻔스러운 행동까지…. 우리처럼 순수의 시대를 사는 사람들을 늘 제외시킨다네.[2]

기독교인이 말하는 '순수의 시대'를 이해할 수가 없었지만 선거 운동을 추하게 만든 것은 젊은 교수들이라는 것을 잭은 잘 알고 있었다. 47세의 조지 고든 교수가 후임 학장으로 선출되었을 때, 잭은 그 선택으로 인해 기뻤다. 모든 좋은 사람들은 나이가 많고 한 길만을 고수한다는 생각이 들었다. 잭은 그러한 합리주의자들 중 혼자서 남아 있기를 원하지는 않았다.

"그러나 거기에 다시 가겠어요."

그가 무어 부인에게 소리쳤다.

"기독교인들이 물러가기를 바래야 하지 않는가? 나 같은 합리주의자들이 자리 잡기를 바래야 하지 않는가?"

"내일 응접실에 있는 가구를 좀 옮겨 줄 수 있겠니?" 무어 부인이 말했다.

왜 고대 세상은 문명화 된 것처럼 보이고 현대는 미개해 보이는 것일까? 잭은 자신의 내면에 있는 전쟁을 절대 끝낼 수 없었다. 무엇보다, 잭 자신이 커크 선생과 같은 변증가가 아니던가. 중요한 것은 더 이상 잭이 유물론이나 합리주의를 믿지 않는다는 것이었다. 그러한 것들로는 도저히 인간의 존재를 설명할 수 없었다. 인간의 논리적 소유라는 것이 우주적인 논리를 요구하지만, 여전히 '하나님'이라는 논리는 설명할 수가 없었다. 잭이 철학을 연구하면 할수록 더욱더 놀라게 될 뿐이었다.

"으으으으으!" 잭은 턱을 악물고 소리를 질렀다. "철학자들과 그들의 결론들 중, 오직 버클리의 '하나님'만이 내 새로운 사상에 들어맞아. 하지만 나는 하나님을 받아들이지 않아."

그러한 목적으로 책을 읽지는 않지만, 잭이 읽는 대부분의 것들은 초자연적인 영향에 대한 새로운 의심을 드러내고 있었다. 점점 더 많은 위대한 사색가들이 초자연적인 힘을 뒷받침해 주었다. 에우리피데스의 「히폴리투스」(Hippolytus)는 자신의 마지막 남은 합리주의를 멸망시켰다. 억제하는 감정과 영은 어리석은 것이다. 잭은 다시 한 번 자신을 오싹하게 만들 다른 세상을 갈망했다. 사무엘 알렉산더의 「공간, 시간, 그리고 신성」(Space, Time, and Deity)은 잭으로 하여금 '기쁨'이란 것이 자신이 계획할 수 있는 것이 아님을 확신시켜 주었다. 차라리 기쁨이 지나간 후 마음에 남겨진 흔적이었다. '기쁨이 지나간 자리'는 잭이 완전한 실체, 즉 절대적인 존재와의 재결합을 갈망할 때 오는 가장 청결한 의식의 짧은 순간이었다.

"그게 무엇이든 간에, 분명 하나님은 아니야." 잭이 불쾌한 듯 그러한 생각들을 반대했다.

매일 밤, 모들린에 있는 자신의 숙소에서, 잭은 절대적인 존재의 실체를 부인했다. 그러던 중 1929년 봄, 어느 날 잭이 옥스포드에서 버스를 타고 있을 때였다. 갑자기 어떠한 말이나 아무런 형상도 없이, 잭은 자신이 궁지에 몰려 있다고 느꼈다. 그런 다음 잭은 오도가도 못하게 된 자신을 발견했다. 선택을 피할 수 없었고 여전히 차갑고 무한했다. 자신이 떨어지든 안 떨어지든 둘 중 하나였다. 마음속에서 한 형상이 만들어졌다. 자신이나 그 누구도 통과할 수 없는 그런 눈사람이었다. 그런 다음 자신이 녹아내렸다. 한 방울 한 방울에서 이젠 물이 되어 흘러내렸다. 결국 자아가 완전히 분해되고 말았다. 잭은 믿었다. 그 절대 존재는 다름 아닌 영이었다. 그 영은 곧 하나님이었다. 결국 잭 루이스가 유신론자가 된 것이다.

"두 손 들었습니다. 하나님은 하나님이시라는 것을 인정합니다."

잭은 자신을 '영국에서 가장 빈약하고 마지못해 믿게 된 사람'이라고 표현하며 오웬 바필드에게 편지를 썼다.

> 내게 끔찍한 일이 벌어지고 있네. 나를 놀라게 하던 그 '영'이란 것이

점점 더 개인적으로 변해서는 이젠 공격적으로 자신이 하나님인 것처럼 행세를 하네. 월요일에 오지 않으면 내가 수도원에 들어가게 될지도 모르네.[5]

8월 잭은 리차드 삼촌으로부터 날아든 편지를 뜯었다. 삼촌은 스코틀랜드에 살고 있었지만 휴가차 벨파스트에 머물고 있었다. 앨버트가 심한 복통으로 쓰러졌고, 병원에서 엑스레이 검사를 받았다는 내용이었다. 그것이 무엇을 의미하는지 잭에게 아무것도 설명할 필요가 없었다. 어머니를 앗아갔던 위암이 이번에는 아버지 차례라고 하는 것일까? 편지를 받은 즉시 잭은 리틀 리로 떠났다.

벨파스트에서 의사가 잭을 진정시켰다. "아버지의 장기에 있는 것이 다행히 암은 아니라네."

잭은 리틀 리에서 아버지와 함께 머물렀다. 무어 부인의 동생이 죽어갔을 때 감돌았던 공포가 잭을 덮쳤다. 단지 그때와는 상황이 다를 뿐이었다. 앨버트가 심한 통증으로 고통스러워했지만, 정신만은 멀쩡했다. 하지만 잭에게는 집 안의 모든 방들이 어린 시절에 겪은 악몽들로 가득해 보였다. 아버지의 신음 소리, 지옥 같은 학교로 돌아가던 일들, 가슴이 무너져내릴 것 같던 어머니의 죽음. 9월, 앨버트는 다시 병원으로 실려갔다.

의사는 후회하고 있었다. "암일세. 수술을 해야만 하네."

앨버트는 병원에서 회복하던 중, 68세의 나이로 숨을 거두었다. 잭은 중국에 있던 워니에게 10월 27일 편지를 썼다.

> 난 항상 사람들이 죽은 시람들에 대해 살아 있을 때와는 다르게 감상적이거나 심지어 위선적인 모습을 보인다며 비판해 왔어. 하지만 이제는 그것이 지극히 정상적인 모습임을 알게 됐어. 장례식을 준비하는 동안 수도 없이 아버지에게 들려주기 위해 지난 일들을 적고 있는 나 자신을 발견하게 된 거야. 유쾌하고 멋진 농담 같은 일이 있었어. 아버지가 돌아가시기 사흘 전쯤 간호사들이 아버지께 "아드님이 아버지만큼이나 염세주의자이지 뭐예요"라고 하는 거야. 그랬더니 아버지께서 "아마 딸이 여럿 있는 게지요"라고 받아치시지 뭐야. 시간이 지날수록 아버지에 대해 떠오르는 것은 정말 멋진 분이셨다는 것뿐이었어. "사무엘 존슨이 죽었으니 나도 그 뒤를 따르리"라는 말을 기억해? 체구도 크지 않으셨던 분이 어떻게 방을 가득 채우셨었는지. 우리가 리틀 리로 돌아가는 것을 얼마나 즐거워 했고 또 한때는 얼마나 싫어했는지를 우리의 모든 것들이 직간접적으로 보여주고 있잖아. 뿐만 아니라 그렇게 싫어하던 것들까지도 우리가 얼마나 즐거워 했는지도…. 이제 이 땅에서 일요일 정오에도 뭐든 하고 싶은 것이면 다 할 수 있게 됐지만, 결국 그러한 것도 슬픈 일이 되어버렸어.[4]

워니가 중국에서 돌아오는 대로 잭과 워니는 함께 리틀 리를 처분하는 것에 대해 의논을 해야 했지만, 믿겨지지가 않았다. 하지만 그들에게 다른 선택이 있겠는가? 잭은 옥스포드에 몸이 묶여 있었고 워니는 15년 동안 군생활을 해오지 않았던가? 아일랜드에서 전역을 한다고 해도 몇 년 후의 일이었다. 이 모든 슬픈 일들에 있어 유일하게 찾아온 유익이란 잭과 아서의 화해뿐이었다. 잭이 옥스포드로 돌아간 후, 둘의 편지 왕래가 다시 시작되었다. 심지어 10월에는 잭과 무어 부인이 아서의 집인 베르나에서 손님으로 지내기까지 했다.

1929년 크리스마스부터 잭은 톨킨과의 모임을 정기적으로 갖기 시작했다. 잭은 톨킨을 '톨러'(Tollers)라고 불렀다. 모임은 보통 월요일 오전 모들린에 있는 잭의 숙소에서 이뤄졌다. 놀랍게도, 톨킨은 잭의 신임을 완전히 얻어, 심지어 톨킨이 교육 과정 바꾸는 일을 잭이 도와주기까지 했다. 고전 영어와 중세 영어가 빅토리아 여왕 시대 문학을 통하여 확장하게 된 것이다. 영문학 연구는 1821년 키에트(Keat)의 죽음과 함께 멈춰졌었다.

"원한다면 근대 저자들을 연구해도 괜찮네"라고 잭은 제자들에게 말하곤 했다. "하지만 그러한 내용 때문에 내가 시간을 내서 함께 이야기를 나눠 줄 수 있을지는 잘 모르겠네."

잭이 톨킨과의 우정을 즐기기는 했지만, 잭은 바필드와 같은 그런 변증가는 아니었다. 지나치게 열정적이었던 톨킨은 화를 내곤 했는데, 그것이 톨킨에게는 치명적인 약점이기도 했다. 분명한 것은, 동료에 대한 잭의 엄격한 기준이 부드러워 졌다는 것이다. 그렇지 않다면 톨킨과의 우정이 깊어지지 못했을 것이 분명했다. 잭은 아서에게 그러한 기준을 적용시킨 적이 없었고, 톨킨에게도 마찬가지였으며, 천재적인 요소를 추가할 뿐이었다.

톨킨은 잭에게 자신이 노르웨이 신화와 조지 맥도날드, 윌리엄 모리스와 같은 현대 신화 작가들의 영향을 받았을 뿐만 아니라 영국을 위한 신화를 쓰고 있다고 이야기해 주었다. 하지만 톨킨의 작품 '실마릴리온'(Silmarillion)의 시각을 깨닫기 시작하면서, 잭은 놀라지 않을 수 없었다. 톨킨은 광대한 고대 세상을 창조해 내고 있었다. 바로 중간계(Middle Earth)라고 하는 것이었다. 그것은 외계도 아닌 우리가 사는 세상의 이전 모습이었다. 머나먼 옛날, 그곳에는 요정들과 난쟁이들, 그리고 사악한 괴물들로 가득했다. 요정들이 만들어낸 3개의 위대한 보석이 바로 '실마릴리'(Silmarilli)였다. 이 보석들을 사악한 모르고스(Morgoth)에게 도둑을 맞게 된다. 그후 이 보석들을 되찾기 위한 수많은 전쟁들이 계속된다. 톨킨은 요정들을 위한 두 개의 언어를 만들어 낸다. 퀘냐(Quenya)와 신다린(Sindarin)이었다. 수많은 단어들로 만들어진 언어로, 언어의 뿌리로부터 매우 세심하게 만들어졌다.

"하지만 그리스도는 어디 간 거야?"

잭이 장난이라도 치듯이 물었다.

"내 이야기에서는 절대자가 바로 삼위일체 하나님이야. 내 이야기 속의 세상을 수호하는 '발라'(Valar)는 천사와 같은 존재지. 이야기 속에서는 딱 한 번 절대자에게 자신의 힘을 포기한다네. 삼위일체 혹은 '절대자'는 고대 세상을 다스리는 존재지만, 절대 보이지는 않아. 이 이야기가 오래되고 이상하게 느껴지겠지만, 절대 거짓말은 아니라네."

잭 자신의 세상 또한 확장되고 변화하고 있었다. 톨스토이의 「전쟁과 평화」를 읽는 동안 잭은 놀라지 않을 수 없었다. 잭은 항상 소설이란 낭송시보다 급이 낮다고 여겼지만 천재 작가 톨스토이의 작품은 잭에게 이야기뿐만 아니라 전쟁 자체까지 느끼게 해주었다.

"거의 완벽에 가까워." 잭은 칭찬을 아끼지 않았다. "뿐만 아니라 수많은 언어들로 가득 차 있어!"

자신의 작품에 대해 잭은 오랫동안 힘들게 고민하며, 산문시가 어떨지 생각하고 있었다. 한때 출판되어 문학적으로 크게 성공만 한다면 무엇이든 하겠다고 한 적이 있었지만, 이제는 아니었다. 거짓 되이 하지 않을 것이었다. 잭은 이러한 모습들이 하나님 안에서 새로이 발견한 신앙 때문이라고 여겼다.

1930년 4월, 워니가 중국에서 돌아왔다. 둘은 리틀 리에 있는 모든 것들을 일일이 확인하기 시작했다. 추억들 때문에 둘은 숨이 막힐 정도의 공포를 느꼈다. 그들은 간직하기 원하는 것들을 방 하나에 몰아넣었다. 어린 시절 가지고 놀던 장난감들은 뒷뜰에 묻었다. 나머지 것들은 내다 버리거나, 남에게 주거나, 경매에 붙이기도 했다. 워니는 혼자 영국으로 가서 아버지가 남기고 간 문서들과 서류들을 정리했다. 무어 부인이 항상 워니와 함께 살기를 원했던 것을 알고 있던 잭은 워니를 다시 집에 초대했다.

"몇 년 후면 군복을 벗을 거잖아"라며 잭은 이유를 달았다. "우리와 함께 사는 것보다 더 좋은 대안이 있으면 말해 보라구. 리틀 리를 팔아서 옥스포드에 집을 장만하면 되잖아."

워니도 동의했다.

후에 리틀 리에서 잭이 뭔가 읽는 모습을 보게 된 워니는 숨이라도 멎을 듯이 그 자리에 멈춰 섰다. "아니 분노에 가득 차서 「굴레에 매인 영혼들」을 쓴 네가 성경을 읽는 거야?"

"헬라어 신약성경, 요한복음이야." 잭이 싱긋 웃어보였다.

"요한복음이라니!" 워니는 믿을 수 없다는 듯이 입이 벌어져 있었다.

"한동안 다른 것들은 못 읽을 거야, 분명히." 큰 의미 없이 한 말이었다.

워니가 눈을 껌벅이고 있었다. 어떻게 잭이 진심으로 성경을 읽을 수 있게 됐단 말인가? 하지만 워니는 더 이상 캐묻지 않았다. 워니는 그렇게 교양 있는 사람이 되어 있었다.

옥스포드에 돌아온 후, 잭은 무어 부인과 함께 집을 구하러 다니기 시작했다. 물론 모들린대학으로 가기 위해 차와 행인들이 북적거리는 마을을 지나가며 땀을 흘리는 일은 없어야 했기 때문에 당연히 옥스포드 동쪽이어야만 했다. 7월, 셧오버 언덕 북쪽 아래 평지를 따라 옥스포드에서 동쪽으로 6km 정도 떨어진 집을 확인하러 갔다.

"이런 세상에!" 겨우 두세 번 차가 지나간 듯한 길을 차로 지나며 잭이 소리쳤다. 차는 더욱더 사람의 흔적이 없는 길로 접어들었다. "계속 가야 하는 거 맞아요?"

"사생활을 생각해 봐"라고 무어 부인이 충고했지만, 호기심에 부인도 어쩔 수가 없는 듯 이렇게 말했다. "여기까지 왔으니 한 번 보기라도 해야지."

"저 나무들 사이에 보이는 게 커다란 가마 맞아요? 상당히 오래되어 보이는데요?"

"겨우 8년밖에 안 된 집이야."

잭 일행은 정원으로 들어가서는 집 뒤쪽으로 향했다. 집은 빨간 벽돌에 진흙 기와가 올려져 있었고 2층에는 지붕창이 달려 있어서 지금까지 살던 집보다 훨씬 커 보였다. 차에서 내려 뒷문을 통해 집 안으로 들어갔다. 1층은 두 개의 거실과 두 개의 침실, 그리고 부엌과 식료품 창고, 그리고 하인들을 위한 방이 있었다. 2층에는 세 개의 침실이 있었다. 전기는 발전기를 통해 공급됐다. 뜨거운 물은 부엌의 난로를 거쳐 데워졌다.

"이 집을 꼭 사야 해." 무어 부인이 잭에게 속삭였다.

"다른 집도 봐야 하지 않을까요?" 잭이 정문으로 나가며 투덜거렸다. 그러던 잭이 놀라 멈춰 섰다. 집 앞에 펼쳐진 전경에 숨이 멎을 지경이었다.

"대지가 셧오버 언덕까지 이어져서 전나무 지대까지 뻗어 있어요." 그곳까지 안내한 사람에게 잭이 말했다. "족히 300평 정도는 될 것 같아요."

"믿기지가 않아! 셧오버 언덕까지라니!" 잭은 사실이라고 믿어지지 않을 만큼 좋았다. 셧오버 언덕 아래로 이어진 숲 말고도, 대지에는 넓다란 잔디밭과 테니스 코트, 초록색 집, 작업장, 그리고 두 개의 거대한 벽돌 가마, 그리고 커다란 연못이 있었다.

"꼭 이 집을 사야 해요."

이번에는 잭이 무어 부인에게 속삭였다.

다음 날 잭은 워니를 데려왔고, 워니 또한 믿지 못하겠다는 듯이 눈을 껌벅일 뿐이었다.

"옥스포드에서 이렇게 가까이에 우리가 원하는 것보다 3배나 넓은 집이 있을 거라고 어디 생각이라도 했겠어?"

형제는 즉시 각자 개인 생활과 연구가 보장될 수 있도록 두 개의 방을 더 만드는 데 필요한 비용을 계산했다.

그들은 결국 집을 구입했다. 모든 행정적인 절차들은 오웬 바필드가 맡아 처리해 주었다. 오웬에게 문학은 이미 취미가 되어 있었기 때문이다. 무어 부인이 집 값의 반을 내고 공식적인 집 주인이 되었다. 루이스 형제가 나머지 반을 냈다. 두 형제가 살아있는 동안 그곳에 머물 수 있도록 하고 마지막에 머린의 소유가 되도록 했다.

항상 그러했듯이, 기쁨 뒤에 슬픈 일이 있었다. 사촌인 루스 해밀턴으로부터 가슴이 찢어지는 듯한 내용의 편지가 날아왔다. 루스의 어머니, 즉 잭이 그리도 사랑하던 고모 애니가 64세의 나이에 암으로 세상을 떠났다는 내용이었다. "엄마는 정말 살고 싶어하셨어"라고 루스는 편지에 슬픔을 담고 있었다. 암이 잭의 어머니와 아버지, 그리고 가장 사랑하는 고모까지 앗아가 버린 것이다.

워니에게도 힘겨운 일이었다. "네 사람이 죽는다고 해도 애니 고모를 잃은 것만큼 슬프지는 않을 거야. 이젠 리틀 리가 완전히 죽음으로 잊혀져 버리는 것 같아." 잭마저도 워니가 애니 고모를 그렇게 좋아하고 있는 줄은 모르고 있었다. 그리도 가까운 형제지만 아직도 많은 것이 서로에게 감춰져 있었다.

10월, 워니를 제외한 나머지 식구들이 빨간 벽돌 집으로 들어갔다. 물론 잭은 대부분의 시간을 모들린에서 지내야만 했다. 모두들 집을 '킬른'(Kilns, 가마집)이라고 불렀다. 같은 달, 잭은 결국 하나님께 백기를 흔들고는 매일 아침에 열리는 대학 교회의 예배에 참석하기 시작했다.

어느 날 저녁 식사 시간, 무어 부인이 킬른으로 이어지는 길을 넓히자고 제안했다. "하지만 그럴려면 저 사랑스러운 은색 자작나무들을 잘라내야만 하잖아요?" 잠시 휴가를 나온 워니는 반대하는 듯했다.

워니는 잭의 지지를 바라며 쳐다보았지만, 잭은 아무런 말도 하지 않았다. 잔뜩 화가 났던 워니는 나중에 그 이야기를 다시 꺼내며 어떻게 그 사랑스러운 나무들을 잘라 버리도록 내버려 둘 수 있냐고 잭에게 따졌다.

잭은 웃으며 말했다. "이젠 말이야 형, 무어 부인이나 머린이 집안일에 대해 제안하는 것에 대해 반대하려고 하는 그런 유혹을 떨쳐 버려야 해. 십중필구는 누 번 다시 거론되지 않는단 말이야."

형제는 1월 둘만의 도보 여행을 떠났고 와이 계곡을 따라 80km를 걸었다. 아서에게 아무리 춥거나 안개가 끼거나 비가 와도 산책을 즐길 수 있어야 한다고 배운 잭으로부터 워니는 더 많이 배워야만 했다. 워니가 잭에게 성격이 잘 맞는 친구가 되는 데는 오랜 시간이 걸리지 않았다.

"수많은 겨울을 보냈지만 산책을 함께하는 건 이번이 처음이네, 큰 돼지 아저씨."

"그렇구 말구, 작은 돼지군."

킬른으로 돌아오는 길에, 둘은 마흔네 그루의 나무를 심었다. 밤나무, 물푸레나무, 참나무, 전나무들이었다. 그 다음 몇 달간 잭은 워니마저 잭 자신처럼 어쩔 수 없이 결국 하나님께 나아간 사실을 알게 됐다. 놀라운 일이었다. 잭은 워니가 선에 대해 가지고 있는 생각이 자신보다 훨씬 못하다고 알고 있었기 때문이었다. 워니는 오래된 이야기들이 그저 다른 사람에게 피해를 주지 않을 뿐이라고 믿었다. 워니는 선에 대한 자신의 생각을 이룰 수 있었다. 잭은 자신의 불명확한 거룩을 도저히 이룰 수 없다. 1931년 5월, 워니는 공개적으로 그리스도를 영접했다. 잭에게는 충격이 아닐 수 없었다. 그렇게 오랫동안 함께해 온 형제이지만 잭이 전혀 예상치 못한 일이었다. 토요일, 워니는 갑자기 삶이 우연일 수 없음을 알게 되었다고 설명하며 기도를 하기 시작했다. 그후로는 아무런 설명도 하지 않았다.

"나이든 이 고물이 완전히 혁명을 일으켰다"라고 워니가 잭에게 자신을 표현했다.

"믿음을 위한, 불가지론을 위한, 무신론을 위한, 회의론을 위한, 무관심에 대한 믿음이지."

둘은 자주 잭이 그리스도에 대해 가지고 있는 이해할 수 없는 부분들에 대해 이야기를 나눴다. "나를 잡아끄는 건 말이야"라고 잭이 설명하기 시작했다. "그리스도가 직접적으로 나와 어떤 상관이 있는지를 모르겠다는 거야. 어떻게 2000년 전에 살았던 사람이 지금 여기서 나를 도울 수 있냐는 말이야? 물론 그리스도를 본받는 것이 기독교의 핵심이 아니라는 것을 알만큼 기독교를 알고 있지만…. 어린양의 보혈이 지금 구원하신다는 것을 믿어야 한다는 거야."

잭은 같은 내용을 가지고 나중에 톨킨과 이야기를 나누었다. 1931년 9월 19일의 일이었다. 그 모임은 주중에 열리는 정규 모임이 아니었다. 토요일이었고, 아침이 아닌 저녁이었다. 잭의 방도 아닌 사슴과 느릅나무가 함께 있는 애디슨 산책로에서 였다. 잭과 톨킨 외에 휴고 다이슨이 함께 있었다. 휴고는 리딩대학의 영문학 교수로 17세기를 전공했다. 잭은 그를 '까다로운 책벌레'로 여겼지만 '전쟁에서 얻은 상처에도 불구하고 몸과 마음이 건강한 사람'이라고 생각했다.

다이슨은 기독교인이었음에도 지치지 않고, 감당하기 힘들 만큼 험담을 하는 사람이었디.

"자네는 구약성경적인 유대인이군. 잭."

"그럴 수도 있지. 하지만 정통 유대인들은 영생을 추구하지 않아"라고 잭이 받아쳤다.

"영생을 추구하지 않는 갈망은 믿음을 부패하게 만들지. 왜냐하면 영생은 믿음 자체를 요구하기 때문이야."

"기독교가 그 동기나 편리함 때문에 매력적인 것은 아니라네." 톨킨의 반격이었다. "기독교는 진실이고 역사적 사실이잖아."

"만일 내가 예수의 십자가 고난과 부활, 혹은 구원의 뜻을 깨닫지 못한다면, 어떻게 내가 그리스도를 믿을 수 있겠어?" 잭이 충고하듯 말했다.

"신화를 사랑하지 않나?" 이미 대답을 알고 있으면서 톨킨이 물었다.

"물론이지, 예나 지금이나 발데르는 나를 전율에 휩싸이게 해."

"그말은 신이 죽었다 다시 살아나는 그런 요소들을 좋아한다는 말 아닌가?"

"맞아." 잭이 인정했다. "하지만 왜 그런지 모르겠어."

"그건 나도 마찬가지야. 그런데 왜 기독교에 그런 투명성을 요구하는 거지? 그저 기독교란 것이 정말 일어난 신화라는 사실을 믿으면 되는데 말이야." 톨킨이 대답했다.

"하지만 신화는 거짓이잖아"라고 잭이 주장했다. "아무리 화려하고 웅장해도, 결국 아무런 가치가 없는 것이라고."

"아닐세"라고 톨킨이 맞섰다. "자네가 지금 거짓말이라고 생각하는 신화는 인간들의 신화인 걸세. 물론 조금은 진실을 담고 있을 수도 있지만 말이야. 하지만 그리스도의 삶과 죽음 그리고 부활을 다루는 이 신화는 다름 아닌 하나님의 신화인 거야."

"내가 너무 신비스러운 것들을 요구하고 있는지도 모르지." 어쩔 수 없다는 듯이 잭이 인정했다. "하지만 믿음이란 것이 결국 하나님의 은혜 아닌가?"

그 다음 주, 잭은 워니와 함께 오토바이의 사이드카에 올라타고 옥스포드에서 새로 개장한 멋진 윕스네이드 동물원으로 출발했다. 기껏해야 50km 정도 되는 여행이었지만, 잭에게 그 여행은 2000년으로 이어졌다. 이후에 잭은 그날 있었던 일의 이유나 과정을 전혀 설명할 수가 없었다. 그것은 마치 여행 도중 잠들었던 잭이 갑자기 사이드카에서 내려올 때 자신이 그리스도를 믿고 있다는 사실을 깨달으며 잠에서 깨어나는 것과 같았다.

'하나님의 은혜', 겸손해진 잭의 결론이었다.

잭은 이제 정말 안정되어 보였다. 기독교인이 되었고, 멋지고 한적한 킬른에서 살고 있었다. 삶의 모든 면이 지금까지 상상했던 그 이상인 것처럼 보였다. 서른세 살이 된 잭은 어떤 종류의 시간이 되던 간에 지금이야말로 최고의 시기라는 결론을 내렸다. 게다가 자신의 회심보다 더 멋진 주제가 또 있겠는가? 시로 이야기를 쓰기 시작했지만, 문장들이 튀쳐나가는 듯했다. 이제 시가 잭에게 너무도 어렵게만 보였다.

"시인으로의 제 자질마저 의심하게 되어 버렸어요." 잭은 무어 부인에게 이렇게 털어놓았다. "산문시 정도밖에 안 될 것 같아요."

산문시야말로 잭의 진정한 소명일 수도 있었다. 잭이 원하는 것은 중세 전통에 대한 학문적 연구였고 이 일은 이미 진행 중에 있었다. 다름 아닌 낭만주의 서사시의 발전, 즉 사랑의 개념이 발전해 가는 내용이었다. 톨킨처럼 잭도 중세시대를 동경했다. 잭은 점점 더 과거의 문학을 동경해 갔다. 1931년 11월, 잭은 워니에게 편지를 썼다.

> 이제 한물간 그런 이론으로 삶에 대해 하염없이 이야기하는 것에 신물이 나버렸어. 과거에 위대한 작가라고 하는 사람이 쓴 문학 역사를 읽는 게 말이야. 아름다운 언어로 운율에 맞춰 흑은 곧 백이고 2 더하기 2가 5라고 하는 그런 말도 안 되는 이야기를 하고 있는 거야. 책 자체로는 정말 한물간 것일 뿐인 것을 알게 됐어. 위대한 사람들이 바보 같다고 한 것들은 지금도 바보 같은 것들이고 지혜롭다고 한 것들은 지금도 지혜로운 법이잖아.[1]

현대의 소설들은 잭에게 한심하기만 했다. 아무리 작품이 좋아도, 잭은 그것을 낭비라고 여겼다. 한 번은 잭이 버지니아 울프의 「올란도」(Orlando)를 읽으면서 아서에게 편지로 풍경에 대한 느낌들과 기분들을 전달한 그녀의 능력을 칭송하기는 했지만, 그런 그녀의 재능을 소설에서 발휘한 것에 대한 큰 실망을 표현한 적이 있었다. 무엇보다 그녀가 현대의 지식인들로부터 사랑을 받기는 했지만 잭은 그녀의 냉소적인 사고방식을 싫어했다.

"똑똑한 것들이란…" 경멸하듯이 잭이 말했다.

잭은 중세 문학 전통과 낭만주의 서사시의 발달에 대한 연구를 계속하며 중세시대까지 기꺼이 끌어안았다. 중세시대는 기독교의 절정기였으며, 기사도와 사랑의 절정기였다. 잭은 어떻게 하면 중세시대의 영광스러운 열매들을 깨달을 수 있을지 깊게 그리고 심각하게 고민했다. 먼저 중세시대를 자라나게 한 토양을 확인해야만 했다. 성경에 대한 분명한 지식 없이는 이 임무 자체가 희망이 없을 정도로 성경이 너무도 중요했다. 옥토만큼이나 중요한 것이 바로 고전 라틴과 헬라 작품이었다. 특히 플라톤과 아리스토텔레스가 중요했다. 중세시대의 확실한 수확물을 얻으려면 비유와 또한 그 비유가 최고의 작품에서 어떻게 사용되었는지를 이해해야만 했다. 뿐만 아니라 초서나 랭런드, 그리고 스펜서와 같은 영국 작가들 또한 무시할 수 없었다. 이 세대의 독특한 두 작품은 최고라고 해도 과언이 아니었다. 프랑스 고전인 「장미 이야기」(Romance of the Rose)와 단테의 「신곡」(The Divine Comedy)이 그것이었다. 잭의 생각에 단테의 「신곡」이야말로 문학에 있어 한 사람에 의해 쓰여진 작품들 중 가장 위대한 업적이었고 중세시대 지혜의 최고점이었다.

잭은 중세 전통에 대한 연구가 몇 년이 걸릴 것을 잘 알고 있었다. 하지만 잭이 비유의 개념 때문에 씨름하는 동안 자신의 회심에 대한 책을 써야 한다는 생각이 더욱 확고해졌다. 비유는 당시 잘 쓰는 방법이 아니었다. 심지어 톨킨마저도 자신의 '실마릴리온'이 비유소설이라고 하는 말들에 신경을 곤두세웠다. 그러나 잭은 다른 방법에 의해서는 잘 드러나지 않던 진실이 작가의 뜻 안에서 비유를 통해 더 잘 드러날 수 있다고 확신했다. 잘 계획된 비유야말로 분명하게 신화에 접근할 수 있게 해 주고, 이것은 지성이 아닌 상상력을 통해 이해되어져야만 한다. 잭은 자신의 회심에 대한 가장 효과적인 상황에 비유를 사용하는 것에 대해 생각을 하면서, 자연스럽게 존 번연의 17세기 위대한 비유 소설인「천로역정」을 연상했다. 둘 다 구원을 향한 모험이었기 때문이었다. 산발적으로 잭은 비유에 대한 생각을 하며, 잠깐씩 깊이 빠져들기까지 했다. 비록 자신이 현대에 인기가 없는 그런 문학적인 형태를 선택했다는 생각이 마음을 스쳐 지나갔지만, 잭은 개의치 않았다.

"세상에 이럴 수가, 자네와 내가 가장 하기 싫어하는 것이 똑똑한 사람들이 좋아하는 인기있는 책을 쓰는 것이라니." 잭과 톨킨이 서로에게 농담 삼아 한 말이다.

그러는 동안 워니는 다시 중국으로 발령을 받아, 상하이에 배치되었다. 아마도 군에서는 쉽게 워니를 놓아주지 않을 것처럼 보였다. 반면 잭의 삶은 점점 더 풍요로워져 갔다. 1931년에는 친구들과 연례행사인 도보 여행을 떠났다. 여행에 더 이상의 논쟁은 없었다. 잭이 기독교인이 되었기 때문이었다. 하지만 그들에게는 여전히 서로를 자극하는 많은 것들이 있었다. 적어도 풍경들에 대해서 잭은 모든 것들을 그저 색과 향기, 그리고 소리와 분위기로 여겼다. 잭이 식물들이나 바위들의 이름을 아는 것은 드문 일이었다. 물론 그런 것들에 신경을 쓰지도 않았다. 잭에게 그러한 것들의 이름이란 아무런 의미가 없었기 때문이었다. 과학명이란 것이 난순히 두 글자의 라틴어임에도 불구하고 영원히 불쌍한 노예로 만들어 버리는 것만 같았다.

도보 여행 후 잭은 워니에게 다음과 같은 편지를 보냈다.

> 왈라비 숲에는 엄청나게 많은 금강초롱꽃들이 있어. 우아한 사슴 같은 동물들이 야생화들 위로 뛰놀고, 들새들이 곳곳에서 귀청이 터질 것 같이 지저귀고 있었고 내가 그토록 보기를 소망했던 타락 이전의 세상을 좀 더 가까이 느끼도록 해 주었어.[2]

하지만 1932년은 이례적으로 잭에게 큰 짐으로 다가왔다. 7월 말, 잭은 질병과 개인 교수, 강의 그리고 논문 때문에 무려 80주 동안이나 아침에 한 번도 책 읽는 즐거움을 맛보지 못한 사실을 알게 되었다. 또한 자신의 회심에 대한 글도 전혀 쓰지 못한 상태였다. "내 인생에 있어 가장 무미건조한 나날이다"라고 잭은 스스로를 애도했다. 8월에 아서와 함께 계획한 휴가를 기다리기가 힘들 지경이었다.

아일랜드에 있는 아서의 집 '베르나'에 도착하자마자, 잭은 미친듯이 자신의 회심에 대한 책에 몰입했다. "펜! 잉크!" 마치 자신의 구원을 향한 여정의 비유를 시작하기라도 하겠다는 듯이 잭은 소리쳤다.

자신의 고향인 푸리타니아의 영주를 두려워하도록 가르침을 받은 잭의 순례자 존은 기쁨의 섬을 마음에 그리며, 그곳을 찾아 떠난다. 많은 잘못된 목적지를 지난 후, 존은 푸리타니아로 돌아가는 길을 발견한다. 이 푸리타니아는 자신의 모교회이자, 구원을 상징했다. 이 영웅이 푸리타니아로 다시 돌아가는 것을 통해 구원을 찾게 되기 때문에, 잭은 이 책에 '순례자의 귀향'(Pilgrim's Regress)이라는 제목을 붙였다. 그리고 아일랜드를 떠날 즈음, 이 책이 완성됐다.

이런 작품이 두 주만에 완성됐다는 사실은 다른 누구보다 잭 자신에게 놀라운 일이었다. 산문시가 잭에게서 흘러넘쳐 나왔고, 교정은 거의 필요하지 않을 정도였다. 그럼에도 산문시를 쓰는 것은 단순한 말들의 나열이 아니었다. 그것은 창조였으며, 엄청난 양의 생각들이었다. 갑자기, 산문이야말로 자신의 타고난 재능이란 것이 잭에게 분명해 졌다. 그에 비하면 운율이 있는 시를 쓰는 것은 마치 고문과 같았다. 누가 각각의 형태의 우위를 가릴 수 있겠는가? 사실 잭은 현대시 또한 싫어했다. 그것이 운율이 없기 때문만이 아니라, 무신론과 마르크스주의를 노래하고 있기 때문이었다. 심지어 자신이 기독교인이라고 주장하는 T. S. 엘리엇의 시마저도 견디기 힘들어 했다. 엘리엇은 은유법들을 만들었는데, 잭에게는 웃음거리일 뿐이었다. "시시껄렁한 소리들이라니!" 잭은 이렇게 소리치곤 했다.

"그것 말고도 엘리엇은 봐주기 힘든 엘리트주의자예요." 잭이 무어 부인에게 털어놓았다.

잭의 「다이머」를 출판했던 J. M. 덴트는 '순례자의 귀향'을 출판할 만큼 잭의 산문을 좋아했고, 1933년 여름으로 출판 일정을 잡았다. 1932년 일본이 중국을 침략했기 때문에, 상황은 점점 더 악화되었고, 워니는 전역 신청을 하고 중국을 떠났다. 1932년 크리스마스, 마침내 워니가 영국으로 돌아와 군인이 아닌 한 시민으로 킬른의 거주자가 되었다. '날개'라고 불리는 두 개의 방이 얼마 전에 완성된 덕분에 둘은 각자의 연구를 할 수 있었다.

그해 겨울, 옥스포드에는 30년 만에 처음으로 폭설이 내렸다. 눈은 눈높이 정도 되는 언덕을 만들어 버렸다. 잭은 감기에 걸려 침대에 누워 있어야 했지만, 진심으로 '보통'의 질병을 즐겼다. 조금의 틈도 없이 피곤하게 짜인 일정을 따라가야만 하는 잭에게 감기로 병상에 누워있는 것만큼 큰 기쁨을 줄 수 있는 것은 없었다. 물론, 잭이 책 읽기를 싫어한 적은 없었다. 특히 「판타스테스」에 심취해 있었다.

옥스포드에서 콜비타는 아이슬란드 전설을 모두 읽은 후 모임 자체가 없어져 버렸다. 하지만 톨킨과 너무도 가까워진 나머지 그들만의 모임을 갖고 서로의 작품을 나누었다. 둘은 함께 에드워드 탠지 린이 주도하고 있는 학부생들의 저술 클럽에 참여했다. 모임은 '잉크링즈'(Inklings)라고 불렸다. 린이 1933년 6월에 졸업하자, 학부생들의 모임이었던 잉크링즈 모임도 사라졌고, 잭은 매주 한 번씩 모들린에 있는 자신의 집에서 동료들과 함께해 온 모임에 그 이름을 가져왔다. 기록이나 의사록 같은 것도 없었다. 단지 각자의 작품을 읽을 수 있는 장을 마련하는 것만이 유일한 목적이었다. 잭은 윌리엄 블레이크의 격언 "진정한 친구는 반대할 줄 아는 친구이다"라는 말을 분명하게 믿는 그런 사람이었다. 비판은 호의적이었지만 매우 엄했다. 새로운 모임은 강력했다. 오웬 바필드, 네빌 코그힐, 휴고 다이슨, 그리고 물론 루이스와 톨킨이 있었다. 모두 최고들이었다.

"오늘 밤에는 뭐 새로운 게 없나?"라며 잭이 말문을 열곤 했다. "자네의 그 새로운 이야기는 어떤가 톨킨? '호빗'이라는 것 말이야."

톨킨과 너무도 친해진 잭은 그의 영향에 판단력이 흐려지기까지 했다. 예를 들어, 톨킨이 중고차를 사기에 가장 적합한 시기라고 결심했을 때, 잭은 킬른을 위해 중고차를 구입했다. 톨킨처럼, 잭은 지금까지 오랫동안 자전거와 버스를 이용해 왔었다.

멋부리는 것을 둘 다 싫어했기 때문에 그러한 모습들은 점점 더 강해져만 갔다. 물론 완전히 뚱뚱해진데다, 낡은 옷만 입고 다니는 잭을 톨킨이 따라잡을 수는 없었다. 둘 다 구겨진 트위드 점퍼에 헐렁한 무명 바지를 입고 다녔다. 분명한 것은 둘의 넥타이는 심각하게 고려해 봐야 한다는 것이다. 신발은 밑바닥에 나무를 대어 도보 여행에 적당했다. 아무도 악천후를 피하지 않았다. 비와 눈을 맞으며 걷는 것을 마치 알 수 없는 하나님의 기쁨

만큼이나 즐겼다. 잭은 단지 황토색 레인 코트와 오랫동안 함께 공생해 온 모자를 쓸 뿐이었다.(언제인가 애디슨 산책로를 따라 걸어가고 있을 때였다. 잭은 나무 위에 갈기갈기 찢겨 형체도 알아보기 힘든 천 조각을 걷어내며 이렇게 말했다. "이것 봐, 잃어버렸던 모자야. 이렇게 운이 좋을 수가!" 그리고는 오래된 헝겊 조각 친구를 머리에 썼다.)

그러는 사이 킬른은 점점 더 형태를 갖춰 갔다. 여자 하인과 시골에서 거친 일들을 맡아 할 프레드 팩스포드가 들어왔다. 프레드는 정원사일과 식료품 사오기, 운전 기사 역할을 했다. 차는 잭이 구입했지만, 운전을 하는 사람은을 팩스포드와 머린뿐이었다. 팩스포드는 절약하는 법을 알고 있었다. 식료품 저장고에서 저장해 놓은 것들을 꺼낼 때면, 마치 외과 의사라도 된 것처럼 세심히 주의를 기울였고, 정확히 필요한 만큼만 다시 사서 채워 넣었다. 그는 충성스럽고 정직했으며 남을 화나게 할 만큼 고집이 센 사람이었다. 내적으로는 낙관주의자였지만, 외적으로는 염세주의자였다.

그는 정원에서 일하기 전에 "지금쯤 양배추들이 다 익었을 거예요" 하고 알려 주곤 했다. 잭은 잘 익은 양배추를 발견하지 못해도 놀라지 않았다. 만약 잘 익은 양배추를 발견했다 하더라도 요리사는 그것을 요리에 넣지 않았을 것이다. 그리고 만약 요리에 넣는다고 하더라도 십중팔구 그것을 아무도 먹지 않았을 것이다.

프레드 팩스포드의 서민적인 염세 철학 때문에 화가 난 것은 다름 아닌 워니였다. 18년의 긴 군 복무를 마치고 돌아온 워니는 잭이 옥스포드에 가 있는 동안 킬른을 자신이 직접 운영하려는 시도조차 하지 않겠다고 결심했었다. 무어 부인과 프레드 팩스포드가 이미 힘을 합쳐 일을 해내고 있었다. 대신, 워니는 조금씩 자신의 모든 서류들과 책들을 모들린대학에 있는 잭의 방으로 옮겼다. 매일 아침, 워니는 '루이스 서류더미'를 들고 찾아왔고, 조용히 차를 차려 놓고는, 잉크링즈의 정규 멤버로 참여하기까지 했다. 물론 워니가 언급되는 것은 드문 일이었다. 워니의 세련됨과 겸손함은 예술가의 수준이었다.

잭의 한 친구가 이렇게 말했다. "워니는 내가 만난 사람 중 가장 예의 바른 사람이야. 워니의 정중함과 조금도 이기적이지 않은 모습은 마치 타고난 것 같다니까. 숨 쉬는 것만큼이나 자연스러워." 워니를 받아들여 준 친구들의 모습에 잭은 기뻤다.

워니가 17세기 프랑스 역사에 대한 책을 준비하고 있다는 사실은 다른 사람들만큼이나 잭에게도 놀라운 소식이었다. '워니가? 학자인 워니가 책을 쓴단 말이야?'

25살이 된 머린은 몬마우스의 음악 학교에 다니며 그곳 기숙사에서 지냈기 때문에, 킬른에 있는 날은 점점 더 줄어들었다. 일요일 저녁이면 워니는 잭과 무어 부인을 위해 베토벤 교향곡을 틀어주었다. 잭은 전에 자신이 가지고 있었던 것처럼 일부가 아닌 교향곡 전체를 선호했다(그런 논리는 책에도 똑같이 적용됐다). 물론 잭에게는 나름대로의 분명한 이유가 있었다. 피날레가 7번

악장을 망쳐놓은 것이 잭에게는 전체를 망친 것처럼 느껴지긴 했지만, 잭이 가장 좋아하는 악장은 73번이었다. 전체적으로는 5번 교향곡이 가장 훌륭하다는 사실을 전 세계 사람들과 함께 잭도 인정했다. 하지만 3번 교향곡인 에로이카(Eroica)는 완벽하리만큼 싫어했다. 아마도 베토벤이 그 곡을 나폴레옹에게 선사했기 때문인 것 같았다.

"솔직히 말해서 나폴레옹은 내게 아돌프 히틀러를 연상시키지 뭐야"라고 잭이 워니에게 자신의 생각을 전했다. 히틀러는 유대인들을 몰살하면서 자신이 하나님의 뜻을 행하고 있다고 주장했다. 어리석은 주장이었고 조금도 유쾌한 일이 아니었다. 독일 수상이 된 히틀러는 얼마 전 독재 권력을 승인 받은 상태였다. 그는 독일군을 재창설하는 것을 이야기하면서, 반대하는 사람들은 모두 강제 수용소로 보냈다. 사악한 히틀러와 동맹을 맺은 독일, 이탈리아, 오스트리아, 일본 그리고 러시아에서 평화를 주장하는 사람들은 모두 암살당했다. 전쟁이 코앞까지 다가온 것 같았다. 옥스포드 또한 스위스만큼이나 안전하지 못했다.

"인생은 계속될 거야." 잭은 어깨를 으쓱였다. "1917년 세계대전을 치러냈는데, 더 이상 전쟁이 내 삶을 낭비하게 만들 순 없어. 정말 그런 일이 일어나기 전에는 말이야."

하지만 조심스럽게, 히틀러와 이탈리아의 독재자 무솔리니는 잭의 낭송시인 '드럼의 왕'을 파고들어 왔다. 잭은 이 시를 '드럼의 여왕'으로 이름을 바꾸었다. 이 나라는 망해가는 고대 왕국이었다. 여왕은 젊기 때문에 밤을 호령했다. 대주교는 다른 방법으로 바라보았다. 낮을 장악하고 왕국을 다스렸다! 왕은 독재자로서, 여왕과 대주교의 충성을 요구했다. 그들은 더 이상 왕국에 대한 책임을 피하지 못한다.

낭송의 흐름을 방해하지 않는 범위에서, 잭은 '드림의 여왕'에 다양한 운율을 사용했다. 대화와 설명이 오고가며 지금까지 그 어떤 작품보다도 잘 만들었다. 다섯 명의 주요 인물들은 분명하게 만들어졌고, 스스로의 언어로 자신들을 드러냈다. 자신의 초기 시에 대한 바필드의 불평들을 기억하며, 잭은 세심한 주의를 기울이며 세련되게 만들었다. 시에 있어서 고통을 표현하는 부분이 특히 어려웠다.

1936년 5월 21일, 옥스포드 유니버시티의 클라렌던 출판사에서 잭의 「사랑의 알레고리」(Allegory of Love)를 출판했고, 연구 제목은 '중세 전통에 대한 연구' 라고 붙여졌다. 잭이 기술한 목적 중 하나는 라틴 프루덴티우스(Latin Prudentius)에서 시작된 기독교 알레고리의 시작으로부터 1500년대 후반 중세시대 대표작, 스펜서의 「페어리 퀸」(Faerie Queene)까지의 1200년 기독교 비유소설을 되짚어가는 것이었다. 또 다른 목표는 사랑의 낭만주의 개념을 되짚어 보는 것이었다. 6월 6일, '런던 타임즈의 문예 부록' (The Literary Supplement of the London Times)은 잭의 「사랑의 알레고리」에 대해 다음과 같은 2천 자 평으로 자세히 실었다.

이 책은 학문적으로 매혹적이며, 또한 독창적이다. 루이스 교수는 인간 심리학 역사에 흥미가 있을 뿐만 아니라 정통한 사람이다. 그는 분명 최고의 문학 역사를 저술할 수 있는 사람이며, 이 책이 그 분명한 증거다.

한 달 후 미국의 '뉴욕 타임즈'는 다음과 같은 평을 실었다.

처음에 사람들은 중세시대의 비유적 사랑을 노래하는 시와 같은 주제에 고물수집과 같은 관심을 갖고 있다는 것 말고는 아무것도 상상하지 못했다. 하지만 C. S. 루이스 교수는 문학적인 선조들로부터 자신을 분리시키는 것이 불가능하다는 사실을 보여주고 있다. 또한 중세시대 사랑의 비유와 같은 형태들이 역사의 특정 영역의 사상과 관습으로부터 왔을 뿐만 아니라, 미래에 중요한 유산을 남겼음을 보여주고 있다. 또한 우리 시대 문학의 뛰어난 작품들에 잘 드러나있음을 발견하게 된다.

영국의 일간지 '스펙테이터'(Spectator)는 직접적으로 잭이 이룬 업적이 힘든 일이라는 사실을 인정했다.

이 책은 재치와 분별력을 모두 갖추고 있다. 또한 이 책을 읽지 않은 사람을 부끄럽게 만들고 있다. 「장미 이야기」에 대한 감탄을 얻기 위해, 초서가 쓴 책을 읽는 것보다, 루이스 교수의 이 책과 그의 놀라운 인용문들을 읽는 것이 훨씬 좋다. 사실, 지금까지의 것들에서는 찾아볼 수 없는 기쁨이 담겨있음을 인정해야만 할 것 같다.

가장 기뻐한 사람은 다름 아닌 워니였다. "이제 옥스포드를 넘어섰구나. 심지어 미국에서도 최고의 작품으로 칭송하고 있잖아."

잭의 삶에 변화가 찾아왔다. 일반 대중들에게 지금까지 알려지지 않았던 잭이, 옥스포드 교정에서 그저 두려운 존재로 알려졌던 그 이상이 된 것만은 분명했다. 명실상부 전 세계에 알려진 영국의 학자가 된 것이다. 잭이 그러한 칭찬들을 피하려고 했음에도, 많은 신문들과 잡지들은 잭을 중세 문학의 전문가로 대중들에게 소개했다.

잭을 새로이 숭배하게 된 사람이 있었다. 런던에 있는 옥스포드 대학 출판사의 편집장인 찰스 윌리엄스였다. 기막힌 우연이 아닐 수 없었다. 네빌 코그힐이 잭에게 그리도 집요히 추천했던 세련되고 지극히 종교적인 추리 소설 「사자의 자리」(The Place of the Lion)가 바로 윌리엄스의 소설이었다. 여주인공은 천사와 악마를 학문적으로 파고드는 공부벌레였는데 그만 초자연적인 세계의 유혹에 빠져들고 만다. 이 책은 잭에게 한 번도 겪어보지 못한 겸손을 보게 해 주었다.

잭은 슬퍼하며 톨킨에게 말했다. "이보게 톨킨! 「사자의 자리」는 몇 안 되는 기독교 환상 소설 아닌가. 우리는 언제쯤 그런 작품을 쓸 수 있는 거지?"

1936년, 아서의 강요로 잭은 데이빗 린드세이(David Lindsay)의 「아르크투루스로의 항해」(Voyage to Arcturus)를 읽었다. 이 책은 16년 전에 출판된 것으로 조지 맥도날드의 「릴리스」(Lilith)나 「판타스테스」와 같은 영적인 여행 이야기였다. 한 가지 다른 점이 있다면 거룩에 대한 것이라기보다는 악마적이라는 것이었다. 린드세이는 조지 맥도날드와 찰스 윌리엄스의 작품들이 우주 소설로도 가능하다는 사실을 잭에게 보여주었다. 미래에는 인간이 다른 별을 식민지로 삼을 것이라는 학부생들의 노래가 환상 소설을 써야겠다는 잭의 갈망에 박차를 가했다. 그러한 노력들은 이끌 사람을 알게 된다는 것이 반역과도 같은 생각이란 것을 잭은 발견했다.

잭이 톨킨에게 말을 걸었다. "자네가 기독교의 위대한 진리 중 작은 한 조각으로 그 옛날 아이슬란드 영웅담에 영향을 받아 신화를 만들어 냈으니, 어쩌면 나도 나만의 신화를 만들어 낼 수 있을지 모를 일이지 않나?"

무엇에 영향을 받았다는 말일까? 중세시대가 기독교 세계와 고상함의 축소판이라고 믿는 잭은 '중세 모델'로 자신만의 신화를 만들려고 하고 있었다. 잭에게 있어 '모델'이란 기독교, 플라톤 철학, 아리스토텔레스 철학, 스토아 철학, 그리고 적은 분량이나마 라틴이나 헬라가 아닌 이교 사상을 적당하게 잘 융합하는 것이었다. 물론 기독교가 항상 다른 요소들 간의 충돌을 다스리는 위치에 있게 된다. 이러한 요소들의 혼합은 어거스틴이나 단테, 스펜서와 같은 세계의 위대한 작가들에게 영향을 주어왔다. 중세시대가 한참 지난 이후에 나타났기 때문에, 심지어 셰익스피어, 던, 밀턴과 같은 이들에게도 영향을 주었다.

"이것이야말로 인류의 역사상 가장 만족스럽고 조화를 이루는 완벽한 '세계관' 이야"라고 잭은 워니에게 주장했다.

이 모델은 우주란 무한하지만, 모든 것들이 연관된 것은 아니라는 것을 말하고 있었다. 위는 위이고, 아래는 아래인 것이다. 프톨레마이오스는 지구가 우주의 중심이라고 주장했지만, 그럼에도 지구는 둥근 것이었다. 지구의 중심에는 지옥이 있다. 그렇기 때문에 중세 모델에서, 지구는 우주와 모든 생명체의 중심을 의미하지 않으며, 모든 존재 중 가장 낮은 위치에 있다!

자전하는 지구는 9개 동심의 천구에 속해 있다. 천체 안에서 움직이고 달과 태양, 그 외의 다양한 행성들인데 각각의 속성들을 가지고 있다. 달은 위험하고, 태양은 도움을 준다. 금성은 사랑과 미를 상징하고 화성은 전쟁을 대표한다. 최대의 행성인 거대한 목성은 평온, 관대함, 유쾌함을 상징한다. 토성은 최악의 별로 노화, 질병, 아픔, 배신을 품고 있다. 이 여덟 개의 천체는 다양한 별자리를 만드는 별들을 거느리고 있는데 그 모든 것들이 각자 다른 것들을 나타내고 있다. 아홉 번째 천체의 제10천 혹은 제1원인은 자신만의 천체 모양은 없지만 천체들의 내부에서 천체를 움직이게 하는 역할을 한다. 이 모든 것을 초월하는 것이 열 번째 하늘, 절대 존재, 즉 '최고천'이다. 조금도 움직이지 않고, 시간도 없으며, 오로지 영원하고 무궁한 것뿐이다. 각각의 천체들은 완벽한 음을 만들어낸다. "이들이 만들어 내는 조화를 '천체들의 음악'이라고 불러"라고 잭이 워니에게 설명했다.

  이 중세 모델은 삼위일체를 나타내고 있다. 하나님은 직접 관여하고, 화를 내며, 무서운 유대인의 하나님이 아니었다. 멀리 떨어져 있는 그런 하나님으로 직접적으로 관여하는 하나님의 모습은 단테가 설명한 내용이었다. 내부 원으로 들어오는 그런 확장하는 우주의 역설과 같았다. 하나님은 하나의 점이지만, 그 어떤 것보다 거대하시다! 직접적으로 관여하는 삼위일체의 하나님은 바로 그리스도다! 모든 그리스도인들 안에 퍼져 있는 분이 성령이다. 창조된 영들은 중세 연구가들이 잘 설명해 주고 있다. 각각의 세 천사단은 세 종류로 되어있다. 가장 높은 계급으로 하나님을 대면하는 이들은 최고의 천사들인 치품 천사들과 지식이 뛰어난 지품 천사, 좌품 천사들이 있다. 그 다음 천사들 또한 하나님을 대면하고 있는데, 주품 천사들, 능품 천사들, 그리고 역천사들이다. 가장 낮은 계급은 소식을 전하는 사자들로 권품 천사, 대천사, 그리고 천사들이었다. "천사들은 인간들보다 높은 존재들이야"라고 잭이 설명했다.

  "이야기를 만들기에 완벽한 모델이지 않아?"

중세 모델에는 그 외 몇 단계의 창조물들이 있었다. 가장 낮은 것들은 생명이 없는 것들이었다. 그 다음은 감각은 없지만 살아 있는 것들, 즉 식물들이었다. 그 다음은 오감은 있지만 이성이 없는 동물들이었다. 그리고 모든 창조물들 중 가장 높은 존재는 인간이었다. 인간에게는 이성이 있었다. 이성이 다섯 개의 의식들, 즉 상식과 기억, 상상력, 환상, 그리고 본능을 다스렸다. 이 의식들은 동물적인 욕망과 감정을 다스리기 위한 것들이었다. 이 정신적인 충돌들은 다름 아닌 이성과 감정 간의 충돌이었다. 한편 인간에게는 모든 생물들을 다스릴 수 있는 힘이 주어졌다. 다른 한편으로 인간은 하나님의 지배를 받고 절대 지배권을 받아들여야만 했다.

"그런데 거의 모든 중세 학자들이 땅과 하늘에서 이성적인 능력과 지각을 가지고 있는 존재가 있는 것을 알았을 텐데. 롱가비(Longaevi) 말이야"라고 잭이 흥분해서 워니에게 말했다.

롱가비는 영생하는 존재는 아니었지만, 장수하는 존재였다. 그들은 인간의 통치를 받지 않았다. 판, 앨프, 거인, 고블린, 요정, 님프, 난쟁이, 그리고 인간을 피하는 다른 롱가비들까지 이 모든 것들이 모두 선과 악이 될 수 있는 존재들이었다. 잭의 생각에 롱가비들을 두려워해야 할지, 좋아해야 할지를 인간들이 결정하지 못했기 때문에, 비록 반역적인 모습임에도, 인간들의 거대한 계획의 고전적인 엄격함을 약하게 만들었다고 생각했다.

잭은 톨킨의 고대 신화에 대한 구절들의 시각을 정했다.

 고대의 태양과 하늘의 천체가
 운행을 시작하기 전
 하늘의 수레바퀴들이 도는 법을 배우기도 전에
 실체가 있는 꿈들보다 분명하게
 세상은 요정들로 가득 차 있었다.
 굶주린 욕망들은 어둠과 마음의 깊은 지하와
 몸서리침과 절망, 그리고 죄의 모양들로
 그 움직임이 제한되어 있었다.
 그후, 자유로이 풀려나 봉인되지 않았다.
 그림자가 드리워졌고, 동물들도 말을 할 수 있었으며,
 사람들은 별에서 아이를 낳았다.
 변하기 쉬운 세상에 스며들어 매순간 새로운 것을 꿈꿨다.
 어느 것도 거짓 되거나 새로운 것이 없었다.[3]

물론 잭은 모델을 글자 그대로 믿지는 않았다. 모델은 신화를 만들어내기 위한 형상일 뿐이었다.

워니는 궁금했다. "하지만 사실, 어떻게 이 모델들로 공상 과학 소설을 만들겠다는 거지?"

열

"천체가 지구를 중심으로 돈다는 내용을 가지고 우주 소설을 쓰는 사람은 아무도 없어." 워니가 잭에게 주의를 주었다.

"하지만 나는 천동설을 비유로 사용하는 것은 아니야"라고 잭이 설명했다.

잭의 마음에는 끊임없이 소설에 대한 그림이 떠올랐다. 때때로 그러한 것들을 구체적인 형태로 만들어야만 한다는 강한 욕구를 느끼기도 했고, 그렇지 않을 때도 있었다. 하지만 이번에는 분명한 힘이 느껴졌고 자신을 열심히 귀찮게 하며, 일을 할 때뿐만 아니라 식사 때와 심지어 잠잘 때까지도 귀찮게 했다. 잭은 지구가 지옥과 같은 곳이어야만 하는 것을 알고 있었다. 결국 잭은 과학적으로 알려진 태양계 구조를 사용하기로 결정했다. 하지만 중세 모델에서 영감을 받은 자신만의 우주의 모습을 따르기로 했다. 행성들은 광활한 우주 공간에 생명을 담고 있을 수 있는 가능성을 가진 단순한 섬이 아니다. 우주 자체가 살아나서 꿈틀거리고 있다. 행성들은 하나님이 만들어 놓은 살아있는 하늘의 감옥들이다.

잭의 우주 소설에서, 마렐다일은 삼위일체 중 그리스도와 같은 존재였다. 마렐다일은 영이지만, 우주에 내재하는 신이었다. 그의 아버지는 멀리 떨어져있는 무서운 하나님이었다. 이 놀라운 하나님은 명확한 존재가 아니기 때문에 모호한 것이 아니라, 너무도 분명한 그 존재를 인간이 설명할 수 없을 뿐이었다. 하나님은 빛이며, 풍경이며, 또한 아름다움 그 자체였다.

각각의 행성은 '오야사'(Oyarsa)라고 불리우는 천사와 같은 존재가 다스렸다. 오야사는 대충 권품 천사 정도의 존재였다. 그들에게 무한한 지혜가 있는 것은 아니었지만, 천사들이었고 인간보다는 훨씬 높은 존재였다. 그들 밑에는 엘다일(Eldil)들이 있었다. 이들 모두는 영적인 존재로 알볼(Arbol, 살아있는 공간) 들판을 자유로이 지나 다녔고 고대 태양계어를 사용했다. 그 아래의 존재들은 영이 아닌 존재들로 자신들만의 언어를 사용했다. 축하 하기 위해 모든 영적인 존재들이 위대한 무도회에 참여했다. 무도회는 모든 천체들이 만들어 내는 하모니였다.

지구는 독특했다. 지구의 오야사(비뚤어진 존재, the Bent One)는 반역자들이었다. 그들의 악은 도덕적인 악이 아니었다. 하나님이 동물들에게 있는 것과 같은 자연적인 악은 허락하셨지만 도덕적인 악은 허락하지 않으셨기 때문에 지구는 점점 더 고립되었고 결국 '침묵의 행성'이 되었다. 예전의 태양은 완전히 자취를 감추었다. 이 타락한 존재들은 이미 달과 화성을 공격했고 이곳이 나중에 잭의 소설의 공간적인 배경이 됐다. 화성의 표면은 죽음의 황무지이지만, 내부에는 세 가지 존재들이 살고 있었다.

그러한 이유로 잭은 자신의 우주 모험 이야기를 '침묵의 행성 밖으로'(Out of the Silent Planet)라고 불렀다. 악당 과학자인 웨스톤은 우주를 정복하기 원했다. 말라칸드라(화성)의 통치자가 희생제물을 원한다고 생각한 웨스톤은 영웅 랜섬을 납치해서 말라칸드라로 데려 갔다. 하지만 랜섬은 탈출에 성공하여 화성에 살고 있던 세 가지 생물체를 친구로 만들었다. 화성인들은 모두가 순종적이고 타락하지 않았다. 그들에게 자유의지라는 것이 없었기 때문이었다. 결국 오야사에게 정복당한 웨스톤은 다시 랜섬과 함께 지구로 보내졌다.

"웨스톤과 랜섬이 모두 살아나는 건 속편을 위한 암시구나."
워니가 알아챘다는 듯이 말했다.

'침묵의 행성 밖으로'에 큰 감명을 받지 못한 출판인은 이 책의 상업적인 성공에 대해 회의적일 수밖에 없었다. 자연 과학과 기계장치들 때문에, 사람들은 잭의 순수 철학을 비웃었다. 하지만 톨킨의 도움으로 잭은 마침내 책을 출판해 줄 사람을 찾게 되었다. 바로 보들리 헤드였다. 보통 1931년에는 책이 먼저 출판이 되고 그에 대한 평이 나왔다. 평론가들은 세련된 순수 철학 작품이 대부분의 우주 공상 과학보다 우월하다는 사실을 알아차렸다. 잭의 소설에서, 바닥에 깔려 있는 기독교가 톨킨의 것보다 훨씬 알아보기 쉽다.

"그럼에도 16명의 비평가들 중 오직 2명만이 타락한 존재가 악마라는 사실을 알아 차렸어!" 라며 잭은 놀라워했다. "어느 정도의 신학이든 간에 눈치채지 못하게 모험 이야기의 형태로 사람들의 마음에 파고들 수 있는 건 뻔한 건데 말이야."

이 시대의 자기 중심적인 모습에 대한 통계적인 경고가 잭에게는 조금도 기쁘지 않았다.

"하지만 내 책은 세계적인 사건을 비유적으로 표현하고 있어." 잭의 설명이었다.

사실, 히틀러의 독일은 유럽에서 조금씩 승인을 얻어가고 있었다. 때로는 그러한 허가 자체가 중단되어야만 했다. 전쟁은 불 보듯 뻔한 일이었다. 잭이 이 소식을 얼마나 싫어했던가!

"형과 나같이 생각에 잘 잠기는 사람들이 왜 이런 지독한 시대에 태어난 걸까?" 잭이 워니에게 물었다. 워니는 이제 43살이었고 잭은 거의 마흔이 다 된 나이였다. 둘 다 살이 찐데다 대머리가 되어가고 있었다.

1938년 여름, 영국 계관 시인 존 메이스필드가 잭에게 연락을 해왔다. "8월에 저희 소극장에서 낭송가들과 함께 낭송시 발표회를 하려고 합니다. 네빌 코그힐이 교수님을 1순위로 추천하더군요."

"'드럼의 여왕'이라고 이름 붙인 시가 있습니다." 잭이 제안했다.

"좋습니다. 한 번 볼 수 있으면 좋겠군요."

시를 읽은 후 메이스필드가 잭을 만났을 때, 그는 매우 열정적이었다. 두 번이나 읽었고, 여왕이 요정의 나라를 탈출하는 장면은 특별히 훌륭하다고 생각했다. 끝까지 멈추지 못하고 읽어야만 할 정도였다.

온 세상이 무너지고 있었다.
영과 혼도 무너지고 있었다.
육체, 머리와 가슴이 사라지며,
산산이 부서지고 있었다.
공허하고 또 공허한
"가라"라고 여왕은 기도했다.
"가라. 나에게서 멀리 떠나가라. 떠나가라."
두려움은 커져만 갔고,
명령은 팽팽해졌다.
여왕의 영과 혼 사이를 나누는
날카롭고 얼음처럼 차가운 칼날 같은 명령이 파고들었다.
갑자기 모든 것이 최악의 상황으로 변했고,
마치 떨어뜨려 놓으려는 듯,
이간질시키고, 두려움이 되어버렸네.
여왕의 죽은 피는 아무 말 없이 흘러내렸네.

종말을 부르짖고 그 자체가 대안이 되는
이제 여왕은 아무것도 바라지 않게 될 것이다.
인간의 세상에서 빠져 나가는 것 말고는
오른쪽으로도 왼쪽으로도 돌아서지 않고
똑바로 갈 것이다.
여왕은 요정들의 빵을 이미 맛보았다.
그렇게 이야기는 말하길, 여왕 세상 밖으로 나갔고
하지만 만일 여왕이 요정의 나라를 꿈꾸거나
지옥에서 눈을 뜬다면 (그럴 기회는 10분에 1이지만)
이야기하지 않을 것이다.[1]

  메이스필드는 시의 길이 때문에 낭송을 극적으로 이끄는 데 문제가 된다고 지적했다. 정말 긴 시였다. 15개 편으로 전체가 1,500줄이었다. 모두 읽는 데 거의 2시간이 걸릴 정도였다. 그는 잭에게 시의 첫 번째와 마지막 편만 읽어 달라고 했고 잭은 승낙했다. 하지만 이 시의 마지막 편을 낭송할 때 그의 이야기체의 시를 잊어버리는 혼란스러움을 느꼈다. 이러한 종류의 시를 음미하기 원하는 사람들은 자기도취에 내성적이며 인도주의적인 몇 안 되는 현대인들이었다. 이 사실이 잭을 불쾌하게 만들었다. 실망스럽게도 잭의 고전 운문시와 운율들이 진가를 인정받지 못했다. 마지막 소금을 상처에 바르기라도 하는 것처럼, 드럼의 여왕은 완성하기 몹시 힘들었다.

  "산문시라면 백 배는 빠르게 쓸 수 있는데, 거기다 백 배는 많은 사람들에게 읽혀질 거야." 잭이 워니에게 한 말이다.

"그럼 네 산문시가 만 부 이상은 팔린다는 말이지? 형 1점." 워니의 계산이었다.

1939년이 되자, 잭은 오웬 바필드에게 자신에게는 시인으로서의 미래가 없다는 사실을 확신하게 되었다고 고백했다. 산문시가 자신으로부터 얼마나 자유롭게 흘러나오는지 언급할 필요도 없었다. 당시 옥스포드 유니버시티 출판부에서는 잭과 케임브리지대학의 문학 평론가인 E. M. W. 틸야드가 함께 쓴 책을 출판했다. 둘은 잭을 불편하게 했던 한 주제 중 다른 관점을 취했다. 잭은 작가의 삶을 연구하는 것으로 그의 작품을 비판하는 것은 타당하지 못하다고 매우 강하게 주장했다. 만일 작가가 자신의 작품에 있어 정말 객관적일 수 있다면, 그의 인격은 그의 작품에 담겨지지 못한다는 것이다. 잭은 진심으로 그렇게 믿었다. 많은 작가들이 그러했다. 더욱이 새로 등장한 비판들은 작가들의 개인적인 삶을 그저 살며시 엿보기만 하며 자극하는 사람들로 보였다. 자신의 삶을 분리시키고 사생활을 중시하는 잭에게는 모든 접근이 불쾌하기만 했다.

또한 1939년에 옥스포드대학 출판사에서는 잭의 수필만을 모아 만든 「갱생」(Rehabilitations)을 출판했다. 잭이 생각하는 그 수필들의 유일한 공통점이란 '삶과 책에 대한 어떤 믿음'이었다. 아홉 편의 수필 중 하나는 두운법을 사용하는 고대 영어시를 수호하는 것이었는데 이것은 둘 이상의 낱말이나 글자를 같은 문자나 음으로 시작하는 것을 말한다. W. H. 오든과 톨킨도 이 두운법을 좋아했다. 잭은 설명을 위해 중세적인 의미로 가득 차 있는 자신이 시 '행성들'을 사용했다. 목성에 대한 부분으로 다음과 같다.

> 분노가 끝났고
> 고통이 치료됐고, 겨울이 지나갔고
> 죄가 잊혀지고, 좋은 운까지
> 목성은 주인이요, 기쁨의 축제이며,
> 여인들의 웃음소리.
> 사자의 심장을 가졌고
> 수많은 모습을 가진, 신들 같은 인간이며,
> 도움을 주고, 영웅들이며, 열방을 다스리며,
> 정의롭고 온화한 목성의 자손들이자,
> 그 놀라운 역사이다.
> 그의 넓은 이마에는
> 고요함과 왕으로의 기쁨이 있고,
> 어두움이나 분노의 주름도 없으며,
> 오로지 의로운 능력과 여유로움과
> 선물을 주는 화려함으로 허리를 두르고
> 풍요로운 평안과 통치의 벽난로와 같다.[2]

어떤 주제이든 간에 잭이 그것을 표현해 내는 능력에 대해 비평가들은 찬사를 보냈다. 「갱생」에 대한 비평들은 다음과 같았다.

> 어떠한 주제이든 루이스 교수의 밝고 또한 쉽게 만들어 내는 사고 능력은 마치 경기를 하는 것과도 같다. 조심스럽게 분별해 내는 능력은 오랫동안 곱씹어 볼 만큼 천재적이다.

'맨체스터 가디언'(Manchester Guardian)은 다음과 같은 찬사를 보냈다.

> 배움과 삶, 학문은 활기찬 모습과 쉽사리, 아니 좀처럼 함께하지 못하는 것들이다. 하지만 루이스 교수는 그것이 가능함을 보여주고 있다. 루이스 교수의 책이 근본적으로 다양한 사회 계층을 대상으로 하기 때문에, 누구도 교수의 학문의 넓이나 정확도에 대해 의심을 품을 수 없다. 하지만 그것은 분명히 그 맛을 이끌어 내는 단순하고 근본적인 인간의 경험과 긴밀한 관계가 있다.

같은 해인 1939년 지오프리 블레스 출판사를 운영하며 '그리스도인의 도전'(Christian Challenge)이라는 시리즈를 만들고 있는 에쉴리 샘슨이 잭을 찾아왔다. 잭이 '고통의 문제'(the Problem of Pain)에 대한 40,000단어짜리 책을 쓸 것인가? 잭의 책은 무신론자들이 가장 자주하는 질문에 대한 근본적인 변호이자 '변명' 이 될 것이었다. "만일 하나님께서 선하시다면, 그의 창조물이 행복하길 원할 것이다. 만일 하나님이 전능하다면, 피조물들이 행복해 하는 모습을 보았을 것이다. 하지만 피조물들은 행복하지 않다. 그렇기 때문에 하나님은 선이나 능력이 부족하거나 둘 다 부족한 것이 분명하다!" 이 의문이 의도하는 바는 하나님이 존재하지 않는다는 내용이다.

하나님에 대한 이러한 의문들이 잭에게 얼마나 익숙한 것이겠는가! 1929년 이전에는 잭이 얼마나 맹렬히 이러한 질문을 사용했었던가? 바필드나 하우드, 톨킨 등과 같은 친구들과 수천 시간을 그 내용을 가지고 언쟁을 하지 않았던가? 결국 이 일을 받아들였다. 이번 도전은 늘어가고 있는 잭의 작품들에 새로운 저술 형태를 추가해 줄 것이었다. 학자가 아닌 일반인들을 위한 기독교 변론 혹은 변증론이었다.

잭은 워니에게 자세히 설명했다. "독자들에게 내가 기독교를 좋아하거나 사회에 유익이 된다고 생각하기 때문이 아니라, 그것이 사실이기 때문에 기독교를 변호하는 것이라는 것을 확신시켜야만 해! 정말 있었던 일이고, 또한 우리 존재의 핵심적인 요소라는 것 말이야! 변호에 사용되는 말들은 일반 사람들이 쓰는 용어여야만 해. 복음이 그렇잖아. 만일 비현실적으로 내가 하는 변론을 일반적인 용어로 표현하지 못한다면, 그건 둘 중 하나를 뜻하는 거야. 내가 쓰고 있는 것 자체를 내 스스로 이해하지 못하고 있거나 아니면 나 자신은 그 사실을 믿지 못하고 있는 거지. 이 책은 전혀 가벼운 책이 아니야. 독자들에게 뭔가 확신시키는다는 것은 마치 양 떼를 길가로 인도하는 것과 같단 말이야. 만일 오른쪽이든 왼쪽이든 다른 문이 열려 있게 되면, 독자들은 분명 그쪽으로 몰려가서는 핵심을 완전히 잊어버리고 말거야."

잭이 그리스도인이 된 지는 불과 10년 정도였다. 그런 그가 기독교에 대해 이리도 확신할 수 있는 이유는 무엇인가? 어떻게 오래되고 케케묵은 질문들뿐만 아니라 어렵고 즉흥적인 질문들에까지 답을 할 수 있게 된 것일까? 잭은 확신할 수 있었다. G. K. 체스터턴이 느꼈던 것과 같은 것을 느꼈기 때문이었다. 기독교는 사실이고 실재이며 역사 그 자체이다. 정말 그렇다면, 어떤 각도에서 접근을 하든지, 그것은 실존해야만 한다.

1939년 8월, 워니가 잭에게 알려왔다. "러시아가 독일과 평화조약을 맺고는 뒤로 물러났어. 독일과 러시아 사이에 있는 나라들은 독일의 추수를 위해 준비가 다 된 것과 같아. 그런데 불행히도, 그들 중 하나가 폴란드인데 영국은 폴란드를 지켜줘야 할 의무가 있으니, 전쟁은 피할 수 없게 된 것 같아, 잭."

영국에 있는 모든 이들의 삶이 변해 버렸다. 그 다음 달, 예비군이 된 워니는 다시금 요크셔로 소집되었다. 잭은 시민군 명단에 올려졌고 자원해서 왕립 공군의 군인들과 장교들에게 종교 강의를 했다. 런던도 곧 폭격을 받을 것 같았기 때문에, 아이들은 대부분 다른 곳으로 대피한 상태였다. 영국의 다른 지역에서 아이들을 모두 맡아주었다. 킬른도 예외는 아니었다. 무어 여사는 몇 명의 여학생들을 받아들였다. 그리고 예상했던 대로, 독일은 폴란드를 침공했고, 영국과 프랑스는 독일에 선전포고를 했다. 10월, 워니는 영국군과 함께 프랑스로 보내졌다.

옥스포드의 역사적인 성모마리아교회에서 잭에게 학부생들과 교수들에게 설교를 해 달라는 초청을 했다. 잭은 존 웨슬리나 그 외 위대한 영적 지도자들이 올라갔던 나선형 계단을 올라 설교단에 서는 자신의 모습이 겸손해지는 것을 느꼈다. 하지만 개인적인 감정으로는, 주어진 책임을 모면할 아무런 변명도 찾을 수 없었다. 잭의 사명은 학부생들에게 왜 최선을 다해 학업에 열중해야 하고, 비록 전쟁으로 자신들이 멀리 끌려가거나, 다시 돌아오지 못하게 된다 하더라도 멈춰서는 안 되는지에 대해 설명해야만 했다. "두려움은 우리가 하나님의 영광을 위해 최선을 다하는 것을 결코 막을 수 없습니다"라고 잭은 강조했다.

이미 전쟁의 참호 속에서 고통을 겪어본 잭이기에 직접적인 경험으로 사람들에게 이야기할 수 있었지만, 영국에 있는 비행기 조종사들에게 강의를 하는 것이 동료 학자들에게 강의하는 것과는 너무도 다르다는 것을 깨달았다. 당연한 일이었다. 일반 사람인 그들에게도 자신들만의 표현이 있었고, 그렇다고 해서 학자들 것보다 절대로 덜 중요한 것은 아니었기 때문이다. 하지만 잭은 학자들 사이에 이해되는 말들이 일반인들에게는 다른 것을 의미한다는 사실에 자신을 맞추어야만 했다. 일반인들에게 '교회'는 종교적인 건물이지, 그리스도를 따르는 자들의 공동체가 아니었다. '자선'이란 가난한 자들을 위한 구호이지, 그리스도인들의 사랑이 아니었다. '교리' 또한 오만한 모습으로 던져지는 증명되지 않은 주장일 뿐이었다. '십자가형'은 엄청난 고난이 따르는 처형을 의미하지 않았다. 오히려 이 용어 자체가 너무도 친숙해진 나머지, 고통 없이 위생 처리된 의식 정도로 여겨지고 있었다. '초대 교회 기독교 신앙'은 일반인들에게 사도들에 의해 행해진 놀랍고 순전한 믿음을 의미하지 않았다. 오히려 뒤로 물러서며 세련되지 않고 완성되지 못한 그런 것을 의미했다!

"모든 언어를 정의한다는 것은 자멸하려는 행동이야." 잭이 톨킨과 이야기를 나누었다. "이런 학자들과 성직자들의 언어들을 완전히 벗어버리지 못한다면 아무것도 안 될 것 같아. 변증론은 영어에서 가장 간단한 말들로 해야만 할 것 같아." 잭은 200년 전 존 웨슬리가 이와 동일한 언어에 대한 결론으로 복음을 전하기 위해 옥스포드를 떠난 사실에 마음이 끌렸다.

학생들이 전쟁터로 떠나가면서 잭은 가르치는 짐에서 조금씩 벗어났고, 잭의 마음은 책에 대한 생각들로 가득했다. 「고통의 문제」 외에, 「침묵의 행성 밖으로」의 속편과 악마에 대한 풍자물이 마음속에 있었다. 유럽의 전쟁은 비극 그 자체였다. 독일군은 영국군을 유럽 끝까지 밀어붙였고 워니도 마찬가지였다. 8월, 워니는 예배군에 편성되어 다시 옥스포드로 돌아왔다.

같은 달, 머린은 레너드 블레이크와 결혼을 했다. 레너드는 옥스포드에서 북쪽으로 수마일 떨어진 노팅엄 주에 있는 워크숍 대학의 음악 감독이었다.

민방위군이 된 잭 형제는, 일주일에 한 번 정도 소총을 질질 끌며 밤거리를 거닐어야만 했다. 둘 다 목요일 밤에 열리는 잉크링즈 모임에 참석했다. 찰스 윌리엄스는 옥스포드 출판부가 런던 사무실을 폐쇄했기 때문에 지금은 옥스포드에서 일하면서 잉크링즈에 합류했다. 잭은 윌리엄스 같은 사람과 함께 있어 본 것이 처음이었다. 그에게는 거룩함이 물씬 풍겨나왔다. 잭만 그렇게 느낀 것이 아니었다. 좀처럼 감명을 받지 않는 W. H. 오든과 T. S. 엘리엇마저도 깜짝 놀랄 정도로 같은 느낌을 받았던 것이다. 오든은 자신의 시의 멘토로 여기며 윌리엄스가 귀찮을 만큼 쫓아다녔다. 다른 한편으로, 엘리엇은 윌리엄스가 자신의 제자라고 주장하기 시작했다.

1940년 44세가 된 윌리엄스는 문학인들 사이에서 상당한 주목을 받게 되었고, 학위가 부족함에도 불구하고 옥스포드에서 강의를 할 수 있게 되었다. 한 번은 잭이 강의에 직접 참여하여 다음과 같이 기록했다.

> 여기에 '지혜롭고 신중한 순결의 교리'에 대한 자신의 존재를 진심으로 염려하는 한 사람이 있었다. 이러한 것들은 현대의 비평가들에게 절대 있을 수 없는 일이다. 강의실을 가득 메운 이 시대의 젊은 남녀 학생들이 완벽하리만큼 침묵을 지키며 넋을 잃고 경청하는 모습을 보는

것은 실로 아름답기까지 하다. 이러한 모습이 거짓된 모습일 수는 없다.[3]

잭은 윌리엄스를 위해서라기 보다는 자신을 위해 다음과 같은 글을 덧붙였다.

이 부패한 사회에서 용감히 일어나 정면으로 정의를 외치며 용감히 맞서는 것이 항상 이기게 될지 의문이다.[4]

잭과 윌리엄스는 절친한 친구가 되었다. 하지만 그렇다고 서로의 작품에 대해 아무런 비판을 하지 않는다는 뜻은 아니었다. 잭은 윌리엄스가 훈련되지 않았다고 생각했고, 이러한 결점들은 가끔씩 빈약한 표현들로 터져 나오기도 했다. 윌리엄스가 자신의 한 작품에서 막달라 마리아와 세례 요한이 사랑을 나누었다는 내용을 담았을 때, 잭은 마치 칠판에 분필을 문지를 때 나는 소리만큼이나 싫어했다. 하지만 그럼에도 잭은 윌리엄스의 그 엄청난 상상력을 동경했다. 잭의 주위에 있는 사람들 중 가장 상상력이 풍부한 사람이 바로 윌리엄스였다. 윌리엄스는 독창적인 생각들을 분출시켰다. 마치 전기와 같았다. 윌리엄스는 잭처럼 기억하고 있던 기나긴 문장을 인용해서 다른 학자들까지도 놀라게 할 정도였다.

윌리엄스는 잭에게 저작 활동의 기회를 더 잡으라고 거의 강요하다시피 했다. 또한 다른 한편으로는 고전에 대한 잭의 전문적인 지식과 견줄 상대가 없을 정도로 탁월한 문학 비평 능력에 대한 놀라움을 끊임없이 표현했다. 윌리엄스는 거만하게 대화를 시도하는 사람들을 만나왔지만, 잉크링즈와 특히 잭과 같이 기쁨과 활기를 표현하는 사람들은 없다고 생각했다.

"이보게 잭, 내 아내는 그러한 것을 싫어해서 런던으로 돌아갔네. 나도 견딜 수가 없었지. 물론 자네와 잉크링즈만 빼고 말일세."

같은 해 10월, 지오프리 블레스가 잭의「고통의 문제」를 출판했다. 학자들은 모두 무시했지만, 일상의 언어가 일반 사람들을 위한 것이라는 관점에서「고통의 문제」가 쉽게 쓰여졌기 때문에, 즉각적인 성공을 거두었다. 그 해에만 두 번이나 더 인쇄를 해야 했고, 그 다음해에도 기세가 늦춰지지 않을 정도였다.

"이 책의 목적은 고통을 설명하는 것이라네"라고 잭이 설명했다.

"인간들이 겪는 대부분의 문제들은 다른 사람이나, 심지어 사탄에 의한 것들이지. 그럼에도 어떤 고통들은 하나님이 허락한 것들이기도 하다는 거야. 왜 하나님이 인간들에게 고통을 허락하는 걸까? 그에 대한 분명한 해답은 고통과 죽음이야말로 인간으로 하여금 하나님께 항복하게 만든다는 것일세. '행복' 한 사람들은 하나님을 간과하지만, '불행' 한 사람들은 하나님을 찾고 천국의 평안과 안정을 간절히 원하게 되지."

전능하고 자기 백성을 사랑하는 하나님이 고통을 허락하는 것에 대한 잭의 설명이었다. 잭은 심지어 동물들의 고통을 다루기도 했다. 현대인들이 인간의 고통보다 더욱 고통스러워하는 내용이었다.

　워니도 이 책에 대한 칭찬을 아끼지 않았다. "기독교의 가장 기본적인 문제들을 설명하고 있을 뿐만 아니라 그리스도인들이 기독교에 대한 가장 일반적인 비판을 막아 낼 수 있게 해 주고 있어. 가장 분명한 건 이 시대를 살고 있는 영국인들의 가장 큰 고통을 도와주고 있다는 거야."

　이 책은 '고통의 문제' 그 이상의 것들을 담고 있었다. 이 책에서 잭은 인간의 타락과 현대에 어찌되었든 드러내고 싶어하지 않는 근본적인 나약함을 설명하고 있었다. 잭은 천국과 지옥을 설명했다. '초자연적'인 현상에 대해 설명하며 초자연적인 것들에 대해 우리가 느끼는 경외심과 심지어 공포까지도 다루었다. 잭은 하나님의 본성과 우리를 향한 그분의 사랑을 찬양하며, 하나님께서 우리로부터 기대하고 계신 사랑을 강조했다. 또한 너무 어려워서 받아들이기 어려운 현대의 모든 신학들을 확인해 주었다. 자유주의 성직자들이나, 설명이 불가능한 것들은 배제시키고 있었다.

　1941년 5월, 잭은 영국 교회의 주간지였던 '가디언'(Guardian)에 매주 풍자소설을 연재하기 시작했다. 그 내용은 은퇴한 악마 스크루테이프가 자신의 어린 제자 웜우드에게 보낸 편지 형식의 이야기이다. 제자 악마인 웜우드는 처음으로 인간을 시험하게 된다. 웜우드에게 보낸 첫 번째 편지에는 유혹의 대상이 된 인간의 기도에서 어떻게 믿음을 빼앗아야 하는지에 대한 자세한 내용이 담겨있었다. 매주 이어지는 편지에는 매번 다른 방법으로 시험하고 방해하고 덫을 놓는 것 등을 설명했으며, 각각의 것들에 모두 악마적인 기지가 잘 드러나 있었다. 결국 잭은 31편의 편지를 썼고, 책으로 출판하기에 충분한 분량이 되었다.

"지오프리 블레스가 '스크루테이프의 편지'를 책으로 내자고 해."

잭이 워니에게 말했다.

"하지만 전도를 하면서 돈을 번다는 것이 옳은 일 같지 않아."

잭은 이미 다른 측면에서 전도를 하고 있었다. 「고통의 문제」의 통찰력에 깊은 감명을 받은 BBC(British Broadcasting Corporation)의 종교 담당은 BBC 라디오 방송에 잭이 출연해 주길 바랬다. 라디오를 싫어했던 잭이지만, 수천 명의 사람들이 자신의 목소리를 들을 것을 알았기 때문에 허락했다. 잭은 자신이 정확히 무슨 말을 하고 싶어하는지를 알고 있었다. 신약성경은 인간이 하나님의 자연법을 알고 있으며 자신들이 언제 악한 지를 알고 있다고 단정짓고 있다. 성경 시대의 사람들은 심지어 이방인들까지도 옳고 그름에 대해 알고 있었지만, 현대인들은 그것을 무시하고 있다. 이들이 기독교의 열매로 맺혀지기 위해서는 먼저 하나님의 자연법에 대한 가르침을 받아야만 했다. 잭은

'옳고 그름'이라는 제목으로 시리즈 방송물을 제작했다.

잭은 매우 주의 깊게, 그리고 천천히 일 분에 150단어 정도의 대화 형식으로 진행해 나갔다. 녹음된 내용을 들으며 그렇게 천천히 말을 하는 것이 자신의 옥스포드식 억양을 얼마나 강조시키는지를 발견한 잭은 스스로도 놀라지 않을 수 없었다. 하지만 라디오 방송 제작 전문가는 잭의 바리톤 목소리가 라디오 방송에 더할 나위 없이 적합하다고 했다. 잭의 목소리는 분명하고, 이해하기 쉬울 뿐만 아니라, 공명이 좋았다. 많은 사람들이 잭의 방송을 청취했고, 나중에 알게 된 일이지만, 수천 명이 아닌 수백만의 사람들이 잭의 방송을 들었다.

왕립 공군에서는 공군 조정사들에게 기독교의 기본을 가르쳐 달라고 잭에게 간청을 해왔다. 개인 시간을 더 이상 낭비하고 싶지 않은 마음이 간절했지만, 노퍽에 있는 한 공군 기지를 방문했을 때 이 마음은 완전히 사라져 버렸다. 장병들은 그날 밤 유럽을 공습하기 위해 출격할 예정이었다.

"이들은 모두 30차례의 임무 수행을 하게 될 장병들입니다"라고 군종 목사가 설명해 주었다.

"분명 임무를 무사히 마치고 돌아오면 굉장한 안도감을 느끼겠군요"라고 잭이 안타까운 마음을 드러냈다.

"사실 30차례의 임무를 완수하고 돌아올 수 있는 사람은 한 명 정도뿐입니다."

잭에게는 충격이 아닐 수 없었다.

"그렇다면 죽으러 가는 거나 마찬가지지 않습니까!"

"그렇습니다." 목사의 목소리는 점점 가라앉아갔다.

"이 사람들만큼 그리스도가 필요한 사람이 또 어디 있겠습니까?"

잭은 또 다른 방송을 계속해 달라는 간곡한 부탁을 받았고, '그리스도인들이 믿는 것'이라는 제목의 시리즈 방송을 시작했다. 그럴수록 점점 더 전에 하던 일들을 위한 시간은 줄어들어만 갔다. 이 심각한 상황에 잭과 워니는 급기야 차까지 팔아야만 했다. 휘발유를 구하기가 힘들어졌기 때문이었다. 다시 한 번, 형제는 옥스포드까지 이층 버스로 왕복을 했다. 여전히 잭은 여유 시간이 생기면 글을 썼다. 라디오 방송을 통해 영국 전역에 알려지면서, 수백 통의 편지를 받기 시작했다. 그리고 잭은 모든 편지에 일일이 답장을 해주었다.

「스크루테이프의 편지」가 1942년 2월에 출판되었다. 이와 함께 잭은 자신이 종교적인 저술을 하고 얻은 수익에 대한 해결책을 찾게 되었다. 종교 서적에서 온 수익금을 모두 자선 활동에 기부하는 것이었다. 잭은 「스크루테이프의 편지」를 톨킨에게 기증했다. 그 전의 책들은 휴고 다이슨과 잉크링즈, 그리고 워니에게 바쳐졌었다. 잭의 친구들 중에 잭이 계속적으로 써내는 책들에서 자신들이 제외될 것이라고 걱정해야 할 친구들은 아무도 없을 정도였다.

"내가 책들을 친구들에게 기증한다고 해서 자신들의 이름이 너무 흔해져 버릴 것을 걱정할 필요는 없어"라고 잭이 농담을 했다. "내 책이 널리 읽히지는 않으니까 말이야. 전혀 베스트셀러가 아니잖아!"

"「스크루테이프의 편지」가 어떤 평을 받게 될지 궁금한데?"라고 워니가 생각에 잠긴 듯이 말했다.

"수박 겉핥기 수준이겠지, 뭐"라고 잭이 한숨을 내쉬며 말했다.

열하나

"런던 타임즈에서 「스크루테이프의 편지」에 대한 평을 내놨어, 잭." 1942년 2월 28일 아침, 워니가 뭔가 심상치 않은 듯 잭에게 알렸다. 워니는 잭에게 신문을 건네주었다.

"우리가 본 처음 평인 거지?" 대수롭지 않은 듯 잭이 물었다.

하지만 잭은 'TLS'가 「스크루테이프의 편지」를 어떻게 평했을지 궁금했다. 평은 다음과 같았다.

정말 훌륭한 성공작이다. 서평이란 것이 미래를 이야기할 수 없는 것이지만 분명 이 풍자물이 성공할지 여부는 시간이 보여 줄 것이다. 이성을 잃은 듯한 이 세상이 정말 들어야만 하는 내용을 루이스 교수는 자신이 개발한 방법으로 분명하고 이해하기 쉽게 집어내고 있다.

그렇게 'TLS'에서는 잭의 책이 성공할 것이라는 암시를 주었다. 시간만이 말해 줄 수 있는 일이었다. '맨체스터 가디언'에서는 조금 더 직접적인 평을 내놓았다.

> 이러한 풍자물들은 광대극으로 전락해 버리거나 가볍게 취급되기 십상이다. 하지만 루이스 교수는 절대 실패하지 않을 것이다. 이 책은 활기 넘치고 분명 칭송을 받아 마땅하며 완벽하다고 할만큼의 기쁨을 주고 있다. 고전이 되어야만 할 작품이다.

고전이라니! 잭은 그런 칭찬을 완전히 지워 버려야만 했다. 위험한 일 아닌가. 하지만 다른 평에서도 그러한 아낌없는 칭찬이 이어졌다. 가디언의 평이 있은 후였기 때문에 책은 인쇄가 끝나기도 전에 모두 팔려나갔다. 책의 존재 자체만으로도 큰 가치가 있었던 것이다. 그 한 해만 8번이나 다시 인쇄를 해야만 했다! 'C. S. 루이스'는 명실상부한 전국적인 인물이 된 것이다.

"이제 머지않아 영어를 쓰는 곳에서는 어디서나 유명인이 될 것 같은데?"라며 워니가 칭찬을 아끼지 않았다.

"그런 겁나는 소리 하지 마." 깜짝 놀란 잭이 말했다. "점점 편지가 늘어나면 어떻게 하려고 그래? 그 편지들에 답장을 어찌 다 하겠어?"

1942년, 잭의 예전 스승인 윌슨이 잭에게 옥스포드 영어 역사 편찬 작업(Oxford History of the English Language: O.H.E.L)에 참여해

달라는 부탁을 해왔다. 잭에게 맡겨진 부분은 16세기 부분이었다. 스펜서나 셰익스피어와 같은 거장들뿐만 아니라 작품들의 좋고 나쁜 점들까지도 살펴달라는 것이었고, 바로 작업에 들어가야만 했다. 머지않아 잭은 한없이 지루하고 시간만 잡아먹는 일에 대해 "오 헬"(Oh Hell, 지옥 같은!)이란 표현을 쓰기 시작했다. 다름 아닌 'O. H. E. L'(Oxford History of the English Langueage)의 발음을 그대로 딴 것이었다. 하지만 학자로서의 이 작업이 「사랑의 알레고리」만큼이나 중요한 일이 될 것을 잭 스스로가 잘 알고 있었다.

잭 또한 자신이 그 해 옥스포드 출판부를 위해 쓴 '실락원 서문'을 쓰는 것으로 얻게 될 사려 깊은 학문에 대한 열정에 만족해 했다. 잭은 이 책을 찰스 윌리엄스에게 바쳤다. 하지만 '실락원 서문'은 굉장히 삼가서 쓴 책이었다. 주석만 해도 18개 장에 이르고 총 139페이지나 차지했다. 잭은 서문의 절반을 사용해서 서사시가 어떠해야 하는지에 대한 정의를 내렸다. 나머지 절반은 밀턴의 도덕성을 형성시킨 중세 기독교와 밀턴이 그것을 어떻게 다르게 만들었는지를 자세히 설명했다.

영국과 미국에서의 비평은 대체적으로 잭에게 찬사를 보냈다. 어찌되었든, '실락원 서문'은 밀턴에 대해 신랄하게 비판을 하던 이들에게 큰 도움이 되었다. 그럼에도 몇몇 대학에서는 잭의 작품에 대해 불같이 화를 냈다. '잭이 감히 자신들에게 도덕성과 기독교를 가르칠 수 있겠는가?'라는 내용이었다. 잭이 하는 전도란 일반 사람들에게 허락된 것이지만, 만일 교수들에게 라면 그것은 무례한 일이 되어버릴 수 있었다!

마치 도전이라도 하려는 듯이, 잭의 의도는 아니었지만, 잭은 옥스포드 소크라테스파 클럽의 회장이 되었다. 이 클럽은 특별히 종교를 논하기 위해 만들어진 조직이었다. 옥스포드의 5개 여자 대학 중 하나인 서머빌대학의 스텔라 에드윙클이 잭에게 연락을 해 왔다. 잭이 이끄는 클럽에 연구 교수의 후원이 필요했기 때문이었다.

"오래 지체됐군!" 잭이 스텔라의 요청에 대해 소리를 질렀다.

나중에 워니가 너무도 당연한 말을 했다. "클럽의 멤버들은 무신론을 반대하는 사람이 되어야 하는 거 아닌가? 교활하게 포장만 그럴싸하게 한 것들이 아니라면 반대하는 사람들도 그만 둬야 될텐데. 도대체 얻어지는 게 뭐지?"

"지적인 사람들은 논쟁 자체에 생명력이 있는 걸 알아"라고 잭이 자신을 변호했다. "특별히 무신론자의 대변인들이 누구인지를 밝혀내기 위해 명사들을 제거해 나갈 거야. 물론 모든 전투에서 이기지는 못하겠지만…."

그 이후, 클럽은 매주 월요일 저녁 8시 15분에서 10시 30분까지 모임을 가졌다. 보통은 100명 정도가 모였다. 발표가 있고 그 후에 반론과 토론을 하는 형태로 진행됐다. 잭은 곧바로, 그리스도인들을 대변할 것으로 여겨졌다. 학생들은 잭을 온화한 방송과 개인 지도, 그리고 강의에서 "모든 것을 강조해서 말한다"라고 설명했다. 모든 말이 생명력과 통찰력이 있었기 때문이었다. 한편, 소크라테스파 클럽에서 잭이 반론을 펼 때면, 잉크링즈에서의 모임이나 친한 친구들과 산책을 하며 변론을 할 때처럼 말을 했다. 재치가 넘쳤고, 떠들썩했으며, 힘차면서, 무자비하게 압도하는 그런 모습이었다. 기독교 학생들은 그러한 모습을 사랑했다!

반대 주장이 끝나기가 무섭게, 클럽의 서기는 숨도 쉬지 않고 이렇게 말했다.

"C. S. 루이스 교수님께서 이에 대한 답을 해 주시겠습니다."

때론 영어를 쓰는 나라들에서 고전 영어 환상 이야기의 '4대 거장'으로 알려진 도로시 세이어스가 옥스포드로 왔다. 옥스포드의 1회 졸업생들 중 한 명인 그녀는, 잉크링즈와 매우 같은 성향의 여인이었다. 상당히 지적이며 잭과 비슷한 나이에, 기독교에 대한 강한 믿음을 가지고 있었다. 도로시는 잭의 변증법을 좋아했고, 잭은 그녀의 유명한 기독교 작품, 「왕이 되기 위해 태어난 사람」(The Man Born to be King)과 「창조자의 마음」(Mind of the Maker)을 좋아했다. 또한 마치 강풍 같은 강력한 그녀의 개성을 좋아했다. 잭이 그렇게 말한 것은 굉장한 칭찬이었다. 강한 폭풍이야말로 잭을 두렵게 했기 때문이었다.

어느 날 저녁 세이어스는 찰스 윌리엄스에게 어떻게 하면 성공적인 베스트셀러 작가가 될 수 있는지를 가르쳤지만, 그날 저녁이 끝날 무렵 오히려 찰스의 주문에 완전히 걸려 버리고 말았다. "「베아트리체의 모습」(the Figure of Beatrice)을 반드시 읽어야 겠어요. 찰스의 작품이거든요"라며 세이어스가 눈빛을 반짝이며 말했다. 세이어스의 삶이 새로운 방향을 잡게 되었다. 단테의 「신곡」 때문이었다.

때때로 사람들은 잉크링즈의 모임이 자주 열리는 곳으로 잭을 찾아오기도 했다. 언젠가, '새와 아기'라는 애칭을 갖고 있는 선술집에서 잭은 시끄럽고 불 같은 시인 로이 캠벨과 마주쳤다. 비록 잭이 캠벨의 시를 비웃기는 했지만 캠벨은 잭에게 싸움을 걸기 위해 찾아간 것이 아니었다. 대화를 즐기기 위해서였다. 캠벨은 스페인 시민전쟁 때 공산당을 상대로 싸운 적이 있었다. 톨킨과 잭은 모두 공산주의를 경멸했다.

"하지만 당신이 함께 싸운 파시스트들 또한 싫어합니다"라고 잭은 캠벨에게 분명하게 지적했다. "나는 민주주의를 믿죠."

잭이 개인 지도를 하는 학생들에게 허세를 부리는 경우는 거의 없었지만, 고집불통에 나이까지 많았던 학생 매튜 아놀드가 「소러브와 러스텀」(Sohrab and Rustum)을 읽는 것을 완강히 거부하자, 잭은 즉시 읽으라고 불같이 화를 냈다. 다음 개인 지도 시간에, 잭은 기억하고 있던 수백 줄의 문장을 운율에 맞춰 인용해 보였다.

잭은 만족해 하며 이렇게 말했다. "이젠 그 매력이 무엇인지 인정할 수 있겠지?"

"뭔가 냄새가 나는데요"라고 학생들이 되받아쳤다.

"바로 그거야!"라고 잭이 소리쳤다. "그렇다면 칼로 잘못된 곳을 바로 잡아내야지."

놀랍게도 잭의 거실에는 두 자루의 칼이 있었다. 놀란 잭의 친구 중 하나가 지켜보는 가운데 이 칼을 들어 보인 적이 있다.

그럼에도 학생들에 대한 그러한 거만한 행동은 잭에게 매우 드문 일이었다. 사실 잭의 행실은 의도적으로 매우 억제되고 이지적이었다. 몇몇 학생들의 나이가 불과 17, 18세이었음에도 불구하고 그들에게까지 잭은 정중하게 대해 주었다. 스무기 선생이 자신을 그렇게 대해 주지 않았던가. 학생들에게 화를 내거나 목소리를 높이는 것은 매우 드문 일이었다.

보통 학생들을 개별적으로 일주일에 한 시간씩 만났다. 첫 시간에는 학생들이부터 고전 영어에서부터 1821년대 영어까지 이수하기 위해 필요한 내용들을 자세히 설명해 주었다. "위대한 영어 작가들은 성경과 고전 배경이 가장 중요하다고 여기고 있다네"라고 잭은 학생들에게 충고해 주었다. "구약성경의 역사서와 시편, 그리고 복음서들, 특히 누가복음을 반드시 읽도록 하게. 불가타 성서(the Vulgate Version)를 읽는다면 라틴어 또한 복습할 수 있게 될 걸세." 이기기 힘든 유혹이었지만, 잭은 의도적으로 학생들에게 복음을 전하지는 않았다.

"교수님, 셰익스피어는 언제 읽게 되나요?"

"오, 읽게 될 걸세"라고 분명히 말하곤 했다. "하지만 셰익스피어를 이해하기 위해서는 성경과 고전을 마스터해야만 하네. 헬라어 때문에 고민하지는 말게. 베르질리우스(Virgil), 보이티우스(Boethius), 오비디우스(Ovid), 그리고 시세로(Cicero)의 작품을 읽도록 하게."

"선생님, 너무 많습니다"라며 학생들은 한숨을 쉬곤 했다.

"물론 그렇지"라며 잭은 사실을 인정하면서 다음과 같이 말을 이어갔다. "뿐만 아니라 6보격을 어떻게 읽어내려가야 하는지를 배워야 한다네." 학생들의 얼굴이 창백해지는 것은 당연한 일이었다. 그런 엄청난 양의 고전시들의 운율을 분석한다는 것은 두려움으로 학생들의 정신을 혼미케 할만큼 스트레스가 되었다. 잭은 학생들이 다시 기운을 차리는 것을 확인한 다음 이렇게 몰아붙였다. "자, 이제 영국 작가들 중에서는 초서, 셰익스피어, 그리고 밀턴은 필수이니, 그들을 분명히 연구하도록 하게. 다른 시대에서는 맬러리, 던, 브라운, 드라이든, 포프, 스위프트, 존슨, 그리고 워즈워스와 같은 사람들의 작품을 분명히 읽도록 해야 하네. 질문 있나?"

학생들은 학기 중 매주 개별 지도 시간 전에 연구하고 작성한 에세이를 써야만 했고, 잭의 커다란 거실의 의자에 앉아 2-3분간 대화를 나누며 긴장을 풀었다. 그런 다음 자신들이 쓴 에세이를 읽으며 수업이 시작되었다. 보통 에세이를 15분간 읽었는데, 30분이 넘게 되면 이야기를 나눌 시간이 없었기 때문이었다.

낭송의 결론에 다다랐을 때 잭이 사용하기 좋아하는 표현들이 있었다. "자네가 말한 것들 중에 뭔가 있는 것 같구먼"이란 말은 에세이가 형편없다는 뜻이었다. "자네가 한 말 중에는 뭔가 있구먼"이라는 말은 겨우겨우 에세이가 심사를 통과했다는 말로, "지푸라기는 많지만 벽돌이 부족하군"이란 말과 같았다. 에세이가 훌륭할 경우에는 "주제가 분명히 드러났군", "내용을 분명하게 잘 전달했네"라며 멋진 에세이에 대한 칭찬을 아끼지 않았다.

그런 다음 다음과 같이 지도 내용을 적어 주었다. "이제 자네의 에세이의 요점에 대해 낱말의 구조, 운율, 투명함의 측면에서 이야기를 나눠 보도록 하세. 확인하기 위해 하는 말이지만, 나는 진부한 말이나, 과장된 말들은 좋아하지 않으니, 꼼꼼히 이야기를 나누도록 해야 하네."

대화의 핵심이 이야기된 후, 잭과 학생은 마지막으로 연구되고 있는 소재를 점검했다. 가끔씩 잭은 실락원 중 수많은 구절들을 인용해서 학생들을 놀라게 만들었다. 더욱 놀라운 것은 순식간에 고전으로 들어가는 잭의 능력이었다. 학생이 한 줄을 인용하기라도 하면, 잭은 그 즉시 이어지는 문장을 암송했다. 사진만큼이나 선명하게 기억하고 있었다.

자신의 의견에 대해 거리낌이 없었지만, 수년이 지나면서 기독교 신앙은 잭의 비평들을 농담과 칭송으로 부드럽게 만들었다. "정말 상상력이 풍부하군. 나중에 자네의 더 멋진 작품을 위해 몇 가지 실수한 부분을 짚고 넘어가도록 하세."

학기가 끝날 무렵, 잭은 모들린의 방을 빌려 학생들을 위한 저녁 파티를 열곤 했다. 이 행사를 위해, 잭은 어린 시절 아버지와 친구들이 그러했던 것처럼, 쉰 목소리로 자신의 친구들이 만담을 나누며 학생들을 즐겁게 해 주었다. 잭의 이러한 축하 행사는 잭의 학생들에게 있어 통과 의식과도 같았는데 마치 중세 의식처럼 외설적인 내용은 전혀 없었고 오히려 잭 스스로가 '외설적'인 노래라고 부르는 것들은 오래된 익살이나 약간 거친 노래들뿐이었다.

잭은 학생들에게 다음과 같은 사실들을 일깨워 주었다. "중세 시대에는 이런 남자들만의 축제는 말일세, 헌신뿐만 아니라 외설스러운 노래와 함께 희극이 따라왔다네. 물론 모두 구전된 것들이니 누가 썼는지는 지금까지도 알 수가 없는 거지."

한편, 옥스포드 밖에서는 잭의 작품들이 계속해서 기세를 올려가고 있었다. 1942년 7월, 지오프리 블레스는 잭의 연속 방송 두 편인 「옳고 그름」(Right and Wrong)과 「그리스도인들이 믿는 것」(What Christians Believe)을 방송 대화체 형식으로 출판했다. 너무도 유명해진 잭에게는 더 이상 다른 직함이 필요하지 않았다. 세 번째 방송될 토크쇼에는 '그리스도인의 행동'(Christian Behavior)이란 제목이 붙여졌다. 그리스도인들이 거룩한 삶을 추구하도록 격려해 주는 내용으로 1943년 '그리스도인의 행동'이란 제목으로 출판 계획이 잡혀졌다.

잭이 전해 주는 방송 토크쇼는 일반 사람들이 모두 이해할 수 있는 영어를 사용했고 개신교도뿐만 아니라 구교도들까지 모두 알아들을 수 있도록 기독교의 기본 진리에 대한 논쟁을 다루었다. 잭의 주장은 이러했다. 기본적인 양심의 법이 있고, 인간은 직관적으로 그것을 알기 때문에 그대로 행동해야 하고 '마음'이 인류를 다스려야 한다는 주장이었다. 그럼에도 인류는 끊임없이 잘못을 저질러 왔다. 그 점에 커다란 모순이 숨어있다. 만일 '마음'이 선하지 않다면 인류는 타락한 것이고, 만일 '마음'이 선하다면, 인류는 잘못을 저지르는 심각한 문제에 놓여있게 된다!

잭은 자신의 책에서 세계 대종교들을 평가했다. 오직 창조주를 믿는 종교들만이 사랑의 하나님이 악과 고통을 허락한 문제를 다루고 있다고 설명했다. 유대교, 이슬람교, 그리고 기독교가 그러했다. 그렇다면 왜 기독교인들은 그리스도가 하나님이라고 믿는가? 그것은 그리스도가 역사적 사실이고, 그리스도 스스로가 자신이 하나님이라고 주장했으며, 죽었다가 부활했으며 수백 명의 사람들이 예수의 생애와 부활을 목격했기 때문이다.

기본적인 믿음은 단지 첫 단계일 뿐이다. 그 다음 단계는 그리스도인으로서 사는 것이다. 인간이라면 모두가 4대 덕목을 알고 있다. 신중 혹은 상식, 중용 혹은 절제, 정의나 공평, 인내 혹은 용기가 그것이다. 그리스도인들에게는 3가지 덕목이 더 있다. 하나님의 왕국을 끊임없이 바라보는 소망, 불신과 고난을 이겨

내는 믿음, 그리고 모든 덕목 중 으뜸이 되는, 하나님께서 사랑하시는 것처럼 사랑하는 자비가 그것이다.

모든 사람들은 대접하고자 하는 인정 많은 그리스도인은 처음에 그를 좋아하지 않았던 사람들이 점점 더 많이 그를 좋아함을 발견한다. 그리스도인은 사랑을 느끼지 못할지라도 사랑을 실천해야만 한다. 잭은 이렇게 행동할 때 진정한 사랑이 찾아온다고 강조했다. 그렇게 잭은 토크쇼를 마무리했다.

1943년 목사인 J. B. 필립스가 자신이 번역한 골로새서 번역본을 잭에게 보내왔다. 필립스는 잭이 바울의 서신서 모두를 현대 영어로 다시 번역해 달라고 간곡히 부탁을 했다. 이 구절들은 잭 스스로가 헬라어 번역에 탁월함에도 불구하고 항상 자신을 힘겹게 만드는 구절들이었다.

"이제 그 의미를 분명하게 볼 수 있어"라고 잭이 말했다.

"마치 그림이 지워진 후에도 그 그림의 형태가 머릿속에 남아 있는 것처럼 말이야."

잭은 진심으로 필립스의 골로새서 번역본을 좋아했다. 필립스는 잭에게 이렇게 편지를 썼다.

> 모든 서신서 작업하시는 것이 성공하기를 진심으로 기원합니다. 물론 '킹제임스 성경의 모든 아름다움'을 망치고 있다고 말하는 사람들이 수단과 방법을 가리지 않고 방해를 해올 것입니다.[1]

잭은 헬라어 신약성경을 현대인들을 위한 영어로 번역하는 작업 자체를 반대하는 것이 아니었다. 물론 잭은 킹제임스 성경의 시가서를 좋아하긴 했지만, 너무 학문적으로 되어있지 않은가? 얼마나 많은 현대인들이 17세기 영어의 섬세한 표현들을 이해할 수 있겠는가? 거기다 잭 자신도 문제만 일으키는 전문 영어들을 현대의 간결한 언어로 바꾸면서 자신의 변증법을 발전시키지 않았던가?

「스크루테이프의 편지」의 성공 여파가 여전히 남아 있었다. 1943년 미국의 언론이 그들 중 하나였다. '뉴욕 타임즈'에서는 다음과 같은 논평을 실었다.

> 토마스 모어는 "마귀들은 조롱당하는 것을 견디지 못한다"라고 말했다. 만일 그 말이 맞다면, 지옥 어딘가에서는 엄청나게 괴로운 일들이 벌어지고 있다는 것을 의미한다.

'토요 문학 서평'(Saturday Review of Literature)에서는 더욱더 인상적인 기사를 실었다.

> 아무리 이상하고 이해하기 힘든 형태로 제시된다 하더라도 C. S. 루이스 교수의 주제를 생각한다면 풍자물과 관련된 작품들 중 그의 작품이 극적이고 만족스러운 가치가 있다는 사실을 알게 된다.

「스크루테이프의 편지」는 미국에서 베스트셀러가 됐을 뿐만 아니라 잭의 이전 작품들인 「고통의 문제」, 「침묵의 행성 밖으로」, 그리고 방송 토크쇼에 대한 요구를 만들어 냈다[미국에서는 「기독교의 문제」(Case for Christianity) 출판]. 심지어 「순례자의 귀향」마저도 재판되어 베스트셀러가 됐다. 미국의 잡지와 신문들이 좋은 평을 실었기 때문이었다.

「기독교의 문제」에 대해 '크리스천 센추리'(Christian Century)에서는 다음과 같은 논평을 실었다.

> 이 두 편의 방송 토크쇼는 서로 다른 접근을 통해 같은 결론을 이끌어 내고 있다. 첫 번째 논쟁은 도덕법의 연장에서 옳고 그름에 대한 일반 상식을 다루고 있는데 이것은 이기주의에 대한 사회 성향이나 합리화 그 이상의 것들이다. 두 번째 것은 무신론이 세상과 인간에 대해 전혀 설명할 수 없다는 내용이다. 저자는 특히 신학적인 영어를 최대한 피하며 일반 상식 차원에서 설명하기 위해 고통스러울 만큼 노력하고 있다.

가톨릭 잡지인 '가톨릭 월드'(Catholic World)도 「기독교의 문제」를 좋아했다.

> 이 책은 절실히 언급될 필요가 있는 것들에 대해 이야기 하고 있다. 수많은 사람들이 그리스도에게로 돌아가려고 하는 지금, 이 책은 그 거룩한 여정에 큰 도움을 주고 있다.

「고통의 문제」는 '주간 서평'(Weekly Book Review)으로부터 열광적인 평을 받았다.

> 루이스 교수는 당대 그리스도인들의 위치를 설명하는 데 있어 가장 뛰어난 사람임에 의심의 여지가 없다. 보통 사람이라면 누구든 괴로움을 안고 이 책을 검어쥘 수 있을 것이다. 이 책은 일반적인 선을 넘어섰을 뿐만 아니라 위대하기까지 하다. 비유가 아닌 직설적인 논쟁을 벌였다면 더 큰 성공을 거두었을 것이다.

「침묵의 행성 밖으로」에 담긴 오락적인 가치들 때문에, 미국에서는 대환영을 받았다. '뉴욕 타임즈'에서는 다음과 같은 기사를 실었다.

> 밀턴의 정신적 사랑을 가지고 있는 저자는 우주에 대해 정말 멋지게 묘사하고 있다. 너무도 자연스러운 흐름들은 독자에게 마치 스스로가 이야기 속에 있다고 믿게 하며 심지어 영웅으로 만들기도 한다.

'토요 문학 서평'에서는 다음과 같이 실렸다.

> 「침묵의 행성 밖으로」는 … 유쾌하기까지 하다. 모들린대학의 특별 연구원이자 교수이기도 한 C. S. 루이스는 가장 뛰어난 작가이기도 하다.

'뉴요커'(New Yorker)에서는 간단하게 평을 실었지만, 핵심을 짚어주었다.

> 화성으로의 여행을 그린 이 환상 소설은 H. G. 웰스 만큼이나 훌륭한 작품이다. 평범한(공상 과학)작품들과는 비교가 안 될 정도다.

출판업자들이 「침묵의 행성 밖으로」의 후속작에 군침을 흘리는 것은 당연한 일이었다. 잭은 자신이 정확히 무엇을 쓰기 원하는지 잘 알고 있었다. 단지 작품을 쓸 시간을 찾는 것이 문제였다. 두 번째 우주 소설은 '선한' 사람 랜섬과 '악당' 과학자인 웨스턴에 관한 것이지만, 이번에는 금성 혹은 잭이 '페레란드라'(Perelandra)라고 부르는 곳을 배경으로 할 것이었다. 시간적 배경은 가을 전으로 해서, 물의 세계인 페레란드라와는 완벽한 조화를 이루게 될 것이었다. 그곳에 아담과 이브가 있을 것이고, 물론 다른 이름으로 묘사된다. 악을 대표하는 웨스턴이 '이브'로 하여금 불복종하도록 유혹한다.

잭에게는 아담과 이브의 원시적인 털복숭이 얼간이와 같은 은유적인 이미지가 없었다. 오히려 「고통의 문제」와 '실락원 서문'에 표현한 자신의 이미지는 정반대였다. 성 어거스틴 이후의 모든 위대한 사색가들은 타락하기 전의 인간은 그 자손들보다 비교할 수 없을 만큼 우월하며 모든 자연 만물 위에 있어서 하나님과 함께 자신들의 의지를 모든 동물들 위에 펼쳤다고 믿고 있었다. 자신들의 육체로 무엇이든 할 수 있었다. 그리고 하나님과 대면하여 이야기를 나누었다.

"만일 그러한 인간이 우리들 사이에 모습을 드러낸다면, 우리들 중 가장 거룩한 사람일지라도 그 앞에 무릎을 꿇게 될 것이다"라고 잭은 주장했다.

옥스포드에서의 엄청난 작업량에도 불구하고 잭은 놀랄만한 속도로 글을 써나갔다. 하지만 여전히 많은 학생들이 전쟁에 나간 상태였다.

전에 없을 정도로 바쁘게 일을 하면서, 잭은 전쟁이 끝나면 어떻게 더 많은 일들을 감당할 수 있을지를 걱정했다. 편지들이 점점 더 늘어만 갔고 편지를 일일이 정리하는 일은 워니가 도와서 정리해야만 했다. 잭은 모든 편지들을 일일이 읽고 간결하게나마 사려 깊은 답장을 해 주었다. 잭의 편지를 정리하며 타자 치는 것을 배운 워니는 잭의 사인을 대신 타이핑해 주는 일을 맡아 했다. 급기야 잭이 그러한 편지들에 어떻게 답을 하는지를 알게 된 워니는 잭을 대신해서 답장을 써주기 시작했다. 잭의 할 일은 마지막에 서명을 하는 것뿐이었다. 그렇게 한다고 잭의 책임이 줄어드는 것이 아니었기 때문에 둘 다 이러한 것이 성실치 못한 일이라고 여기지는 않았다. 이렇게 형제가 서로 협력하여 일을 하면서, 잭은 워니가 재능있는 작가라는 사실을 깨닫기 시작했다.

잭보다 훨씬 많은 시간을 킬른에서 보내게 된 워니는, 이제 더욱더 그곳에 헌신된 것처럼 보였다. 킬른에서의 잭의 생활은 거의 멈춰지다시피 했다. 잉크링즈에서의 모임이나 소크라테스파 모임, 심지어 '새와 아기'에 자주 들리던 것들까지도 사교적인 모임이 아닌 일의 연장일 뿐이었다. 킬른은 점점 더 멀어져만 갔다. 이제 70세가 된데다 건강까지 점점 더 나빠지고 있는 무어 부인이 갈수록 고약해지고 있다는 사실을 잭은 알고 있었다. 무어 부인 때문에 화가 난 워니는 무어 부인이 이성을 잃어가고 있다고 전해 주었다. 수년 동안 이미, 워니가 침묵을 지키고 있었지만 무어 부인과 말다툼을 하는 머린에 대한 연민을 느끼고 있었다. 무어 부인에게 기대했던 친절이나 관대함은 이제 집안 사람에게 먼 옛날 이야기였다. 투르들이나 팝워스, 부르스와 같은 개들을 산책시키는 사람은 부인이 아니었다. 바쁘디 바쁜 팩스포드도 아니었다. 개를 돌보는 것은 잭과 워니의 몫이었다. 이제 잭이 있는 날이 적어졌으니 원하지는 않지만 워니가 맡아야 할 일이 되어 버렸다. "계산을 해봤는데 말이야, 지금까지 몇 달을 개들 산책시키느라 허비해 버렸지 뭐야." 어느 날 저녁 워니가 잭에게 한숨을 쉬며 털어놓은 말이었다.

1943년 옥스포드대학 출판사에서 잭의 「인간 폐지」(Abolition of Man)를 출판했다. 이 책은 잭의 강의에 기반을 두고 있기는 했지만 일반 대중을 대상으로 한 것이어서 결국 목표가 없어 보이고 말았다. 잭의 작품들에 있던 따뜻함이나 힘은 조금도 찾아볼 수 없었다. 지나치게 공정하고 학문적이었다. 잭은 이 책이 너무도 중요해서, 현대 사회가 왜 혼란스러워지는지를 꼬집어 주고 있다고 확신했다. 히틀러나 스탈린과 같은 사람들이 분명한 증거였다.

뿐만 아니라 이 책은 지식인들에게도 외면을 당했다. 옥스포드의 새로운 철학자들은 논리 실증주의의 추종자들로, 절대 도덕을 무너뜨리면서 절대적인 것들을 옹호하는 모든 정의들에 대한 흠을 잡았다. 수학적으로 증명이 가능한가? 만일 그렇지 않다면 아무런 의미가 없다고 비판했다. 그렇기 때문에 그들에게 미나 추함은 최선을 다룬 문제이고, 옳고 그름은 아무런 의미가 없었다.

"「인간 폐지」 자체의 실패보다 훨씬 후회를 하게 되고 말았어"라고 잭이 시인했다.

"사람들이 재미있게 읽을 만한 책은 아니라고 하겠군." 워니가 말을 이었다. "지독하게 지루한 책이지?"

잭은 자신이 전하기 원하는 내용을 다른 방법으로 전했어야만 했다. 이미 잭의 마음이 움직이고 있었다. 질서와 예의의 무서운 파괴자들은 자신의 삼부작의 결말인 우주 소설에서 악당역을 맡게 될 것이었다. 하지만 먼저 그것을 쓸 시간이 필요했다.

열둘

1943년, 잭의 우주 공상 소설의 두 번째 책이 출판됐다. 「페레란드라」는 영국과 미국의 대부분의 비평가들로부터 호평을 받으며 전에 없는 성공을 거두었다. 종교뿐만 아니라 일반 대중에서도 마찬가지였다. '아메리카 가톨릭 월드'(America's Catholic World)에서는 다음과 같은 평을 내놓았다.

> 행성 간을 오고 가는 이 공상물을 읽다보면 독자들은 이것이 천사들의 편에서 행해지는 일임을 발견하게 된다.

'크리스천 사이언스 모니터'(Christian Science Monitor)에서는 이렇게 덧붙였다.

잭 루이스 교수의 상상력은 고급스럽고 학문적이기까지 하다. 또한 그의 추리력은 놀라울 정도다.

뉴욕 타임즈에서는 「페레란드라」를 다음과 같이 극찬했다.

H. G. 웰스의 「투명인간」 이후에 가장 흥미진진한 이야기다. 루이스 교수에게는 H. G. 웰스 만큼이나 환상 소설을 생동감있게 만드는 천재적인 재능이 있다. 「페레란드라」가 낙원과도 같은 행성이기 때문에 그곳에서 특히 힘든 일들을 이루어 냈다. 그것은 보이는 것들과 들리는 것들과 향기, 또한 모든 익숙치 않은 감각들의 완벽한 상태를 설명한 것을 말한다.

한편 영국 'TLS'에서는 열렬한 찬사를 보내며 「페레란드라」를 이렇게 불렀다.

놀라운 연구이며, 보기 드문 독창적 상상력이며 활발한 언어의 힘을 보여주고 있다.

'커먼윌'(Commonweal)에서는 이렇게 칭찬했다.

모든 면에서 다른 공상 과학들과는 비교할 수 없는 뛰어난 작품이다.

개인적으로 잭은 이 책이 자신이 만든 최고의 소설이라고 느겼지만, 여전이 과학과 인본주의, 그리고 무신론을 옹호하는 사람들은 잭의 성공에 대해 크게 분노하고 있었다. 몇몇 비평가들은 다음과 같은 적대적인 평을 내놓았다.

"비평가들에게 「페레란드라」는 그저 악몽과 같은 소설일 뿐이다", "루이스 교수는 주사위를 무겁게 던지고 있다", "형이상학적인 허튼소리일 뿐이다", "말도 안 되는 소리들" 등이었다.

같은 해에 지오프리 블레스는 잭의 두 번째 토크쇼인 「그리스도인의 행동」을 출판했다. 더 이상 잭의 종교 서적들이 '가톨릭 월드', '크리스천 센추리'와 같은 종교 정기 간행물들에게만 평을 받는 것은 아니었다. 물론 이들은 「그리스도인의 행동」을 극찬했다. 이제 잭의 논문들은 일반 언론들에게까지 주목을 받게 됐고, 특히 미국에서 그러했다. '뉴욕 타임즈'에서는 잭의 책을 극찬하며 다음과 같이 말했다.

> 루이스 교수의 생각은 분명하다. 그의 스타일은 수많은 연구와 사색, 그리고 근본적이지 못한 것들을 모두 제거한 후에 나오는 귀중한 단순함을 잘 보여주고 있다.

1944년에는 지오프리 블레스에서 「인격을 넘어서 : 삼위일체를 이해하는 첫걸음」(Beyond Personality : The Christian Idea of God)을 출판했다. 이 책은 잭의 라디오 방송 내용을 편집한 것으로 잭의 신학적인 야심찬 노력이기도 했다. 많은 사람들은 이러한 것들이 하나님의 실체를 파헤치는 것이라며 그만두라고 했지만, 잭은 인간은 '물질'의 일부가 아니라 살아있는 '생명체'의 일부이며, 하나님 안에서의 영적인 존재라고 주장했다. 또한 우리 인간의 존재 목적이 하나님께서 주시는 삶으로 들어가는 것이라고 자신을 변호했다.

잭은 더 나아가 기독교의 삼위일체, 즉 세 인격의 하나님이 한 분이라는 개념을 설명했다. 하나님은 우리가 나아가고 모습을 드러내기 원하는 영적인 존재다. 그리스도는 우리가 하나님을 알 수 있는 유일하며 실재하는 근본이다. 성령은 우리 안에 거하시는 하나님의 영역이시다. 하나님은 시간에 갇혀 계신 분이 아니시기 때문에, 각 개개인을 돌보실 수 있다. 우리가 그리스도 같은 사람이 될 때, 우리는 하나님께 나아갈 수 있게 된다.

「인격을 넘어서」는 다양한 비평가들로부터 평을 받았다. '뉴욕타임즈'에서는 결국 일반 상식이 된 내용을 기술했다.

> 옥스포드의 평의원이기도 한 루이스 교수는 자신이 어디를 거닐든 그곳에 있는 사람들에게 그리스도인의 사도적 역할을 행하고 있다. 진리를 가장 알기 쉽게 연구해 놓은 작품이 된 최근작에서는 페이지들마다 알기 쉬운 묘사들과 유쾌한 방법들을 사용하며 또한 그럴듯하면서도 부정적인 의견들에 대한 해답을 찾으려고 하고 있다.

'주간 서평'에서는 다음과 같은 칭찬을 더해 주었다.

> 루이스 교수가 유명인임에는 의심의 여지가 없다. 사고의 분명함과 표현의 간결함은 신학적으로 가장 난해한 문제들을 쉽게 만들어 내는 마법과 같은 힘이 있다.

종교계 출판사에서는 황홀할만한 칭찬을 했다. '가톨릭 월드'에서는 다음과 같은 찬사를 보냈다. "천재적인 작가 루이스 교수에게는 어려운 주제들을 이해하기 쉽고 재미있게 만드는 특별한 능력이 있다."

'처치맨'(Churchman)에서는 다음과 같은 갈채를 보내왔다. "다시 한 번 이 천재 작가는 정통 기독교 신앙을 가장 쉬운 말들로 설명하기 위한 최선의 노력을 다하고 있다."

잭은 1945년까지 출판 계획이 잡힌 두 권의 책을 쓰는 데 더 많은 시간을 보냈다. 그중 한 권은 그가 썼던 공상 과학 소설 분야의 책 중 세 번째 작품이었고, 다른 한 권은 「천국과 지옥의 이혼」(The Great Divorce)이라는 책이었다. 이 두 권은 지금까지 그가 써왔던 책들과는 달랐다. 「천국과 지옥의 이혼」으로 여기서 분열은 지옥과 천국 간의 단절을 표현하고 있다. 이 책은 단테의 「신곡」을 현대인의 눈으로 재조명하는 내용이기도 했다. 예를 들어, 잭을 인도하는 것이 베르길리우스가 아니라 자신의 멘토인 조지 맥도날드인가 하면, 버스 한 대에 가득한 자기중심적인 죄인들이 지옥으로 가는 동안에도 버스 안에서 자신들의 삶을 유지하려고 안간힘을 쓰는 모습이 천국에 비춰지는 그런 내용이었다.

「천국과 지옥의 이혼」이 출판된 후, '뉴욕 타임즈', '뉴요커', '라이브러리 저널'(Library Journal), 그리고 '주간 서평'으로부터 극찬을 받았다. 그러나 'TLS'와 같은 다른 곳에서는 신통치가 않았다. '커커스'(kirkus)의 한 비평가는 실망감을 표현했다. '스펙테이터'에서는 적대적인 서평을 내놓기까지 했다. 'TLS'에서는 다음과 같이 지적했다. "구원받지 못하는 영혼들과의 논쟁에서 그들에게 동의하는 사람들이 쓴 이런 책은 출판되어서는 안 된다!"

톨킨을 제외한 잉크링즈의 사람들은 모두「천국과 지옥의 이혼」에서 사용한 잭의 멋진 계획들을 칭찬해 주었다. "단테는 심술궂고 악의로 가득하단 말이야"라고 톨킨이 단언했다. "하찮은 상황에 하찮은 사람들뿐이란 말이지." 그렇게 톨킨은 잭의 영웅 중 하나뿐만 아니라 간접적으로 잭의 소설 또한 비난했다.

잭의 세 번째 우주 소설인 「무서운 힘」(That Hideous Strength)은 특별히 잭과 톨킨 간의 틈을 더 벌어지게 만들었다. 톨킨은 잉크링즈 멤버들이 모두 '호빗 이야기'(The New Hobbit)라고 부르는 책을 쓰고 있었고, 톨킨 자신은 이 책에 '반지의 제왕'(The Lord of the Rings)이라는 제목을 붙였다. 이 새로운 작품에서 톨킨의 스타일이 완전히 바뀌었다. 이 이야기 책은 빠른 진행과 함께 점점 더 강력해졌다. 상상력 또한 놀라우리만큼 대단했다. 잭은 톨킨이 이 작품을 마칠 수만 있다면 '반지의 제왕' 이야말로 세기적인 작품이 될 것이라며 다른 그 어떤 사람보다 톨킨을 격려해 주었다. 하지만 이상하게도, 톨킨은 끊임없이 격려를 받아야만 했다. 때로는 이 호빗 이야기를 내려 놓고 몇 달 동안이나 손도 대지 않기도 했다. 잭은 그러한 수고가 계속되게 해주는 촉매와 같았다.

하지만 잭이 자신의 세 번째 우주 소설인 「무서운 힘」을 잉크링즈 앞에서 낭독했을 때, 톨킨은 공개적으로 책망을 해댔다. "너무 많은 주제들이 뒤죽박죽 되어있지 않은가"라며 트집을 잡았다. 점점 더, 톨킨은 잭이 찰스 윌리엄스의 아더왕 이야기를 소개받고 그에게 너무 끌려서 찰스의 의견을 감추려는 노력조차 하지 않는다고 생각했다.

첫 두 편의 소설들, 특히 「페레란드라」는 빈약함과 방대함이 함께하고 있었다. 이 책에서 잭은 윌리엄스로부터 상당한 영감을 받았다. 잭은 자신의 상상력을 만족시켰을 뿐만 아니라 친구들까지도 만족시켰다. 이 책에서 잭은 톨킨과 바필드에 대해 넌지시 말했으며 자신의 어린 시절 사사인 커크패트릭을 분명히 닮은 인물을 만들어 냈는가 하면 랜섬을 찰스 윌리엄스와 같은 인물로 바꿔 버렸다.

"톨킨은 「무서운 힘」이 너무 두껍고 감성적인데다, 관대하기만 하다고 생각하나 봐. 그것 말고는 괜찮다는군"이라며 잭이 워니에게 빈정대듯 말했다.

  이 책이 실망스럽다는 사실에 많은 비평가들이 동의했다. 그들은 보통 잭의 강점으로 보이던 약한 모습을 비판했다. '가톨릭 월드'에서는 과감히 가지치기를 한다면 적절하고 활발한 작품이 될 것이라고 제안했다. '처치맨'에서는 등장인물과 동기들이 때로 이해할 수 없다는 것을 발견했다. '토요 문학 비평'에서는 이런 두꺼운 책을 읽는 사람들에게 한 지적인 기회주의자의 구원은 너무도 빈약한 보상이라는 불평을 했다.

  그렇게 비평들은 톨킨의 트집이 단순한 트집이 아니라는 사실을 확인해 주었다. 하지만 톨킨이 찰스 윌리엄스를 시기하는 것은 무시하기 힘들었다. 잭이 지금까지 만났던 그 어떤 사람들보다 윌리엄스와 함께하기를 즐기는 것은 분명한 사실이었다. 오웬 바필드 그 이상이었다. 잭은 여전히 오웬 바필드가 자신이 만난 사람들 중 가장 위대한 지식을 소유한 사람이라고 인정했지만, 찰스 윌리엄스도 뒤지지 않을 정도였다. 톨킨의 질투에도 불구하고, 잭은 점점 더 윌리엄스를 치켜세웠다. 학위가 부족했던 윌리엄스이었음에도 잭은 자신이 후원을 해 줌으로 해서 옥스포드의 시가 담당 교수가 될 수 있기를 간절히 바랐다. 먼저, 잭은 윌리엄스가 모두가 인정하는 초자연적인 추리 소설 「모든 성인들의 날 이브」(All Hallows' Eve)를 개정하는 것을 도왔다. 뿐만 아니라 기독교 도전 시리즈(Christian Challenge Series) 중 용서에 관한 책들에 관해 윌리엄스가 지오프리 블레스와 계약을 맺을 수 있도록 자신이 가진 영향력을 사용했다.

    제2차 세계대전이 끝난 5월이 불과 며칠 지나지 않은 어느 날, 잭은 1929년 아버지의 죽음 이후 가장 충격적인 소식을 전해 들었다. 대수롭지 않게 여겼던 수술 도중 윌리엄스가 불과 58세의 나이로 세상을 떠났던 것이다. 윌리엄스의 죽음으로 충격을 받은 잭은 자신의 슬픔을 다음과 같은 구절에 담았다.

> 자네의 죽음은 갑자기 몰아닥쳤네, 친구.
> 그리고 모든 것을 그저 평범하게 보는 것도 그대로 기록하기도 힘들다네.
> 삶의 모든 모습들을 새로이 정리하고
> 마치 그것이 하늘로부터 밀려 내려온 것처럼,
> 그늘을 만들고, 물들이 드러나게 하고,
> 언덕을 세우고 골짜기를 깊게 하기 위해.
> 경사면이 변하고, 예전의 겉모습이 어떠했는지 볼 수가 없네.
> T라는 세상이 내가 생각했던 것보다 큰 세상이군.
> 나는 잠깐 움츠러들어서 산마루에 부는 바람에
> 잠시 사로잡혀 버렸다네.
> 이것이 과연 세상이 약해지는
> 그 위대한 겨울의 고통인가? 아니면 봄날의 추위?
> 어려운 질문과 이야기할 만한 것들이 밤새 계속된다네.
> 하지만 이제 누구와 그렇게 한단 말인가?
> 이제 누구에게 안내를 해 달라고 해야 한단 말인가?

자네의 죽음에 대해서는 누구와 이야기해야 하나?
자네가 아닌데 다른 이들과 생각을 나눌만한
가치가 있겠는가?[1]

잭은 마치 윌리엄스가 기쁨 가운데 자신과 함께 있는 것처럼 느꼈다. 다시 한 번 고통과 상실감을 느꼈지만 더 이상 분노는 없었다. 그리스도가 그렇게 바꿔 주셨다. 천국으로 간 친구에 대해 어찌 분노를 느낄 수 있겠는가?

자신의 상상력을 넓혀 준 것에 대해 잭이 윌리엄스에게 큰 빚을 졌다고 느꼈기 때문에, 잭은 윌리엄스가 런던으로 떠나는 듯이 친구들로부터 수필들을 모아 작별 선물로 준비했다. 잭과 톨킨, 도로시 세이어즈, 오웬 바필드, 그리고 다른 기증자들이 이 책에 남겨졌다. 잭은 이 책에 '찰스 윌리엄스에게 바치는 글'이라는 제목을 붙일 수밖에 없었다.

이 책에서 잭은 다음과 같이 윌리엄스를 표현했다.

키가 크고 가냘펐던 윌리엄스는 비록 머리는 희끗희끗했지만 소년처럼 솔직했다. 우리는 그의 얼굴이 못생겼다고 생각했지만, 이야기를 하는 순간에는 마치 천사의 얼굴인 것처럼 변했다. 내가 아는 사람들 중 허세를 부리지 않으면서도 화려히 행동하고 또한 장난치기를 좋아하는 사람은 윌리엄스뿐이다.[2]

분명히 잭도 윌리엄스의 장난기에 피해를 받은 사람이었다. 윌리엄스가 잭과 오랫동안 잭의 원수와도 같았던, T. S. 엘리엇과의 점심 식사를 은밀히 마련했던 것이다. 두 원수들 간의 그칠 줄 모르는 차가운 대화가 오고 가는 동안 윌리엄스는 그 상황을 이루 말할 수 없이 즐기고 있었다. 하지만 잭은 조금의 원한도 품지 않았다. 아마도 그 만남 자체가 성공적이어서 그랬을 수도 있다. 윌리엄스의 잘못인가? 아니면 이 두 교만한 경쟁자들의 잘못인가?

> 내게 떠오르는 윌리엄스의 얼굴은 순수하리만큼 환한 익살이나 길고 사나운 언쟁을 받아넘기거나 찌를 때 그 열심히 앞으로 나아가며 당황스러우리만큼 주체할 수 없는 그런 웃는 모습이다. 이야기란 어느 방향으로도 흘러갈 수 있지만 어디로 가든, 윌리엄스는 준비가 되어 있었다. 윌리엄스가 모습을 드러내지 않는 경우는 매우 드물었다. 생기와 단결이 모두에게 오랫동안 묻어나 있었다. 윌리엄스 없이 어떻게 서로를 완전하게 받아들일 수 있을지….[3]

잭 자신에게 글들은 충분한 만큼 감사의 표시가 되지 못했다. 감사를 표현하는 내용에 잭은 '아서왕의 미완성작'(Arthurian Torso)이라고 제목을 붙였다. 잭은 윌리엄스가 아서왕 전설에 대해 기록한 내용들 중 출판되지 못한 것들을 모은 다음, 거기에 윌리엄스의 시 '탈리에신 주기'(Taliessin Cycle)에 대한 아낌없는 칭찬을 덧붙였다. 잭은 이 책에서 윌리엄스가 20세기의 그 어떤 시도 비교할 수 없을 만큼 음악과 같은 말들을 만들어 냈다고 강조했다. 아시반 결국에는 두 권 모두 윌리엄스가 운영하던 옥스포드대학 출판사에서 출판을 하게 됐다.

"윌리엄스를 기념하는 이 책들 모두 내가 조지 맥도날드에게 진 빚을 일깨워 줬어"라고 잭이 워니에게 말했다.

"열일곱 살 때부터 네 스승이었던 맥도날드 말이구나!"

"내가 원래 '다른 존재'에 이끌렸기 때문에 맥도날드에게 사로잡혔던 거야. 하지만 덕분에 이단이 아닌 거룩함에 이끌렸으니 맥도날드에게 감사해야겠지"라고 잭이 말했다.

잭은 맥도날드가 기독교를 빛낸 작품들 중에 명구절들을 모아 명시집을 만들었다. 그런 다음 약 4,000단어에 달하는 서문을 썼다. 아첨뿐이거나 비판이 없는 그런 글이 아니었다. 잭은 자신의 글에서 맥도날드가 일류 작가는 아니지만, 지나치게 화려하거나 장황한 설명 없이 성공적인 신화를 창조해 냈다고 기록했다. 잭은 조금의 주저함도 없이 맥도날드의 환상 소설을 추천했다. 「판타스테스」, 「릴리스」, 그리고 두 권의 「커디」 등이었다. 잭이 '맥도날드의 신화만들기'에 대해 기록한 내용을 가지고 J. R. R. 톨킨이나 W. H. 오든, G. K. 체스터턴과 같은 이들이 서로의 생각을 나눌 것을 알고 있었다. 「명시 선집」은 1946년에 출판되었다.

잭은 계속해서 기독교의 진리들을 설명했다. 특히 사람들이 그리스도를 발견하지 못하게 하는 방해물들을 강조했다. 그러한 방해물들 중 성경의 기적들만큼이나 자주 언급되는 것이 또 있겠는가? "기적들만 아니었어도…"라는 말을 잭이 얼마나 자주 들었던가?

잭은 그의 책 「기적」(Miracles)에서 기적에 대해 회의적인 사람들에게 기적이 하나님께는 너무도 평범한 것이라는 사실을 설명해 주었다. 이 책은 1945년에 완성되었지만 출판은 1947년에서야 가능했다. 내용이 너무도 분명한 이 책은 찰스 윌리엄스로부터 받은 영감으로 쓰였다. 이 책에서 잭은 초자연주의가 아닌 자연주의가 자기 모순임을 강력하게 주장했다. 결국 이 책 자체가 초자연적인 것들을 증명하는 것이 되었다.

'크리스천 센추리'와 같은 종교 출판사에서는 공개적으로 「기적」을 칭찬했다. 하지만 일반의 비평은 조심스러웠다. 이 책을 칭찬하는 자체만으로도 초자연주의를 인정하는 것 같아 보였기 때문이었다. 대부분의 비평가들은 이 책을 추천하기는 했지만 그 안에 담긴 내용 자체를 지지하지는 않았다.

> 루이스 교수는 그물을 상당히 넓게 던지고 있다. 몇몇 간과된 요점들은 좀 더 분석적인 변증이 요구되는 부분이기도 하다. 루이스 교수의 책은 마지막으로 설득하는 부분이 부족해 보일 수 있다. 그럼에도 불구하고, 루이스 교수는 인상적인 책을 만들어 냈다.

「기적」은 대중들 가운데 잭이 기독교의 변호인이라는 명성을 확실히 굳히게 만들었다. 미국의 인기 잡지인 '타임'(Time)지에서 잭을 표지 인물로 선정했고 출처 미상의 뜬소문 같은 잭의 개인 삶에 관한 몇 줄 안 되는 기사를 함께 실었다. 기자는 잭의 친구들이 대답할 수 없는 질문들은 모두 잭이 은밀한 삶을 살기 때문이라고 단정지어 버렸다. 이 잡지는 잭이 돈만을 위해 글을 쓰는 위선자일 수도 있다는 가능성을 심어주고 말았다. 물론 잭도 조금의 주저함 없이 모든 종교서적에서 나온 수익이 자선 사업을 위해 쓰여지고 있다는 내용을 밝혔다.

그럼에도 스스로가 비평가인 잭은 '타임' 지의 기사 중 몇몇 내용 때문에 기뻐했다. 잭이 조지 맥도날드와 찰스 윌리엄스에게 자신이 진 빚을 알려주고 있었기 때문이었다. 잭에 대한 설명은 정말 재미있는 내용이었다.

불그스레한 얼굴에 큰 목소리, 땅달막한 키의 루이스 교수는 이야기를 맺고 있었다. 자신의 기록들과 책들을 모두 모은 교수는 뿔테 안경을 외투 주머니에 꽂아 넣고 각모를 집어 들었다. 간간히 터져 나오는 웃음소리에도 불구하고 강의를 계속하며 맨 앞줄에 있는 학생에게 빌린 시계를 돌려주기 위해 몸을 앞으로 기울였다. 강의의 결론을 맺으며 교수는 강단 옆으로 내려섰다. 몰려 나오던 학생들이 교수를 위해 길을 만들어 주었다. 거리로 나온 교수는 빠른 걸음을 재촉했고 교수의 검은 가운이 무명 바지 뒤로 펄럭였다.

분명한 사실이었다. 뿐만 아니라 잭이 전쟁 기간 동안 짊어졌어야 했던 엄청난 양의 가르침에 대해서도 충실히 기록해 주었다. 또한 기사에는 어리석은 다신교에 대한 내용과 천국에서의 성적인 쾌락이 있기를 바라는 내용도 함께 인용했다. 기자는 잭이 다른 교수들로부터 시기를 받고 있다고 믿고 있으며, 심지어 잭이 거짓말을 글로 써서 돈을 벌고 있다는 내용을 확신하듯이 기록했다. 잭의 무뚝뚝함에 대해 불평을 하는 사람들이 있었다. 물론 사실이었다. 잭은 퉁명스러웠다.

기사의 내용이 아무리 길더라도, 잭이 짊어지고 있는 책임 중 십분의 일도 다 채우지 못하고 있었다. 잭이 의도적으로 제자들과 감정적인 거리를 두려고 노력했음에도, 몇몇은 잭에게 문제들을 들고 찾아왔다. 절박한 상황에 있던 학생이 찾아온 적도 있었다.

"누군가에게 상당히 큰 액수의 돈을 빌려주었는데 받지 못하고 있습니다. 이제는 제가 돈이 없는 상태입니다."

"절대 많은 돈을 빌려주지 말아야 한다네. 조금씩 빌려 주도록 해"라고 잭이 충고해 주었다.

"네, 알겠습니다"라며 풀이 죽은 학생이 울먹였다.

"내가 함께하고 있는 사람들 중에 자네와 같은 학생을 도와줄 수 있는 사람들이 있는데 그들에게 자네 이야기를 해보도록 하겠네"라고 잭이 말했다. 사실 그 학생에게 필요한 돈을 준 것은 다름 아닌 잭 자신이었다.

잭은 그후 더욱더 절박한 상황에 있는 한 대학원생을 만나게 되었다. 여러 해 동안 말을 더듬는 것 때문에 고생을 한 이 학생은 수없이 좌절을 경험했고, 심각한 기관지염과 여인으로부터의 상처, 불안 때문에 결국에는 심각한 우울증에 시달리고 있었다. 학생은 시험을 연기해 줄 것을 간곡히 부탁했고, 자살에 대한 가능성까지 보여주었다.

"전쟁 중에 집이 거의 완전히 파괴되었다고 하지 않았나?"라고 잭이 물어보았다.

"예? 아, 예…."

"수백 수천의 사람들이 죽어가는데도 자네는 살아남지 않았나. 어떻게 그리도 감사할 줄 모르는 건가?" 전혀 책망하는 목소리가 아니었다. 오히려 인자한 목소리였고 학생은 모든 것들로부터 회복될 수 있었다. 타임지는 잭이 대학원 잡지인 '처웰'(Cherwell)에 남긴 경고문을 인용했다.

> 기독교는 이제 젊은 학생들 사이에 지도와 같은 역할을 하고 있다. 단순한 '불신'의 날들은 '단순한 믿음'의 날들만큼이나 죽어있다. 그럼에도 우리는 널리 퍼져 있을 뿐만 아니라 생생하리만큼 관심을 받고 있는 이 주제가 정확히 우리가 유행이라고 부르는 것임을 기억해야만 한다. 그저 유행으로 주어진 것들은 그만큼 급히 사라져 버리고 만다. 진정한 변화만이 남게 될 것이지만 다른 것들은 그렇지가 않다. 그러

한 사탕발림에 넘어가서 생기고 퍼져나가고 결국 수많은 사람들에 의해 다시금 주장되는 현대의 지적 운동과 같은 것들에 조금도 관심을 둬서는 안 된다.

기독교 신앙이 처음에는 매력적이지만 결국 점점 더 알아갈수록 냉정해지는 것을 잭은 너무도 잘 알고 있었다. 기독교는 절대 쉽지 않았다. 완전한 항복을 요구할 뿐만 아니라 육체적인 것과 영적인 것의 너무도 큰 차이를 드러내고 있기 때문이었다.

"심지어 소크라테스파 클럽에는 좋을 때만 친구가 되는 이들뿐이란 말이야"라고 잭이 워니에게 넋두리하듯 말했다.

"절대 만족하게 되는 일은 없을 거야."

1948년 2월 2일, 소크라테스 클럽의 서기가 "오늘의 주제는 '기적 : C. S. 루이스 교수님에 대한 대답' 입니다"라고 발표하자, 새로운 철학자들 중 하나인 엘리자베스 앤스컴이 일어나서 잭의 주장을 완전히 논파하려고 했다. 잭은 평소처럼 반대 주장을 반박하려고 하는 자신을 발견했다. 잭은 공격적으로 자신을 방어하기 위해 큰소리를 쳤다. 결국 그날 저녁은 잭에게 최악의 기억으로 남고 말았다!

열셋

　엘리자베스 앤스컴은 전혀 부끄럼을 타는 사람이 아니었다. 큰 덩치에 살이 찐 잭에 비해, 그녀는 바지를 입고 다녔을 뿐만 아니라 심지어 담배까지 피웠다! 그뿐 아니었다. 엘리자베스는 잭이 내린 정의를 처절하고 난처하게 만들 만큼 총명했다. 논리 실증주의자로서 엘리자베스는 잭의 저주를 수학으로 맞서야만 했다. 뿐만 아니라 그렇게 해서 잭이 마치 끝을 얼버무리는 것처럼 만들어 버렸다. 결국 잭을 충실히 따르는 이들은 잭이 논쟁에서 이겼다고 주장하기는 했지만, 잭은 심하게 우울할 수밖에 없었다.

　"주님, 현대 철학자들과 그들의 불행한 제자들을 상대로 그리스도의 영광과는 비교도 안 되는 옳고 그름에 대해 어떻게 이야기를 나눌 수 있을지요?" 잭은 이렇게 기도했다.

심지어 앤스컴에게 진 것 때문에 너무도 우울해진 잭이 더 이상 변증론적인 책을 쓰지 않을 것이라는 소문까지 들려왔다. 물론 말도 안 되는 소리였다. 앤스컴과의 대면이 있기 이미 6개월 전, 잭은 '타임'지 기자와의 인터뷰에서 더 이상 변증법론적인 책을 쓰지 않겠다고 밝힌 상태였기 때문이었다. 현재 잭은 자신이 원하는 책을 쓰고 있었고, 어떤 형태의 소설로 이어지고 있었다.

"어떤 악의가 섞인 소문에도 대꾸하지 않겠어"라고 잭은 결심했다.

"지혜로운 사람들은 거짓을 분명하게 알아볼 수 있으니까."

잭은 그들이 그럴 수 있기를 기도했다. 이제 잭에게 의지할 수 있는 분은 그리스도뿐이었다.

잭은 J. B. 필립스의 바울 서신 번역본이 마침내 출판된 것을 기뻐했다. 자신이 할 수 있는 일은 이미 다했기 때문이었다. 수도 없이 거절을 당했지만, 결국 잭의 전담 출판인인 지오프리 블레스가 잭의 추천과 함께 그 책을 출판하겠다고 했다. 잭은 책의 제목으로 "젊은 교회들에게 보내는 편지"(Letters to Young Churches)를 추천했고, 서문을 직접 썼다. 서문에는 1600년대의 전통주의자들 또한 킹제임스 성경을 반대했던 사실에 초점을 맞추었다. 또한 킹제임스 성경의 신약 부분이 헬라어 원본을 번역한 것이 아니라 헬라어 원본의 라틴 번역본을 번역한 것임을 강조했다.

"킹제임스 성경만큼이나 아름다운데, 누구든 현대 학자가 더욱더 직접적인 접근을 한 것을 반대하겠는가?"라고 잭은 질문을 던졌다.

잭의 이러한 호소와 「젊은 교회들에게 보내는 편지」에 붙은 잭의 이름 때문에 이 책은 처음부터 잘 팔렸을 뿐만 아니라, 얼마 지나지 않아 책 자체의 아름다움으로 인해 책만의 명성을 얻어갔다. 점점 더 대중의 인기를 얻어가더니 결국에는 베스트셀러의 자리에까지 올랐다.

유명 언론들이 잭을 기독교의 챔피언으로 칭찬함에도 불구하고, 1948년 잭의 삶은 괴롭기만 한 것처럼 보였다. 이제 잭의 나이는 50세에 접어들었다. 강의로 인한 짐은 실로 엄청난 수준이었다. 윌리엄스가 죽었다는 사실 또한 변함없었다. 톨킨은 화를 낼 뿐만 아니라 잭에게 동의하지 않았다. 옥스포드에서는 점점 더 적대적인 모습을 보게 될 뿐이었다. 옥스포드처럼 교양 있는 곳에서 자신의 일에 기독교 간판을 내거는 것은 조금도 달갑지 않은 모습이었던 것이다. 날이 갈수록 모들린에는 긴장감이 감돌았고, 킬른이 자신에게 아무런 쉼을 주지 못하는 사실 또한 슬픈 현실이었다.

사실, 잭은 두려운 마음으로 킬른을 오고 갔다. 식량 배급으로 인해 모두들 신경이 곤두선 상태였다. 심지어 이제 주요 부식이 된 감자까지도 배급될 정도였다. 킬른에서 어떤 싸움이 또 잭을 기다리고 있을까? 무어 부인이 이번에는 누구와 싸우고 있을까? 요리사? 아니면 새로 들어온 하인? 워니가 도움이 되고 있을까? 심하게 취하지 않았을 때는 물론 그랬다.

일 년에 한두 번, 워니는 심하게 취한 상태로 다른 술취한 친구를 찾아가거나 술을 마시기 위해 아일랜드의 어느 곳으론가 사라져 버리곤 했다. 잭은 그럴 때면 어딘가에서 워니로부터 도와달라는 전화가 오기까지 기다려야만 했다. 워니가 완전히 만취된 상태일 때는, 죽은 사람처럼 완전히 마비될 때까지 점점 더 마시는 속도가 빨라졌다. 그러면 잭은 워니가 회복될 때까지 병원이나 집에서 기다려야만 했다. 이러한 혼란 속에서도, 그리스도께서 주시는 희망이 잭을 지탱했고, 잭은 자신의 일을 계속해 나갔다.

"이제 내 모든 이야기가 생생하게 그림처럼 보여." 잭이 아무렇지 않게 이야기했다. "마치 영화를 보듯이 말이야."

오래전(아마도 잭이 16살 정도였을 때) 잭은 파우나(염소의 귀와 뿔, 뒷다리를 가진 목축의 신)가 눈 쌓인 숲 사이로 우산과 상자 꾸러미를 한아름 나르는 환상을 본 적이 있었다. 전쟁이 시작되고 런던에서 피난 온 여학생들이 도착했을 때, 잭은 사실 파우나에 대한 이야기를 들려주곤 했다. 이야기의 등장 인물들은 다름 아닌 런던에서 피난 온 네 명의 어린아이들 앤, 마틴, 로즈, 그리고 피터였다. 아이들은 나이 많은 한 교수과 함께 살게 된다.

6년 후인 1945년, 잭은 제자였던 로저 그린이 쓴 어린이 이야기의 원본을 자세히 읽었는데, 그 내용들 중 기억에 분명히 남아 있는 부분들이 있었다. 1948년 잭은 그린의 허락을 받아 자신의 이야기로 다시 만늘기 시작했다. 물론 그린은 자신의 책을 출판하지 못했고 잭은 그린의 이야기들 중 일부만을 빌려서 사용했다. 아이들은 수잔, 루시, 에드먼드, 그리고 피터 페번시로 바뀌었다. 얼마 안 되어 잭은 환상의 나라인 나니아를 만들었고, 아이들은 교수의 집에 있는 마법의 옷장을 통해 이곳으로 들어갈 수 있게 된다. 잭은 사자에 대한 꿈을 꿔왔다. 이 이야기는 아슬란이라고 하는 엄청난 사자를 통해 그리스도를 소개하는 것으로 그 절정을 이루게 되었다. 1948년 크리스마스에 맞춰 이 이야기가 완성되었고, 1949년이 되자마자 잭은 이 이야기를 톨킨에게 들려주었다.

"톨킨은 이 이야기를 완전히 경멸했어"라고 잭이 워니에게 알려주었다. "아무짝에 쓸모 없는 환상 이야기를 가지고 완전히 뒤죽박죽인 이야기를 만들어 버렸다는 거야."

잭의 출판인인 지오프리 블레스는 이 책의 출판에 대해 전혀 열정을 보이지 않았다. 이제 「사자와 마녀와 옷장」(The Lion, the Witch, and the Wardrobe)이라는 제목이 붙여진 이 책은 기독교와 산타클로스, 말하는 동물들, 파우나, 마녀들, 그리고 진짜 사람들이 뒤섞여 있었다. 한편, 잭이 이미 유명세를 타고 있었기 때문에, 블라스는 위험을 떠안고서라도 책을 출판해야만 했다. 어쩌면 이야기의 속편을 이어간다면 처음의 손해를 회복할 수 있을지 모른다고 블레스가 잭에게 제안했을 수도 있다. 그렇게 잭은 후속편인 「카스피안 왕자」(Prince Caspian)를 써 나갔다. 지금까지 오랫동안 함께해 온 지오프리 블레스가 처음으로 잭의 책들을 한꺼번에 출판하지 않았다.

"믿을 수 있겠어요? 블레스는 세 번째 책을 출판할 건지 안 할 건지에 대해 전혀 언급하지 않고 있어요." 잭은 화가 나서는 무어 부인에게 불평을 해댔다.

옥스포드의 생활 또한 잭에게 큰 즐거움을 주지는 못했다. 처음부터 회장을 맡아온 소크라테스 클럽도 더 이상 즐겁지 않았다. 잭은 무신론자와 불가지론자들의 논리 실증주의를 막아내는 데 지쳐있었다.

소크라테스 클럽의 불만은 제쳐 두더라도, 수년이 지난 지금까지 잭의 교수직이 거부된 것으로 인해 잭은 화가 나고 말았다. 톨킨도 1945년부터 전임 교수로 활동해 왔다(다시 한 번, 톨킨이 저술이나 연구 분야에 있어 교수로 임용되도록 잭이 전적으로 지원해 준 것에 비해, 톨킨은 그저 성의 없이 잭을 도와줄 뿐이었다). 잭은 지칠 수밖에 없었다. 전임 교수는 개인 교수를 하지 않아도 됐지만, 잭은 교수 자격이 아니었기 때문에, 25년 동안이나 개인 교수를 하고 있었다!

가장 힘겨운 전쟁의 시간이 지나자마자 많은 병사들이 학생의 신분으로 돌아왔다. 개인 교수 시간은 전에 없이 힘겨워 졌고 오전, 오후, 저녁 시간까지 강의를 해야만 했다. 지금까지 한 번도 자신의 역할을 등한시 여기지 않았던 잭은 학생들에게 변변치 못한 것을 주고 싶지 않았다.

워니마저 점점 더 술을 많이 마셨고 잭에 대한 요구가 더욱더 심해졌다. 멜버른에 있는 워니는 다시 폭음을 하기 시작했다. 이미 지칠대로 지친 잭에게 최악의 상태가 아닐 수 없었다. 그럼에도, 잭은 끊임없이 영문학의 옥스포드 역사서인 '오헬'(Oh Hell)의 그 엄청난 분량을 끝내려고 애썼다. 1949년 어느 날 킬른에 있던 잭은 자신이 환상을 보고 있다고 느꼈다. 쓰러진 것이었다. 감사하게도 건강하지 못한 무어 부인이 구급차를 부를 정신은 있었고 워니가 돌아왔을 때, 잭은 병원에서 수없이 페니실린을 맞고 있었다.

"험프리는 내가 과로로 쓰러진 거라고 하더군." 잭이 워니에게 중얼거렸다. "덕분에 세균에 감염되자마자 쓰러진 거구 말이야."(잭의 주치의인 로버트 하버드는 잉크링즈에 참여하던 의사로 험프리라고 불렸다.)

"며칠 못 가서 멀쩡하게 일어날 거야. 날 보라구. 불면증에서 완전히 해방됐잖아."

하지만 워니는 술을 마시기 위해 다시금 사라지고 말았다. 이번에 워니는 아일랜드로 갔다. 워니는 절대 술을 마시지 않겠다고 하면서, 혹 마시게 되더라도 조절을 하겠다고 했다. 하지만 그렇게 자신만만해 하는 모습이 잭을 걱정하게 만들고 있었다. 며칠 후, 잭은 아일랜드로 달려가야만 했다. 통제불능이 된 워니는 사실상 보호 시설에 감금된 상태였기 때문이었다. 워니의 음

주 사실을 더 이상 감출 수 없다는 것을 잭은 깨달았다. 워니는 '불면증'과 '우울증'에 시달리고 있다고 할 수가 없었다. 워니는 알코올 중독자가 되어 있었던 것이다. 잭은 겸손히 친한 친구들의 조언을 구했다.

"도덕적인 딜레마가 아닌가?"라며 잭이 톨킨에게 자신의 감정을 털어놓았다. "워니야말로 가장 온순한 사람이란 말일세. 아니면 의학적인 문제인가? 아니면 둘 다? 워니를 더 심하게 몰아붙여야만 할까?"

단 한 번이지만 심지어 잭은 자신이 가깝게 지내지 않는 이들로부터 조언을 구하기까지 했다. "알코올 중독자만이 술을 완전히 끊을 수 있지." 술마시는 것에 있어 지각이 있다는 이들의 충고였다. 잭은 워니가 술 마시는 것에 대한 망상에 사로잡혀 있다는 사실을 깨닫고 완전히 용기를 잃어버렸다. 워니는 자신이 아직도 술을 마실 수 있다는 망상에 사로잡혀 있었다. 워니에게 필요한 것은 더 큰 의지력이었다. 잭은 내면 깊은 곳으로부터 워니에 대해 단 한 가지 희망만이 남아있음을 알고 있었다. 잭은 기도했다.

옥스포드에서의 삶은 점점 더 시들어갔다. 1949년 10월 27일 저녁, 잭은 홀로 멍하게 천장만 바라보고 있었다.

"잉크링즈에 아무도 나타나질 않았어." 잭은 워니를 끌어안았다.

그날 이후 잉크링즈는 다시 모이지 않았다. 이미 그 막을 내리고 있었던 것이다. 잭도 톨킨이 「사자, 마녀, 그리고 옷장」을 맹렬히 공격한 후로 모인 이들에게 자신의 작품을 읽어주지 않았다. 뿐만 아니라 휴고 다이슨이 '반지의 제왕'을 계속해서 비웃은 탓에 톨킨 또한 1947년 이후 자신의 작품을 발표하지 않았다.

그러는 동안, 술에서 깨어난 워니는 잭의 비서 역할을 했다. "여기 잭을 동경하는 열성 여성 팬이 또 있는데?" 워니가 잭을 놀리기라도 하려는 듯 편지를 흔들어 보였다. 1950년의 일이었다.

무슨 이유에서인지 잭은 머뭇거리며 편지를 건네받았다. "유명인 숭배자는 아니었음 좋겠네." 하지만 잠시 후, 잭은 킥킥거리며 웃기 시작했다. "글을 잘 쓰는데. 내가 좋아하는 그런 유머야. 이름이 뭐라고 했지? 조이 그레셤이라고 했던가?" 잭은 바로 자리에 앉아서 그에 걸맞는 멋진 답장을 써내려가기 시작했다.

그후 몇 달 동안, 잭은 조이 그레셤과 편지를 주고받았다. 꾸준히 편지를 주고받으면서 책 때문에 자신을 멘토로 여기는 그런 모습이 전혀 새롭게 다가왔다. 잭은 이미 몇몇 그런 '편지 친구'가 있었다. 조이는 두 아이와 남편을 둔 작가였다. 하지만 남편은 조이가 글을 쓰는 것을 반대했다. 조이는 자신의 그런 불행을 조금도 표현하지 않았지만, 잭은 스스로가 겪고 있는 힘겨운 일들 때문에 삶이 얼마나 쉽지 않은 것인지를 말해 줄 수 있었다. 조이가 계속해서 수수께끼 같은 이야기들로 새로이 받아들인 기독교를 점점 잃어가고 있는 모습을 보이자, 잭은 그러한 것들을 하나씩 없애는 것이 자신의 의무라고 여겼다.

1950년 4월, 70세가 된 무어 부인이 잭을 놀라게 만들었다. 노망이 난 부인은 계속해서 침대에서 떨어졌고 잭은 부인을 잘 돌보기 위해 레스톨름으로 보냈다. 이미 정신이 이상해진 부인은 요양소에서 욕을 해대는가 하면, 새로운 비극적인 소식을 만들어 내곤 했다.

"머린에 대한 비극적인 소식이야!" 워니가 방문했을 때 부인이 한 말이었다. "머린이 살해당했어!"

킬른에서의 스트레스가 줄어들긴 했지만, 워니가 술을 마시지 않아도 잭의 나머지 삶은 여전히 고통스럽기만 했다. 몇몇 친구들이 비공식적으로 '새와 아기'에서 매주 화요일에 모였지만, 잉크링즈를 대신할만한 것은 못되었다. 옥스포드의 분위기는 너무도 적대적이었다. '반지의 제왕'을 출판해 줄 출판사를 찾지 못한 톨킨의 불만은 점점 더 심해졌다. 뿐만 아니라 잭의 작품이 계속해서 출판되는 것 때문에 더욱 신경이 거슬리는 것처럼 보였다.

잭도 자신의 출판 문제가 잘 해결되길 바랬다. 지오프리 블레스는 잭의 세 번째 책인 「새벽 출정호의 항해」(The Voyage of the Dawn Treader)가 자신의 손에 쥐어지기 전까지 '나니아 연대기 시리즈'를 출판하지 않겠다고 했다. 첫 번째 책이 1950년에 출판되었을 때, 평론가들은 호의적이었지만 조심스러웠다. 평론가들은 분명히 잭의 작품이 언제나 그러했듯이 뛰어나지만, 현대 아이들은 현실 세계의 문제들을 대처하는 법을 배우기 원하지, 교훈적인 동화는 원하지 않는다고 했다. 비평가들은 잭의 인품이 구시대적이며, 너무도 단순하고, 직선적인데다 심지어 무섭기까지 하다고 했다! 책에 대한 전반적인 의견들은 현대의 어린이들에게는 맞지 않는다는 것이었다.

"크리스마스까지 지켜보도록 합시다." 지오프리는 낙관적으로 보려고 노력했다. "그런 다음 크리스마스 전에 한 권씩 출판하는 거예요." 그는 그다지 확신하지 않는 모습으로 전략을 내놓았다.

1950년 말, 잭은 무어 부인이 지금까지 수년 동안 자신에게 커다란 스트레스를 주어왔다고 인정했다. 무어 부인이 없었다면, 분명 킬른은 평화로운 집이었을 것이다. 그럼에도 불구하고, 잭은 신실하게 부인을 위해 기도하며 친구들에게도 부인을 위한 기도를 부탁했다. 뿐만 아니라 거의 매일 저녁 부인을 찾아갔다. 부인은 때로 몹시 화를 내다가도, 때로는 어린아이처럼 순진한 모습으로 중얼거렸다. 잭은 부인 또한 킬른에서 조금도 행복하지 못했을 것이라고 자신을 확신시켰다. 잭은 점점 산책과 파슨스 플레저에서 수영하기를 즐겼고 그러면서 건강이 점점 좋아져 갔다.

1951년 1월, 무어 부인이 78세의 나이로 병원에서 독감으로 세상을 떠났다. 부인은 헤딩턴 쿼리 근처에 있는 홀리트리니티 교회(Holy Trinity Church) 공원 묘지에 묻혔다. 잭은 주체하지 못할 만큼 힘들어 했다. 부인을 그토록 사랑했던 것이다. 자신의 옹졸했던, 또한 부인에게 인색했던 모습들이 잭에게 죄책감으로 다가왔다. 요양원에 대한 비용 부담을 거절하기 시작했었기 때문이기도 했다. 잭은 예전에 아버지가 그러했던 것처럼 경제 문제를 걱정하기 시작한 자신의 모습을 조금씩 발견하게 되었다. 또한 아버지처럼 경직된 예배를 선호했다. 소설과 같이 마음을 산란하게 하는 것들이 아니라 뭔가 예상할 수 있는 것들이 잭으로 하여금 더욱더 깊이 있게 기도할 수 있게 해 준다는 사실을 잭은 이제 알 것 같았다.

비록 워니가 너무 취해서 무어 부인의 장례식에 참석하지 못했지만, 잭은 경험으로 워니가 전에 그러했던 것처럼 만취하지는 않을 것을 알고 있었다. 간절한 마음으로 잭은 아일랜드로 달려가서 아서를 찾았다. 며칠뿐이었음에도, 잭은 수년간 느껴보지 못했던 기쁨을 느꼈고, 많은 기도가 잭으로 하여금 더 이상 죄책감을 느끼지 않게 해 주었다.

「사자, 마녀, 그리고 옷장」의 판매는 하늘을 찌를 듯했다. '나나아 연대기'야말로 아이들이 정확히 원하는 그런 이야기였던 것처럼 보였다.

1951년 크리스마스를 앞두고 잭의 두 번째 책이 첫 번째 책과 함께 팔리는 동안, 톨킨은 여전히 '반지의 제왕'을 출판해 줄 출판인을 찾지 못하고 있었다. 그러는 동안 잭은 방송 내용들과 「그리스도인의 행동」, 그리고 「인격을 넘어서」를 다시 편집해서 하나의 책인 「순전한 기독교」(Mere Christianity)로 새로이 출판했다. 이 책은 1952년 출판과 함께 베스트셀러가 됐다.

잭의 세 번째 책이 1952년에 출판할 준비를 하는 동안, 여전히 톨킨의 '반지의 제왕'은 출판인을 찾지 못하고 있었다. 잭은 '나니아 연대기' 시리즈 전체 일곱 권을 거의 마무리한 상태였다. '7'은 다름 아닌 성경에서 말하는 완벽한 숫자였다. 책들 자체가 연대기에 맞춰 쓰여진 것은 아니었다. 예를 들어, 나니아 왕국의 탄생은 여섯 번째 책인 「마법사의 조카」(The Magician's Nephew)에서 언급된다. 잭은 나니아 왕국의 탄생과 마지막 전투까지를 모두 다룬다. 전혀 연대기와 맞지 않는 뒤죽박죽인 것을 잭도 알고 있었지만, '나니아 연대기'는 다름 아닌 기독교의 진리에 맞춰 쓴 책이었다.

"그렇다고 어른들이 이 모든 것들을 깨달을 수 있다는 보장은 없어." 잭이 워니에게 말했다. "물론 아이들은 이것을 이미 알게 되겠지만 말이야."

"분명 수백만 권도 넘게 팔릴 거야." 워니는 놀라움을 감추지 못하며 예견했다.

하지만 잭은 자신의 성공이나 톨킨의 문제에 대해 조금도 기뻐하지 않았다. 잭은 그런 친구가 아니었다. 게다가 잭은 '반지의 제왕'이 아직 주목을 받지 못하고 있지만 분명한 걸작임을 알고 있었다. 대신, 그러한 상황을 다루는 것에 있어 문제가 있는 것은 다름 아닌 톨킨이었다. 그는 지금처럼 초조해 보인 적이 거의 없었다. " '나니아 연대기'에 대해 더 이상 연민을 느끼지 않아도 된다니, 슬픈 일이군." 톨킨이 잭에게 인정해 보였다.

9월의 어느 날 아침, 잭이 워니에게 알렸다. "조이 그레셤이 오늘 옥스포드에 온데."

"그 미국인 친구 말이지!"라고 워니가 소리쳤다.

"같이 가서 만나자구." 잭이 간청했다. "조이가 우리 둘을 이스트게이트 호텔로 점심 초대를 해왔어."

워니가 함께라면 잭도 안심할 수 있었다. 만일 조이가 얼마 전 자신이 잭의 아내라고 주장했던 그런 스토커라면, 식사를 빨리 마치면 그만이었다. 잭은 자신이 수척한 54살이라고 느껴졌다. 조이 그레셤은 밝고 명랑한데다 재치가 넘치는 37살로, 그 앞에 있는 잭을 마치 므두셀라라도 된 것처럼 느끼게 했다. 한창인 그녀는 베티 데이비스(Bette Davis, '위험한 이세벨'로 1935년 아카데미상을 수상한 미국의 여배우)가 썼던 것과 똑같은 안경을 쓰고 멋진 옷차림을 하고 있었다. 어떤 면에서 조이는 대화를 해보기 전까지 진면목을 알 수 없는 찰스 윌리엄스를 연상케 했다. 말을 시작하자, 그녀는 전혀 평범한 모습이 아닌 천사와 같은 모습으로 변모했다.

조이가 이야기하는 모습이 휴고 다이슨만큼이나 무례하고,

분명히 잭에게 아첨을 하는 모습이 있었음에도, 잭은 그러한 모습이 좋았다. 끔찍하다고 할만큼 힘겨웠던 개인적인 문제들을 극복하고 일어난 그녀의 모습이 존경스럽기까지 했다. 조이는 원기 왕성하고 반항적이며, 온화한 모습으로 가득 차 있었다. 이처럼 자신의 가장 친한 친구와 같은 여인을 잭은 한 번도 만나본 적이 없었다. 그녀는 거의 완벽한 동료와도 같았다. 물론 낭만적인 그런 모습은 절대 아니었다. 단지 그녀의 재치와 명랑함 그리고 놀라우리만큼 솔직한 모습들로 인해 조이와 함께 있는 것이 즐거울 뿐이었다. 심지어 워니마저 조이를 좋아했다.

모들린대학에서 잭이 조이와 처음으로 점심 식사를 같이 하게 되었을 때, 잭은 조이가 워니에게 이렇게 말하는 소리를 들었다. "이 수도원과도 같은 곳에 혹시 숙녀만을 위한 공간도 마련되어 있나요?"

조이의 그런 명랑한 모습을 잭과 워니가 좋아했기 때문에, 잭은 휴일 동안 조이를 킬른에 머물 수 있게 해 주었다. 잭과 워니는 충분히 생각을 한 후, 전과 같이 산책하고 책을 읽고 선술집에 가는 등의 일상적인 모습으로 행동하기로 결정했다. 이미 출판한 책들을 가지고 있는 작가인 조이에게 휴고 다이슨과 같은 무례함이 있었지만 문제가 되지 않았다. 잭은 조이의 습작 '산 위에 피어오르는 연기'(Smoke on the Mountain)에 대한 비평을 해 주었다. 이 책은 십계명에 대한 조이의 해석이기도 했다.

장난치기 좋아하는 워니가 둘이 있을 때 잭에게 시비를 걸었다. "이렇게 상기된 얼굴을 하고 다니는 모습은 오랜만인걸, 꼬마 돼지 선생님."

조이가 킬른에 머무는 동안, 남편인 윌리엄 그레셤으로부터 이혼해 달라는 편지를 받았다. 그레셤은 자주 술을 마셨고 폭력적이었다. 이제 잭은 그 역시 작가이며, 성공한 책이 「악몽의 뒷골목」(Nightmare Alley) 한 권뿐인 사람이라는 것을 알게 되었다. 윌리엄은 다름 아닌 조이의 사촌 르네와 결혼하려고 했다. 르네마저도 윌리엄과 결혼하기 위해 이혼을 할 것이고 자신의 두 아이를 데리고 들어올 참이었다. 그레셤은 조이에게 르네가 근처에서 자신의 두 아들과 함께 살 것이기 때문에 양육을 함께할 것이라고 알려왔다.

조이가 떠나간 후, 잭은 이렇게 투덜거렸다.

"조이는 미국으로 돌아가서 세상에서 가장 이기적인 남자와 마주치게 되는 거야. 이제 다시는 그녀를 못 보게 될 것만 같아."

"왜 이렇게 이곳이 우울하게 보이는 걸까"라고 워니가 말을 이었다.

열넷

"조이로부터의 편지야." 며칠 후, 잭이 워니에게 전했다. 잭이 큰 관심을 보이는 것은 당연한 일이었다.

잭은 편지를 읽고 한숨을 쉬었다.

"조이의 남편이 조이의 사촌인 르네와 결혼한 것뿐만 아니라, 거의 매일 술을 마신다는군."

1953년, 조이가 영국으로 돌아왔을 때 두 형제는 크게 안심할 수밖에 없었다. 조이의 이혼에 대해 잭이 한 모든 제안들은 조이가 런던에 거처를 정함과 함께 무색해져 버렸다. 조이는 아이들을 런던에 있는 예비 학교에 보내고는 책에서 나오는 인세와 위자료로 생활을 했다. 잭은 1953년 크리스마스가 될 때까지 조이를 만나지 않았다.

"이 아이들이군요"라며 잭이 인사를 했고 9살인 데이빗과 8

살인 더글라스를 바라보았다.

아이들은 바르고 큰 눈을 하고 있었으며, 모피와 같은 머리결에 동물과 같은 에너지를 품고 있었다. 처음에는 모두 조용했지만, 곧 가만히 있지 못할 정도였다. 잭 스스로가 산책을 많이 하는 사람이었기 때문에, 잭은 아이들이 바쁘게 돌아다니는 모습을 지켜보기로 결정했다. 곧바로 잭은 셧오버 언덕으로 출발했다. 조이와 워니는 멀찍이 뒤에서 쫓아왔다.

"얘들아, 이리로 오거라." 잭은 마치 야생 동물들을 쫓기라도 하듯이 손짓을 했다. 곧 아이들은 잭과 나란히 서서 행진을 했다. 셧오버 언덕에 도착한 후, 일행은 옥스포드로 향했다. 잭은 모두에게 모들린 뒤편에 있는 사슴들을 보여준 후, 애디슨 산책로로 인도했다. 마침내 잭은 모두와 함께 모들린 탑을 올랐다.

다시 땅으로 내려왔을 때 잭은 이렇게 물었다. "그래 얘들아, 경관이 어떻든?"

"멋졌어요." 아이들이 흥겹게 재잘거렸다. "다시 한 번 올라가자구나."

그 4일 동안 잭에게는 도전이 아닐 수 없었다. 조이와 아이들이 런던으로 떠난 후에 잭은 녹초가 되어서 쓰러져 버렸다. 잭은 조이 일행에게 자신의 '나니아 연대기' 5번째 이야기인 「말과 소년」(The Horse and His Boy) 사본을 전해 주고 이 책을 아이들에게 기증하겠다고 약속했다. 잭은 자신이 항상 아이들과 함께 있으면 불편하다고 주장해 왔지만, 사실 아이들을 즐겁게 해 주기 위해 너무 심하게 노력하는 것이 유일한 잘못이었다. 오랫동안 잭 자신이 어린아이였던 것이다.

아이들을 소개 받은 후, 잭과 조이는 런던과 옥스포드를 오가며 만나기 시작했다. 옥스포드에 있는 잭의 동료들은 대부분 조이를 차갑게 대했다. 사실 노골적으로 조이에 대한 거부감을 나타내기도 했다. 심지어 톨킨도 마찬가지였다. 물론 톨킨이 원래 그러한 사람이기도 했지만, 잭은 더 이상 그러한 모습들 때문에 톨킨에게 반감을 갖지 않기로 했다. 하지만 그럼에도 여전히 힘든 일인 것은 사실이었다. 톨킨의 '반지의 제왕' 중 첫 번째 책인 「반지 원정대」(The Fellowship of the Rings)가 1954년에 출판되었을 때, 잭은 그에 대한 평론을 쓰며 온갖 좋은 말들로 칭찬을 해댔다.

잭이 톨킨에게 경고했다. "하지만 말일세, 나는 지금 옥스포드와 몇몇 학자들에게 미움을 사고 있다네. 그런 평론이 오히려 해가 될 수 있어."

잭의 말이 옳았다. 「반지 원정대」에 대한 전반적인 평은 좋았다. 유일하게 부정적인 것들은 다름 아닌 잭의 평론에 대한 지독한 공격뿐이었다! 판매는 엄청났고, 톨킨이 이 책을 통해 상업적인 성공을 거둔 것은 곧 명백한 사실이 되었다. 작가로서 오랫동안 잭의 그늘 아래서 살아야만 했지만, 이제 드디어 톨킨이 날개를 펼 때가 온 것이다.

같은 해 잭의 '오헬'이 마침내 출판되었다. 이 책은 영문학 옥스포드 역사의 세 번째 책으로 「16세기 영문학/드라마 제외」 (English Literature in the Sixteenth Century excluding drama)라는 제목이 붙여졌다. 696페이지짜리 이 두꺼운 책의 첫 번째 장은 사람들을 놀라게 만들었다. 이 첫 장에서 잭은 르네상스 시대라고 하는 것이 영국에서 존재하지 않았었다고 주장했다. 잭은 영국에서 문학의 꽃을 피워 셰익스피어 때에 절정에 이르렀던 것은 전혀 다른 현상이었다고 주장했다! 거기서부터 잭은 청교도들을 옹호하며 인본주의자들을 저주했다. 그 다음은 16세기의 좋고 나쁜 작가들을 살펴보았다. 이 첫 장만으로도 학자들 사이에 잭이 피뢰침과 같은 역할을 해 주기에 충분했다.

「사랑의 알레고리」 때와 같이 평론가들은 잭을 칭송했다. 'LTS' (옥스포드 출판부)에서는 다음과 같은 평을 내보냈다.

> 학문적으로 문학적으로 탁월한 작품이다. 영문학 연구를 고전 문학과 프랑스 문학, 이탈리아 문학의 영역까지 폭넓게 다룬 현대 비평가들은 많지 않다. 루이스 교수야말로 스스로 배우면서 느낀 것을 어떻게 전달해야 할지를 알고 있는 사람이다. 그의 작품을 읽다보면 잭 자신이 이야기하고 있는 것을 이미 읽었다는 것을 알게 될 것이다. 이 책이 가장 돋보이는 것은 생생한 책 자체의 우수함이라 할 것이다.

하지만 학자들은 이 책을 좋아하지 않았다. 그들은 공격을 해 왔다. 학문적인 연구내용이어야 할 책에서 기독교를 앞세우고 인본주의를 비판하다니!

"멋진 작품 중 가장 멋진 자품이야!"라고 잭은 위니에게 기쁨을 감추지 못했다. "톨킨도 이 책을 좋아하고 있어!"

그와 함께 잭은 자신의 회심을 이야기한 '예기치 못한 기쁨'(Surprised by Joy)을 쓰고 있었다. 잭은 이 책에 자신의 어린 시절, 특히 기쁨의 순간들과 윕스네이드 동물원에서 돌아 오는 길에 그리스도를 영접한 사건들을 솔직하게 기록했다. 워니, 어머니, 푸데이타버드(아버지), 공립학교들, 스무기 선생, 아서, 커크 선생, 아이레스 하사, 존슨 중위, 바필드, 코그힐, 베네케, 그리고 수많은 이들에 대한 이야기를 담았다. 때로 자신을 상대로 음모를 꾸민 사람들의 이름은 익명으로 거론 했다. 하지만 무어 부인만은 빠져 있었다. 부인의 이야기를 담는 것이 득보다는 해가 되기 때문이었다. 잭과 무어 부인이 아들과 어머니의 관계였다는 사실을 다른 사람들이 믿어주지 않았던 것이다. 잭은 마치 옥스포드를 정화시키기라도 하려는 듯이 자신의 모든 옛 기억으로 옥스포드의 깊이를 가늠했다. 잭의 마음 깊은 곳에서 이미 옥스포드를 포기했기 때문이었다.

1954년 영문학부에서 빅토리아 여왕 시대 문학을 교육 과정으로 만들려는 운동이 막판에 이르렀다. 수년 전, 잭은 톨킨과 함께 톨킨의 명령을 받으며 성공적으로 그러한 것들을 막아내기 위해 싸워 왔다. 하지만 잭이 너무도 놀란 것은 영향력 있는 전임 교수 자리에 오른 톨킨이 말끝을 흐리고 있다는 사실 때문이었다. 그렇다. 빅토리아 여왕 시대 문학을 회복시키는 것에 톨킨이 찬성을 하고 있었다. 잭은 홀로 빅토리아 여왕 시대 문학 회복에 대항하여 싸웠고, 결국 패배하고 말았다. 이젠 완전히 옥스포드에 대한 마음이 떠나 버렸다.

케임브리지의 영문학부에서 잭의 상황을 알게 됐고, 잭만을 위한 중세와 르네상스 연구원 자리를 마련해 주었다. 하지만 잭에게는 문제가 있었다. 집을 구할만한 여유가 없었던 것이다. 킬른 때문이었다. 이미 법적으로 머린에게 상속된 상태였기 때문에, 킬른을 팔 수가 없었다. 잭과 워니는 킬른을 유지해야만 했다. 뿐만 아니라 워니를 몇 주 동안 킬른에 혼자 내버려둘 수도 없는 일이었다. 지난 8월 워니가 만취 상태가 됐을 때 다시 요양원으로 보내졌었다. 워니가 17세기 프랑스에 대해 쓴 「화려한 시대」(The Splendid Century)는 1953년에 출판되었고 좋은 평을 받았다. 곧바로 워니는 다른 책을 쓰기 시작했다. 그렇다고 술을 끊은 것은 아니었다.

케임브리지에서는 잭을 위해 학칙의 예외까지 허용해 주었다. 학기 중, 잭은 주말에 옥스포드로 돌아갈 수 있었다. 옥스포드에 등을 돌리는 것을 두려워하기는 했지만, 잭은 1954년 11월 케임브리지에서의 첫 수업을 시작했다. 강의실은 초만원이었다. 잭은 스스로를 늙은 서부 사람이라고 설명하며 밀턴까지 영향을 미친 자신의 중세 모델로 강의를 이어갔다. 학생들은 잭에 대한 호평으로 아우성을 칠 정도였다. 기독교를 환영하는 분위기에 잭은 기뻐했고 자신이 마음을 바꾼 것이 현명했다는 사실을 알게 되었다.

"그런데 말이야, 40여 년 전 너랑 아버지가 케임브리지를 과학에 미친 사람들만을 위한 곳이라고 했었던 것이 생각나는데"라며 워니가 놀라움을 감추지 못했다.

옥스포드를 비웃기라도 하듯이, 잭은 조이의 도움을 받아 1955년 옥스포드에 있는 자신의 방을 나왔다. 잭은 자신의 소유물들을 골라낸 후, 대부분의 가구들과 책들을 처분했다. 잭이 자신이 쓴 유명한 책들의 원본을 이미 버렸다는 사실에 대해 조이는 놀라지 않을 수 없었다. 심지어 출판된 자신의 책들을 거의 가지고 있지 않았다!

케임브리지에서 잭은 수도사처럼 지냈다. 거실에는 책장과 책상 하나, 그리고 등이 딱딱한 의자들뿐이었다. 금욕적인 삶을 원했기 때문에 소파나 편안한 의자들은 사용하지 않았다.

잭은 옥스포드와 케임브리지를 오가며 가장 느린 열차를 이용했다. 잭이 '무한 궤도 열차'라고 이름을 붙인 이 열차는 120km를 3시간 동안 느긋하게 달리는 열차였다. 잭은 기차역에 일찍이 도착해서 홀로 플랫폼 위를 거닐곤 했다. 그리고는 제일 앞 칸의 창가 자리를 잡고 창 밖 경치를 감상하거나 책을 읽었다.

때로 자신의 카키색 배낭에 우비와 점심으로 샌드위치, 때로는 치즈까지 챙겨서 기차를 타고 친구를 찾아가서 함께 배낭을

메고 산책을 즐기곤 했다. 산책 중 30분마다 휴식을 취해야만 했다. 예전처럼 정해진 시간에 숙소를 찾는 것이 제일 중요했다. 하지만 몇몇 여관에서 들여놓은 새로운 물건들은 가장 받아들이기 힘든 일이었다. "주크박스가 보이기만 해도 문 밖으로 나와버려야 하네"라고 잭은 친구들에게 경고를 해줬다.

이제는 공격적인 모습이 많이 사라져 버린 잭이었지만, 한 가지만은 변하지 않았다. 자신 외의 것들만을 주제로 삼는다는 것이었다. 이야기의 주제는 문학이나 도덕적인 수수께끼들이었다. 자신의 사생활을 캐려고 하는 시도들은 완전히 무마시켜 버렸다. 누군가가 지나치게 개인적인 것들에 대해 집요하게 물을 때면, 잭의 얼굴은 얼음장같이 차갑게 변했고 냉담한 눈초리를 하곤 했다. 그것은 자기 자신에게도 마찬가지였다. 뜬소문들은 그 즉시 물리쳐 버렸고, 자신의 가족이나 친구들에 대한 잡담 또한 허락치 않았다. 오웬 바필드나 톨킨, 혹은 아서, 때로 워니 등은 예외였다.

1955년, 조이가 두 아들을 데리고 헤딩턴으로 이사를 왔다. 킬른에서 불과 1마일밖에 떨어지지 않은 곳이었다. 그 이후로, 잭이 옥스포드로 돌아왔을 때는 매일 조이를 만났다. 작은 아이인 더글라스는 여전히 밝았지만, 큰 아이인 데이빗은 어머니가 미국을 떠난 사실을 받아들이지 못하고 점점 적대적인 모습으로 변해갔다. 심지어 반항하기 위해 데이빗은 유대교를 받아들이고 유대인처럼 변해갔다. 물론 부모님들 중 누구도 유대교에 입교한 적이 없었다.

　워니는 여전히 일 년에 한두 번은 만취 상태로 쓰러져 요양원으로 실려갔다. 잭은 워니의 좋지 못한 건강이 언제까지 버텨줄지 걱정해야만 했다.

　새로운 문제가 잭을 찾아왔다. 조이는 자신이 영국에서 일을 할 수 있는 허가가 더 이상 연장되지 않을 것이라는 사실을 알게 됐다. 조이가 미국으로 돌아가서 폭력적이고, 전혀 도덕적이지 못한 전 남편의 영향을 다시 받아야 한다는 사실을 잭은 받아들일 수 없었다. 해결 방법이 있었다. 조이가 영국에 남을 수 있도록 할 수 있는 방법은 잭이 조이와 결혼을 하는 것이었다. 이 생각이 잭을 괴롭게 만들었다.

　어느 날, 옥스포드에서 온 친구와 함께 잭은 루스 피터의 시에 대해 이야기를 나누고 있었다. 루스의 시가 잭을 초라하게 만들어 버렸다. 모차르트만큼이나 잭을 절정에 오르게 한 그녀의 시를 읽은 후, 잭은 자신의 작품이 마치 브라스 밴드만큼이나 황량하게 보였다. 그런 마음으로 잭은 이런 말을 덧붙였다. "루스라면 내게 완벽한 아내가 되어줄 텐데."

　"너무 늦은 건 아닐세"라고 친구가 용기를 주었다. 하지만 잭은 그런 개인적인 사실이 들키기라도 한듯이 놀라고 말았다.

　"하지만 이미 너무 늦어 버렸는걸." 잭의 솔직함에 잭 자신도 놀라고 있었다. 하지만 이 친구는 정말 신중했고, 자신의 생각을 분명하게 전달하려고 했다. 잭은 조이의 모든 문제들을 늘어놓았다. "우리는 남편과 아내로 살지는 않을 걸세, 결혼은 그저 형식적으로 하는 것에 불과하니 말이야"라고 잭이 단언했다.

"전혀 그렇지 않아." 잭이 문제를 분명히 보지 못하는 것을 확인시켜 주기라도 하려는 듯, 친구가 완강히 반대를 했다. "조이에게 무슨 일이라도 생긴다면, 자네는 법적으로 두 아이를 책임져야 하는 거란 말일세."

"그렇게 된다고 하더라도, 조이가 더 이상 영국에 있지 못하고 미국으로 가는 건 볼 수가 없네."

1955년, 「예기치 못한 기쁨」이 출판됐고 다양한 평이 나왔다. 어떤 이들은 나열된 여러 생각들이 납득이 잘 안 된다고 했고, 어떤 이들은 누군가를 복음으로 이끈 원인을 이해할 수 없다고 했다. 또 다른 이들은 잭과 같은 지성과 고전적인 배경을 가진 사람들만이 이런 지적인 책들을 이해할 수 있을 것이라고 생각했다.

어떤 사람들은 그저 궁금해 했다. 왜 잭이 어떤 이름들은 거론하지 않은 것일까? 잭이 숨기는 것이 무엇일까? 추문은 과연 어디까지가 사실일까? 심지어 친구들까지도 '잭이 감춘 것들' (Suppressed by Jack)이라며 농담을 해댔다. 그렇다 할지라도, 잭은 자신의 회심에 대해 기억하고 있는 대로 정확히 설명한 것에 대해 만족해 했다. 또한 책도 잘 팔렸다.

"멜버른 공립학교에 대해서 굉장히 가혹하게 묘사를 했던

걸?" 워니가 평을 하며, 어린 시절에 겪었던 힘겨운 것들에 대해 잭이 품고 있는 분노를 조금이라도 누그리뜨리려고 했다.

"내가 멜버른에 대해 기억하려고 했던 것들이거든." 잭은 자신의 마지막 공립학교에 대해 단언을 했다.

조이는 잭의 예전 생각들 중 하나를 이해하고는 잭이 앞으로 당당히 방향을 잡고 나아가도록 확신을 주었다. 학부시절부터 잭은 큐피드와 프시케의 전설을 장난 삼아 주제로 삼은 적이 있었다. "왜 그걸 부활시키지 않죠?"라며 조이가 잭을 자극했다. "'나니아 연대기'야말로 당신이 한때 버린 생각들의 완성판 아닌가요? 그것이 얼마나 성공했는지 봐요!" '나니아 연대기'의 마지막이자 일곱 번째 책이 1956년 가을에 출판되는 것을 지켜보며, 잭은 큐피드의 전설을 다시금 심각하게 고려해 보겠다고 동의했다.

로마신화에서 이 이야기는 사랑의 여신인 비너스가 인간인 프시케 공주의 아름다움을 시기하는 것으로부터 시작된다. 비너스는 자신의 아들 큐피트에게 프시케를 세상에서 가장 추한 남자와 사랑에 빠지게 만들라고 명령한다. 하지만 정작 큐피트 자신이 프시케와 사랑에 빠지고 공주를 외딴 성으로 데려가서는 공주가 자신을 알아보지 못하도록 밤에만 몰래 찾아간다. 큐피트는 프시케가 절대 자신을 보지 못하게 하지만 결국 어느 날 밤 프시케는 잠자고 있던 큐피트의 얼굴을 보고 만다. 큐피트는 자신을 거역한 프시케를 버리고 프시케는 큐피트를 찾아 세상을 떠돌아 다닌다. 수많은 시험을 거친 후, 프시케는 큐피드와 다시 만나게 되고 신들의 왕인 주피터에 의해 영생의 존재가 된다.

조이의 도움으로 잭은 프시케의 추한 배다른 동생 오루알이라는 새로운 등장인물을 만들어 낸다. 이 이야기는 오루알의 눈을 통해 풀어나가게 된다. 프시케로 하여금 큐피트를 찾아 떠나게 만든 것은 바로 오루알이었고 그로 인해 프시케는 세상을 방황하게 된다. 그렇게 찰스 윌리엄스가 초자연적인 계략을 사용했던 것처럼, 잭은 오루알로 하여금 프시케를 위해 고통을 당하게 만들었다. 프시케와 큐피드가 재결합을 했을 때, 오루알은 자신의 희생을 통해 스스로가 구원을 받게 되었고 자신 또한 아름다워졌음을 알게 되었다. 잭은 자신이 지난 우주 3부작에서 사용한 것과는 비교도 안 될만큼 복잡한 음모를 만들어 냈다는 것을 깨닫고는 걱정하기 시작했다. 구원의 천사들의 동기가 깨닫기 힘들다고 느껴졌기 때문이다.

"독자들이 너무 어려워하지 않겠어요?" 라고 잭이 조이에게 강조했다.

"너무 평범한 독자들만을 위한 책을 쓸 필요는 없어요"라며 조이가 잭을 놀려댔다.

1956년, 조이가 영국에서 일을 할 수 있는 허가가 연장되지 않자 1956년 4월 23일, 잭과 조이는 혼인 신고를 했다. 잭은 이렇게 해야만 자신의 좋은 친구가 영국에 남아있을 수 있기 때문에 어쩔 수 없는 일이라는 사실을 강조했다. 잭은 워니와 그러한 것들을 이해해 줄 수 있는 친구들에게만 결혼 사실을 알렸다. 조이는 헤딩턴에 있는 자신의 집에 살았고 둘은 절친한 사이를 유지할 수 있었다. 그러던 조이가 갑자기 왼쪽 엉덩이 쪽에 통증을 느끼기 시작했다. 불과 41살의 나이였다.

"돌팔이 의사들 말이 류머티즘의 일종인 피부 조직염이라고 하더군요." 조이가 잭에게 설명해 주었다.

큐피드와 프시케의 이야기인 「우리가 얼굴을 가질 때까지」(Till We Have Faces)는 1956년 가을에 출판되었다. 비평가들은 이루 말할 수 없는 칭송을 보냈다. 이 책에서 잭은 다양한 신화에서 진정한 사랑의 의미를 찾아냈기 때문이었다. 또한, 이 이야기의 진정한 의미는 마지막 부분이 되어서야 분명하게 드러나기 때문이었다. 반면, 대중들은 어리둥절해 했다. 이야기가 너무 어려웠던 나머지, 이야기를 끝까지 읽을 만한 인내심이 없었던 것이다. 도무지 종잡을 수 없었다. 그가 말하는 기독교는 어디 있단 말인가? 대중들은 무슨 생각을 해야 하는 것인가? 책은 잘 팔리지 않았다. 하지만 잭의 마음에, 「우리가 얼굴을 가질 때까지」와 「페레란드라」는 자신이 쓴 소설들 중 최고의 것이었다. 과연 누가 소설을 더 잘 평가할 수 있겠는가?

"책의 진정한 의미를 깨닫는 데 백 년 혹은 그 이상이 걸린들 어떠하랴"라며 잭은 어깨를 으쓱거려 보였다.

"돈이나 명성을 위해 책을 쓴 적은 한 번도 없단 말이야."

이전 잉크링즈의 멤버들 중 몇몇은 이 책이야말로 유일하게 진정한 잭의 책이라고 말했다. 잔인하리만큼 솔직한 말이었다. 이전의 책들에서 잭은 번연, 체스터턴, 맥도날드, 윌리엄스와 같은 자신의 멘토들을 흉내내고 있었다. 「우리가 얼굴을 가질 때까지」는 진정한 잭의 책이었다. 진정으로 고전적이며 상당히 복잡했고 평범한 독자들은 도저히 이해하기 힘들 정도였다.

잭은 워니에게 실망감을 드러냈다. "분명히 기독교를 잘 숨긴 데다, 주제들을 혼합하지도 않았어. 분명히 톨킨이 좋아할 만한 책인데도, 아무 말도 하지 않는군 그래."

10월, 조이는 헤딩턴에 있는 자신의 집에서 쓰러져 이웃에 의해 발견될 때까지 그대로 있어야만 했다. 이전에 섬유 조직염이라고 진단했던 엑스레이 결과는 완전히 잘못된 것이었다. 그 일은 잭에게 비극이 아닐 수 없었다.

열다섯

조이가 입원해 있는 윙필드모리스 병원의 차가운 형광등 불 아래에서, 잭은 성탄절 방학을 맞아 집으로 돌아온 두 아이들에게 이 소식을 알려야만 했다. "엄마의 병이 상당히 심각하단다."

"다리가 부러진다고 해서 죽지는 않잖아요" 인정하지 못하겠다는 듯이 데이빗이 말했다.

"그런 게 아니야" 잭이 머뭇거리며 대답했다. 잭 스스로가 현기증을 느끼고 있었다. 어머니, 아버지, 고모 애니. 이번엔 조이까지.

"암이란다." 잭이 아이들에게 조용히 말했다. 아이들은 얼굴을 얻어맞은 듯한 표정이었다. 더글라스는 울음을 터뜨렸다. "절대 희망을 버려서는 안 돼." 잭은 용기를 주려고 했다. "충분히 회복될 수 있단다. 의사들이 암을 제거하기 위한 수술을 할 거야."

"뼈까지 먹어버린 암을 제거한단 말이에요?" 반항이라도 하듯 데이빗이 말했다.

나중에 잭은 워니에게 털어놓았다. "조이를 암 전문 병원인 처치힐 병원으로 옮길 거야. 거기서 가슴에 있는 암과 뼈, 자궁까지 드러낼 거라네. 몇 년은 더 살아야 하는데, 몇 주밖에 연장을 못 시킨다고 해."

"완전히 회복될 거라는 말은 안 한 것 같은데…." 워니가 말했다.

"1퍼센트도 안 돼." 잭은 자신도 모르게 중얼거렸다.

조이도 그 사실을 알고 있었다. 피부는 이미 푸른빛을 띤 노란색으로 변해 있었고 커다란 눈가에 생긴 다크 서클은 그녀의 눈이 마치 고통의 샘인 것처럼 보이게 만들었다. 그럼에도 잭과 두 아이를 위로한 것은 누구였는가? 올빼미 눈을 한 환자 조이였다. 조이는 주위에 있는 모든 사람들을 위로하고 농담을 하며 슬픔의 풍선을 터뜨려 버리고 있었다.

"이럴 수가." 몇 주 후 워니가 놀라움을 감추지 못하며 말했다.

"분명 조이가 회복되고 있잖아."

"그렇지 않아." 잭이 말했다.

"잠시 암이 안정기에 들어간 것뿐이야. 이젠 집으로 옮겨서 요양을 해야 해."

"하지만 헤딩턴에 있는 집으로 갈 수는 없어." 워니가 분명하세 밀했다. "킬른으로 데려가야만 해."

"형이 그렇게 말해 주길 바랬어. 사실 그뿐만 아니라 다른 문제가 있어"라며 잭이 망설였다.

"아이들도 돌봐야만 하지"라며 워니가 말꼬리를 흐렸다.

"맞아. 가장 시급한 문제이기도 하지만 말이야. 결혼 사실을 신문을 통해 알려야만 해. 그래야 조이가 킬른에 머무는 것이 정당해지니 말이야."

"물론이지." 워니는 그 즉시 동의했다.

그렇게, 결혼 사실이 신문에 보도됐다. 잭이 몇 달 동안 결혼 사실을 감추고 있었다는 사실은 톨킨과 같은 옥스포드의 오랜 친구들과의 관계에 도움이 되지 못했다. 그 누구의 사생활에도 관심이 없는 잭으로서는 자신의 사생활을 남에게 설명해야 할 아무런 의무도 느끼지 못했다. 논점들과 도덕에만 관심이 있는 잭이었다.

정신적인 충격에서 벗어나기 위해 술독에 빠진 워니는 다시 정신을 잃을 정도로 술을 마시고 말았다. 1956년 크리스마스가 되었음에도, 잭은 그 누구의 도움도 없이 조이의 두 아들과, 네 마리의 거위, 열 마리의 닭, 그리고 고양이와 개 한 마리씩에다 병상에 누워있는 워니까지 홀로 돌보며 킬른을 이끌어 가야만 했다.

그후 몇 달 동안, 잭은 자신이 정말로 조이를 사랑한다는 사실을 인정하게 됐다. 조이는 견디기 힘든 심한 고통을 견뎌내고 있었을 뿐만 아니라, 이겨내고 있었다. 육체적인 회복이 아닌 영적인 회복이었다. 잭은 하나님께서 조이를 자신의 아내로 허락하셨음을 깨달았다. 조이가 결혼을 했었지만, 이미 그 결혼은 전 남편에 의해 더럽혀진 상태였다.

3월의 어느 날, 잭은 워니에게 이렇게 털어놓았다. "의사들이 조이를 퇴원시키라고 해. 아무런 진전도 없는 데다 병원비가 엄청나게 나오고 있잖아."

"마치 사형선고처럼 들리는군." 워니가 한숨을 쉬었다.

"조이와 결혼할 거야." 잭은 워니에게 자신의 결정을 알리며 겨우 고개를 끄떡였다.

잭의 제자였던 피터 바이드 목사의 주례 하에 1957년 3월 21일, 조이와 잭은 병원에서 결혼식을 올렸다. 그 다음 주, 전담 간호사를 고용했고 조이는 킬른의 1층으로 들어왔다.

4월, 잭은 아서에게 조이가 정신을 잃어가고 있다는 내용의 편지를 보냈다. 조이의 죽음은 시간 문제인 것처럼 보였다. 그런 조이에게 전 남편은 정신적인 도움을 조금도 주지 못했다. 다만, 조이가 죽은 후에 자신에게 두 아이의 양육권이 있다고 주장하고 있었다.

꽤 오랫동안 기적이라고 하는 현상이 잭의 관심을 끌어왔다. 남의 고통을 대신 앓을 수 있다는 내용이었다. 찰스 윌리엄스스는 그것이 사실이라고 주장했다. 잭도 「우리가 얼굴을 가질 때까지」에서 그러한 것을 기록한 바가 있었다. 심지어 톨킨마저도 반징도는 믿고 있었는데, 한 번은 자신의 주치 치과의로부터 매우 믿을 만한 이야기를 들은 적이 있었던 것이다. 그렇게 잭은 조이를 위해 기도하기 시작했다. 어느 날 다리의 고통이 극도로 심해진 조이는 더 이상 그 고통을 참지 못하고 울부짖기 시작했고, 잭은 무릎을 꿇고 정말 간절하게 조이의 고통을 자신에게 옮겨 달라고 기도했다. 지금까지의 그 어떤 기도보다도 간절한 기도였다.

"하나님, 제발 이 고통을 저에게 옮겨 주셔야만 합니다." 잭은 애원했다.

그때였다. 잭의 두 다리가 심하게 아파오기 시작했고, 몇 분이 채 못되어, 심한 고통으로 다리가 요동치기까지 했다. 잭은 이를 악물며 고통을 참아내야만 했다. 몇 시간 후 고통은 사라졌다. 완전히 녹초가 된 잭은 조이의 방으로 다리를 절뚝거리며 걸어 들어갔다. 조이는 웃고 있었다. 너무도 오랫동안 보지 못했던 건강한 모습이었다.

'내가 꿈을 꾸고 있는 건 아니겠지?' 라고 잭은 자신에게 물었다.

'만일 그 고통이 그저 동정이었다면 어떻게 하지?'

조이가 정말 괜찮은지를 알아내는 것은 쉽지 않은 일이었다. 항상 괜찮다고만 하는 조이가 아니었던가. 갑자기 찾아온 통증으로 얼굴에 경련이 일어날 때도 괜찮다고 하는 조이였다. 자신이 겪은 고통이 아무 의미가 없을 것이라는 생각이 끊임없이 잭을 괴롭혔다. '마귀가 얼마나 좋아하는 속임수란 말인가!' 잭이 화를 내며 중얼거렸다.

그럼에도 잭은 계속 기도했고, 기도가 응답되는 것 같았다. 잭의 건강이 점점 나빠져갔기 때문이다. 마치 감기에라도 걸린 듯 항상 아팠고, 때로는 심한 고통이 찾아오기도 했다.

너무도 아름다운 어느 날이었다. 조이의 얼굴에 어두운 그림자가 드리워져 있었다. "고통이 심한가 보구려"라며 잭이 안타까워했다.

"그런 게 아니에요"라고 조이가 말했다. "정말 조금도 아프지 않아요. 정말이에요. 하지만 이런 멋진 날에, 정말 간절히 살고 싶어져서요. 아무런 희망도 없는데…."

"지하 감옥에 문이 열리고 햇살과 새들의 노랫소리가 찾아들 때만큼 힘들 때는 없을 거예요." 잭이 철학적인 사색을 늘어 놓았다. "하지만 분명한 건 그리스도인들에게는 항상 희망이 있다는 거예요."

계속해서 잭 스스로가 고통을 겪고 있었다.

"그만하면 충분하지 않은가." 잭의 오랜 친구이자 의사인 로버트 하버드의 말이었다.

"이젠 자넬 병원으로 데려가야겠네."

잭이 칼슘을 잃어가고 있다는 진단이었다. 심한 골다공증이었다. 당황한 잭은 자신의 상태에 대해 곰곰이 생각하게 됐다.

'조이를 위해 고통을 받아야 한다고 나 자신을 너무 확신시킨 나머지 내 뼈까지 잃어가는 게 아닌가? 하지만 목적이 뭐지?'

그러던 중 모든 것들이 분명한 기적임이 증명되었다. 검사를 받은 결과 조이의 뼈들이 재생하고 있었다!

"주님을 찬양하라!" 잭이 기쁨으로 소리쳤다.

9월, 소변을 봐야 할 때도 도움을 받아야만 했던 조이가 걷기 시작했다. 골다공증 치료를 받은 잭도 상태가 좋아지고 있었다. 믿기 힘든 일이었지만, 둘은 함께 내일을 기약할 수 있을 것처럼 보였다.

"자, 이젠 둘이 함께 여유있는 시간을 보낼 수 있겠구려"라며 한참 들뜬 잭이 말했다.

"그렇게는 안 될 것 같은데요"라고 조이가 단호히 말했다.

잭의 눈썹이 씰룩였다. "무슨 뜻이오?"

"집 말이에요, 여보." 노래라도 부르듯 조이가 말했.

"내가 뭘 어떻게 할 수 있을지 사실 잘 모르겠구려."

"난 그냥 넘어가지 못할 것 같은데요"라며 조이가 말을 가로막았다.

전쟁을 치른 이후 부족한 배급으로 인해 킬른은 몸살을 앓고 있었다. 석탄이 모자랐기 때문에 집이 따뜻하게 데워진 적이 없을 정도였다. 그로 인해 집 안까지 이슬이 맺혔고 벽지가 벗겨져 버렸다. 심하게 아팠던 무어 부인은 아무것도 할 수 없었고, 잭과 워니 또한 그러한 것들을 중요한 것으로 여기지 않으며 무시하기로 서로 약속이라도 한듯 지내왔기 때문이다. 그보다 더 불편한 것은 따뜻한 물로 목욕을 할 수 없다는 것이었다. 방 안이 어찌나 추웠던지 방 안 양동이에 담긴 씻는 물이 꽁꽁 얼 정도였다!

좀처럼 없는 일이지만 조이가 재치있게 자신이 무엇을 말하려고 하는지를 밝혔다.

"방 안에 불을 켜기 위해 스위치를 올릴 때면 마치 벌에 쏘이는 것 같지 뭐예요. 바닥은 30년쯤은 된 양탄자 아래서 썩어가는 데다, 지붕은 구멍이 나 있어요. 회반죽이 머리 위로 떨어질 지경이에요."

"그렇게 심각하단 말이오?" 잭이 천정을 올려다보며 물었다. "저런 물이 센 자국이 있는데 아직까지 한 번도 못봤다니…."

"당신이 허락만 한다면." 조이는 머리를 한쪽으로 기울이며 말했다.

"물론이지, 당신이 지휘를 한다면 말이오. 그렇게 합시다." 이제 잭은 당연히 그렇게 해야 하는 듯이 느꼈다. "당연히 그렇게 해야지!"

몇 주 동안 킬른은 전기공, 배관공, 목수, 도장공, 장식가들로 북적 거렸다. 중앙 난방 시스템이 들어왔고, 주방에는 더 이상 낡은 화덕이 아닌 현대식 가스 난로가 들어왔다. 변화는 실로 대단한 것이었다. 잭 스스로가 알아볼 수 있을 정도였다. 집이 이렇게까지 낡았었다니!

"다음은 외부차례예요."라고 말하며 조이는 능숙하게 지팡이를 들고 집 주위를 돌아다녔다.

"외부?"라고 잭이 물었다. "설마 집 외부마저 수리하려는 것은 아니겠지요?"

울타리를 손보고, 꽃을 심고, 덩굴 장미를 위한 격자가 다시 세워졌다. 조이는 자신의 눈에 가장 거슬리는 것이 무엇인지를 찾아냈다. 킬른의 연못과 숲이 한창 사춘기인 아이들의 모임 장소로 사용되고 있었던 것이다. 물론 아이들이 꽃 향기를 맡거나 서로에게 책과 시를 읽어주기 위해 모이는 것이 아니었다. 아이들은 술을 마시고, 숲 속을 다니며 심각한 일들을 벌이고 있었다. 잭이 이 사실을 모르고 있었을까?

"아이들을 쫓아내야 해요."

상냥하고 나이든 평화주의자 잭은 어깨를 으쓱여 보였다. 이 상황에 대한 조이의 대책에 대해 잭이 내놓은 의견은 이것이었다.

"좀 무자비해 보이는구려."

"죄를 지을 수 있는 장소를 제공하는 건 분명히 그리스도인들이 해야 할 일이 아니에요."

정곡을 찌르는 말이었다.

"우리 두 아이들은 어쩌구요?"

"그래, 당신 말이 맞구려. 그대로 실행하도록 합시다."

조이의 계획은 성공적이었다. 몇 차례 경고에 아이들이 콧방

귀를 끼자, 침입자들의 머리 위로 날린 몇 발의 총성이 아이들을 완전히 쫓아내 주었다. 다시 한 번 잭과 워니가 자신의 영역을 완전히 장악하게 된 것이다. 이제야 데이빗과 더글라스가 죄에 빠질 염려 없이 킬른을 누비고 다닐 수 있게 됐다.

미국으로 갈 필요가 없을 것이라고 생각했던 잭에게 미국의 한 기독교 방송국에서 미국인들을 위한 연속 라디오 방송 프로그램을 녹음하러 와달라는 요청이 왔다. 주제는 잭이 정할 수 있었고, 잭은 네 가지 사랑을 선택했다. 에로스(Eros), 필리아(Philia), 스토르게(Storge), 그리고 순전한 사랑인 아가페(Agape)였다. 잭은 곧바로 방송 대본을 써 내려갔다. 조이와의 사랑의 관계는 사랑에 대한 잭의 생각을 구체화시켜 주었다. 잭은 한 친구와 편지로 자유로이 이야기를 나누면서, 조이에 대한 사랑을 처음에는 아가페의 사랑, 혹은 그리스도인의 사랑으로 시작했다. 그런 다음 그 사랑이 필리아의 사랑, 즉 아무것도 요구하지 않는 친구 간의 사랑을 포함하게 되었고, 나중에는 육체적인 사랑인 에로스로 발전해 갔다. 아가페의 사랑이 잭에게 완전히 실현된 듯 했다. 잭은 아가페에 완전히 사로잡히고 말았다.

"이제 거의 60살이 다 된 내가 이삼십대에 부인하던 것들을 갖게 될 것이라고 누군들 상상이라도 했겠어?"라고 잭은 자신의 놀라움을 오웬 바필드에게 털어놓았다.

잭은 시편을 포함한 구약의 거의 모든 책들에 대한 설명을 담은 원고를 이미 마친 상태였다. 이 책의 목적은 전혀 기독교적이지 않고 심지어 미개해 보이는 구약성경의 일련의 모습들을 기독교인들이 어떻게 다뤄야 하는지를 돕기 위한 것이었다. 어떻게 원수를 저주하고 학살하는 자들을 기뻐하는 것을 정당화 하겠는가? 내세에 대해 거의 언급을 하지 않는 종교를 어떻게 다룰 것인가? 그럼에도 잭은 유대인들의 풍성함을 동경했다. 그들의 전능하신 하나님이 주신 자연법의 사랑 때문이었다.

"사실 내가 그리스도를 영접하기 전 2년 동안 가지고 있던 유일신 사상과 같은 것들이라오"라고 잭이 조이에게 설명해 주었다.

조이는 암에서 완전히 회복된 상태였다. 1958년 7월, 조이와 잭 모두 거의 완전히 건강이 회복되어서 심지어 1마일씩 산책을 할 수 있게 되었다. 잭은 조이를 아일랜드로 데려가야겠다고 결심했다. 하지만 바다 항해는 너무 위험했다. 한 사람이라도 바다에 빠지기라도 한다면…. 결국 잭은 처음으로 비행기를 택했다.

무시무시한 이륙이 있은 후에야 잭은 겨우 안심할 수 있었다. 이륙은 마치 로켓 발사와 같이 느껴졌다. 하늘 위 구름의 전경은 잭을 완전히 매료시켜 버렸다. 아일랜드에 도착했을 때, 아서가 마중을 나와 차로 둘을 직접 데리고 다녔다. 두 주 동안 잭은 조이에게 파란 산들과 아일랜드의 노란 해변을 보여주며 즐거워

했다.

 여전히 워니는 만취한 상태로 어딘가로 사라지곤 했다. 횟수가 더해 갈수록 만취한 워니는 점점 더 아일랜드로 향했다. 드로이다에 있는 루르드 병원에서 워니의 만취 상태를 무한한 인내로 받아줬기 때문이었다. 옥스포드에 있는 환자 요양원에서는 이미 추방자와 같은 신세가 되어버린 상태였다. 잭이 주고받는 편지는 모두 워니가 타이핑을 했고, 그 외에 프랑스 역사에 관한 세 권의 좋은 책을 썼다. 이 책들은 좋은 평들을 받았다.

 아일랜드로 가는 또 다른 이유는 다름 아닌 조이 때문이었다. 조이가 그에 대한 분명한 이야기를 하는 것도 있었지만, 무엇보다 워니는 조이를 실망시키고 싶지 않았던 것이다. 이미 만취한 상태에서 오는 고통을 충분히 받은 조이임을 워니는 알고 있었다.

 1958년 가을,「시편 감상」(Reflections on the Psalms)이 대중들의 열광적인 환영과 함께 출판되었다. 판매되기도 전에 11,000권이나 팔려나간 이 하드 커버의 책은 실로 기록적이라고 해야 할 정도였다. 비평가들은 대중들보다 덜 열의를 보이기는 했지만, 가장 확실한 칭찬을 해준 것은 잭이 좋아하는 'LTS'였다.

> 루이스 교수는 시편의 문학적인 가치나 시편이 만들어졌을 당시 상황에 대해 일반인들이 기대했을 법한 것들에 대해서는 아무런 관심을 보

이지 않고 있다. 오히려 루이스 교수는 지금까지 논리적인 결론을 유추해 내기 위해 기독교 이론을 사용하고 있고 이러한 것들은 교수를 반대하는 사람들을 괴롭게 만들고 있다. 이 책은 교훈적이고 용기를 심어주고 있으며 도덕적인 통찰력을 꿰뚫는 내용들로 가득 차 있다. 이 책이 시편에 대해 독자들이 알고 싶어하는 내용들을 전하고 있지는 않지만, 독자 자신이 알고 싶어하지 않는 독자 자신에 대한 많은 내용들을 전해 줄 것이다.

다른 비평가들은 학문적으로 부족하다는 점을 강조하기도 했다. 분명 겉으로 보기에 잭은 이 책이 일반인들의 관점에서 쓰여졌다는 점을 서론에서 설명하는 것을 자주 잊곤 했다.

"문학인의 한 사람으로 저런 아무 생각없는 비평들이 참기 힘든 고통이기도 하오"라고 잭은 조이에게 말했다.

'네 가지 사랑'에 대한 라디오 방송 또한 잭이 다른 책을 쓸 수 있는 영감을 주었다. 모든 것이 정상적으로 돌아온 듯했다. 아니 그 이상인 것처럼 보였다. 잭과 조이가 지금처럼 삶을 즐겨본 적이 있었던가? 1959년 둘은 아일랜드로의 두 번째 여행을 무사히 마쳤다. 그후 1960년, 둘은 그리스에 있는 섬들로의 여행을 계획했다. 조이가 항상 꿈꿔왔던 일이었다. 잭이 상당히 많은 것을 양보해야만 하는 여행이었다. 잭이 외국으로의 여행을 싫어했기 때문이었다. 문학으로 유명한 곳이어도 마찬가지였다.

"그런 황량한 현실은 내 안에 있는 황금 같은 상상력을 파괴시

킬 수도 있어요"라고 잭이 간청하긴 했지만, 잭은 1960년에 여행을 꼭 함께하겠다고 약속했다.

    1959년 엑스레이 정기 검사를 받으러 가는 동안 조이는 원기 왕성해 보였다. 처음으로 결과에 연연하지 않는 것처럼 보였다. 조이는 자신이 건강할 것이라는 사실을 확신하고 있었다.

열여섯

암이 재발했다!

"마치 조이와 내가 거인으로부터 도망을 친 것만 같았는데." 마비라도 된 듯이 잭이 워니에게 나중에 한 말이다. "성으로부터 완전히 빠져나온 후에 다시 거인에게 잡혀버린 것 같아!"

처음의 도피는 완전한 기적이었다. 다시 빠져나갈 수 있을까? 잭이 처음의 믿음을 지킬 수 있을까? 안타까워하는 친구들을 향해 잭은 낙심하지 않은 것처럼 보이려고 노력했다. 조이가 그러했던 것처럼 말이다. "당연하지." 잭에게 질문을 하는 친구들에게 잭은 분명하게 대답했다. "어떤 일이 있어도, 조이와 내가 함께할 수 있는 시간을 주신 하나님께 나는 감사드릴 걸세." 하지만 내면 깊은 곳에서는 자신의 그 추한 의심이라는 암덩이와의 사투를 벌이고 있었다.

잭은 최대한 많은 시간을 들여 조이와 함께 시간을 보냈고 조이가 살아있는 동안은 조이를 행복하게 해 주겠다고 다짐했다. 조이를 행복하게 해 준다는 것은 그녀의 상태가 어떠하든 그리스로 데려가는 것이었다. 그렇게 1960년, 조이는 고대의 영광을 보기 위해 안간힘을 써야했다. 사실상 조이는 아크로폴리스에 올랐고, 잭과 함께 린도스 마을 거리를 거닐었으며, 미케네에 있는 사자문까지 갔다.

6월의 어느 날, 잭에게는 완벽해 보이는 날이었고 최고의 날 중 하나였다. 둘은 가이드와 함께 차를 타고 키타이론산을 가로질러 코린트만의 소나무와 올리브 숲을 따라 내려갔다. 둘 앞에 푸르른 호머와 플라톤만이 펼쳐진 에고스테나에서 포도주와 지중해의 별미를 즐기며 평온한 시간을 보냈다.

잭은 조이에게 이런 고백을 했다. "지금 이 순간까지, 이렇게 완벽한 만족을 느낀 적은 없었던 것 같구려."

하지만 여행이 끝날 즈음, 조이는 '고통을 참기 위해 술을 마셔야만 했다. 여행에서 돌아온 후 며칠 만에 조이는 가슴에서 암을 제거하는 수술을 받아야만 했다. 다시금 킬른으로 돌아왔지만, 회복은 잠시뿐이었다. 6월 중순경, 조이는 자주 정신을 잃었고, 그때마다 병원으로 실려갔다. 강한 의지력으로, 조이는 다시 회복되는 것처럼 킬른으로 돌아왔고 '스크래블'(비슷한 단어 만들기 놀이)을 하기까지 했다. 하지만 6월 13일, 조이는 고통을 참지 못하고 비명을 질렀다.

병원으로 옮겨진 후, 진통제를 맞았음에도 조이는 잭에게 이렇게 말했다.

"너무 멋있는 관을 만들지는 말아주세요. 멋진 관이라니, 소용없는 일이에요."

마지막 저녁, 조이는 잭이 자신을 너무도 행복하게 해 주었다고 고백했다. 그런 다음 목사에게 자신이 하나님과 평온한 관계를 유지해 왔다고 고백했다. 그리고 몇 분 후, 조이는 숨을 거두었다. 너무도 힘겹게 죽어간 많은 사람들을 보아온 잭에게 조이의 죽음은 자연스럽고 평온해 보이기만 했다.

조이는 자신이 화장되어서 뿌려지길 원했다. 옥스포드 화장터가 가장 적합한 장소였다. 조이의 장례식날은 밝고 태양이 가득한 날이었다. 잭의 친구들이 한 사람도 참석하지 않은 것이 장례식장을 싸늘하게 만들었다. 후에 잭은 친구들에게 다음과 같은 편지를 보냈다. "우리는 기적의 열매를 즐겼네. 다른 사람들을 초청하는 것이 옳은 일인지 확신할 수가 없었어." 그럼에도 잭의 슬픔은 혼란스러운 상황을 만들고 말았다.

잭은 이런 자신의 혼란스러움을 기록하기 시작했다. 처음에는 자신이 사랑하는 조이를 칭찬하는 내용으로 시작했다.

> 조이의 마음은 표범만큼이나 유연하고 빨랐으며 강력했다. 열정, 부드러움, 고통마저도 그러한 것들을 빼앗아 갈 수 없었다. 처음에는 별 의미없는 몇 마디로 그 향기마저 느끼지 못하게 하다가 갑자기 어느

열여섯 | 277

순간 무슨 일이 일어나고 있는지 느끼지도 못하는 상황에 당신을 쓰러
뜨리고 만다. 머지않아 조이에게 시시껄렁한 소리를 하지 말아야 할
것을 배우게 된다.[1]

그런 다음 생각들은 자신의 적극적이지 못한 모습으로 이어
졌다.

항상 켜져 있는 기계와 같이 나 자신의 일을 제외하고는 조금의 노력
도 하지 않으려고 했다. 심지어 면도하는 것까지 그러했다. … 외로운
자가 왜 무기력한지를 단적으로 보여주는 예이다.[2]

스스로에 대한 변증법이 자신의 양심을 날카롭게 파헤쳤다.

아이들에게 조이에 대해 이야기를 할 수가 없다. 이야기를 하려고 하
자 아이들은 마치 지휘자가 없을 때 당황해 하는 그런 비참한 얼굴을
하고 있었다. 어머니께서 돌아가셨을 때 아버지께서 어머니 이야기를
내게 하셨을 때 나도 똑같은 느낌이었다. 아이들도 똑같을 것이다. 아
이들뿐만이 아니다. 내가 만나는 모든 사람들에게서 그러한 모습들을
분명히 볼 수 있었다. 사람들이 내게 다가올 때면 그들이 내게 조이의
죽음에 대해 이야기할 것인지를 고민하는 모습을 분명히 볼 수 있다.
이야기를 한다면 나는 분명 싫어할 것이다. 하지만 이야기를 하지 않
는다면, 우리 같은 유가족들은 마치 나병환자들처럼 어딘가에 격리되
어야만 할 것이다.[3]

결국 혼돈과 당황은 근본적인 이유를 추구했다.

하나님, 어차피 죽어야 할 존재인 것을 왜 이리도 힘겨운 방법을 사용하시는 건가요. 하나님….[4]

잭의 괴로움은 분노로 이어졌다.

도대체 하나님은 어디 계신가? 기쁨의 순간에는 너무도 기뻐서 하나님이 조금도 필요 없어 보인다. 누군가의 품 안에 있거나 그렇다고 느껴진다. 하지만 절박한 순간에 모든 도움이 소용없을 때 하나님께 가면 무엇을 발견하게 되는가? 얼굴 앞에서 문이 사정없이 닫혀지고, 안에서 한 번, 그리고 두 번 문이 잠기는 소리를 듣게 된다. 그리고 침묵이….[5]

잭은 나이든 변증가인 자기 자신과 논쟁을 벌였다.

내가 하나님을 믿지 않는 그런 위험에 처해 있는 것은 아니다. 진정한 위험은 하나님이 그런 무서운 존재일지를 믿게 될지도 모른다는 것이다. "그래, 이것이 진정한 하나님의 모습이야. 더 이상 자신을 속이지 말란 말이야."[6]

점점 더 잭의 생각은 추해져만 갔다.

언제나 나는 이 질문을 해야만 한다. 우리의 이 절박한 이유 외에 하나님이 '선하다'라고 믿어야만 하는 이유가 무엇인가? 모든 증거들이 그렇지 않다고 말해 주고 있지 않은가? 만일 그리스도가 실수한 것이라면? '왜 저를 버리셨나이까?' 라고 말한 뜻이 분명하지 않은가.[7]

잭의 내면은 흔들리고 있었다. 오랫동안 스스로 피해 오던 모습이었다.

내가 항상 조이를 생각한 것은 아니다. 일과 대화들이 그러한 것들을 불가능하게 만들어 버렸다. 하지만 잘못된 것 같은 막연한 느낌이 있다. 무엇이 잘못된 것일까? 그때 '애통하는 자는 복이 있나니' 라는 말씀이 기억났고, 나는 그 말씀을 받아들였다. 물론 다른 사람이 아닌 자신에게 그러한 일이 일어난다면 받아들이기 힘든 일이다. 만일 나 자신이 세상의 슬픔을 염려한다고 생각한 것이 사실이었다면 나 자신에게 닥쳐온 슬픔에 압도당하지는 않았을 텐데. 내 집이 카드로 된 집이라면 빨리 무너지는 것이 좋으련만. 만일 '믿음의 회복' 이 다시 찾아온다면, 그것이 또 다른 카드로 만든 집이라면, 다시 무너지기 전까지 그 사실을 알지 못할 것이 분명하다.[8]

잭은 자기 고통에만 연연하는 스스로의 모습을 꾸짖었다. 아무리 큰 고통이라 하더라도 조이의 고통에 비교할 수 있을까?

육체적인 고통에 비교할 만한 슬픔이 또 있을까? 육체의 고통은 세계

대전의 참호 속에서의 총성 만큼이나 끝없이 계속된다. 잠시도 멈추질 않는다.[9]

천천히 잭은 고통의 시간에는 그 고통을 이해할 수 없는 말로 자신을 정당화해 갔다.

> 하나님이 선한 의도만을 가진 외과 의사라고 가정한다면 분명 조금의 주저함도 없이 수술을 시작할 것이 분명하다. 우리가 고통으로 울부짖는다고 해서 수술을 멈춘다면 그 고통은 아무짝에도 쓸모없는 것이 되고 만다. 하지만 그러한 참기 힘든 고통이 반드시 필요한 것이라고 말할 수 있겠는가? 물론 그것은 우리의 선택이다. 하지만 고통이 불필요하다면 그것은 둘 중의 하나를 의미할 것이다. 하나님이 없거나 그 하나님이 나쁜 하나님이거나.[10]

마침내 잭은 한줄기 빛을 보았다.

> 오늘 아침… 전혀 예상치도 못했던 일이 벌어졌다. 마음이 한결 가벼워졌다. 지난 몇 주간 경험해 보지 못한 일이다. 조이에 대해 덜 슬퍼하자, 조이의 좋은 것들만이 기억났다. 마치 슬픔을 벗어버린 것이 지금까지 가로막고 있던 것을 제거해 준 것만 같았다.[11]

잭은 자신의 깊은 슬픔이 하나님께 드려야만 할 사랑을 가로막고 있었음을 깨닫기 시작했다.

조이를 포함한 모든 죽은 이들은 하나님과도 같다. 그런 면에서 조이를 사랑하는 것은 하나님을 사랑하는 것과 같다고 할 수 있다. 내 앞에 이제 현실적인 문제란 존재하지 않는다. 두 개의 큰 계명이 있음을 알고 있다. 이제 그 계명을 지키려고 한다. 조이가 살아있는 동안 나는 사실 그녀를 하나님보다 우선시 해왔던 것이다.[12]

몇 주가 지난 후, 마침내 하나님을 최우선으로 회복한 잭은 처음으로 조이가 함께하고 있음을 느꼈다.

지난밤 내가 경험한 것은 놀라우리만큼 전혀 감정적이지 않은 것이었다. 그녀의 마음이 잠시나마 내 마음이 되어있었다. 연인들의 황홀한 재결합 같은 것이 아니었다. 오히려 감각이나 감정을 넘어선 그런 친밀함이었고 완벽하리만큼 상쾌한 느낌이었다. …만일 그것이 세상을 초월한 사랑이라면 내가 버려야만 할 편견이 얼마나 많은지! 세상을 초월한 사랑은 전혀 감정적인 것이 아니다. 오히려 견고하고 완전하리만큼 신뢰할 수 있다. 터무니없는 일이 아니다.[13]

마침내, 잭은 지금까지 생각할 수 없었던 것을 생각할 수 있게 되었다. 조이를 다시 소생시킬 수 있다 하더라도 그렇게 하지 않겠다는 것이다.

만일 죽은 사람을 다시 살릴 수 있다면 그것만큼이나 악한 일이 또 있겠는가! 분명 조이는 "이제 하나님과 화평한 사람이 되었어요"라고 하

지 않았던가.[14]

　잭은 이 글들을 출판인 패버에게로 보냈다. 자신의 슬픔을 딛고 일어난 잭이 쓴 글을 누군들 거부할 수 있겠는가? 다른 사람들이 그러한 슬픔을 이겨내는 데 도움을 줄 것이 분명했다. 항상 그러했듯이, 잭은 'N. W. 클러크'라는 예명을 사용했다. 물론 충분한 이유가 있었다. 무엇보다 자신의 다른 책들에서 하나님을 확신하는 내용들을 무너뜨리고 싶지 않았다. 또 다른 이유는, 수많은 편지에 답장을 하게 될 것을 알고 있었기 때문이었다. 자기 이름으로 내었을 때 날아올 수많은 편지들에 답장을 해줘야 한다는 생각조차 견뎌낼 수 없었기 때문이었다.

　잭은 살림을 꾸려가야만 했다. 200파운드였던 잭의 몸무게는 170파운드까지 줄었다. 또한 두 아이를 돌봐야만 했다. 윌리엄 그레셤은 조이가 죽은 후 영국으로 왔지만 놀랍게도 아무런 요구도 하지 않았다. 그저 두 아이를 위로하고 싶어했다. 물론 아이들도 잭만큼이나 윌리엄의 위로에 당황스러워 했다.

　슬픔을 잊기 위해 노력하면서 잭은 1961년 두 권의 책을 마쳤다. 「비평 시험」(An Experiment in Criticism)과 「어휘 연구」(Studies in Words)였다. 「비평 시험」은 학자들을 포함한 많은 사람들이 원작은 읽지 않고 비평을 통해 책을 평가하려는 것들을 꼬집는 내용이었다. 잭은 합당한 독서 그 자체를 옹호해야만 했다.

> 문학을 모르는 친구와 이야기를 나눌 때 최고의 것을 얻게 된다. 그러한 친구는 선함과 좋은 생각으로 가득하지만 작은 세상에 살고 있다. 위대한 문학을 읽다보면, 나 자신이 수많은 다른 사람이 된다.[15]

비평가들에게 냉담한 대접을 받은 데는 많은 분명한 이유가 있었다. 하지만 비평가들은 「어휘 연구」는 좋아했다. 옥스포드 출판부에서는 이 책을 '중요한 책'이라고 불렀다. '뉴욕 타임즈'도 이에 동의했다.

> 이렇게 많은 학식이 우아함과 매력을 함께 동반하는 경우는 매우 드문 일이다. 이 책이 두배로 두껍지 못한 것이 아쉬울 뿐이다.

일반 대중들은 「네 가지 사랑」을 흠모했다. 지식인들에게 있어 지나치게 반 프로이드적인 이 책은 다양한 평을 받았다. 비평가들은 잭이 이 「네 가지 사랑」을 아무런 근거도 없이 자신의 생각만으로 만들어 냈다고 생각하는 것 같았다. 어떻게 현대 정신분석학도 모르는 사람이 사랑을 이해할 수 있는지를 의아해 했던 것이다. 대중들은 마지막에 나온 두 책에는 전혀 관심을 보이지 않았다.

하지만 잭은 이제 자기 스스로의 문제를 신경써야만 했다. 건강이 나빠지고 있었다.

열일곱

"전립선이 부었네, 잭." 주치의인 로버트 하버드의 말이었다. "수술을 해야만 하네."

하지만 수술담당 의사의 생각은 달랐다. 잭이 수술을 견딜 만큼 건강하지 못했던 것이다. 신장의 감염으로 인한 독혈증이 심장의 박동을 불규칙적으로 만들고 있었다. 항생제와 저단백질 다이어트가 처방되었다. 의사는 잭에게 의자에서 똑바로 앉아서 자라고 지시했다. 더 심각한 것은, 가을 학기에 케임브리지로 돌아가지 말라는 것이었다.

"설마 앞으로 가서는 안 된다는 말은 아니겠지?"라며 잭이 불평했다. 이미 심하게 아픈데다 지칠 대로 지쳐 있었다.

그럼에도 글을 쓰는 일은 멈추지 않았다. 앞으로 책을 쓰지 못할 만큼 아플 수 있다는 것이 가능한 일일까? 잭은 중세와 르네상스 문학 수업을 모두 하나로 묶어서 '버려진 이미지'란 제목으로 책을 만들고 싶어했다. 또한 기도에 대한 책을 쓰고 싶어했다. 하지만 1962년 말, 잭은 '말콤에게 보내는 편지'(Letters to Malcolm)를 쓰기 시작했다. 건강은 좋아지기 시작했다. 1962년 봄, 잭은 택시를 타고 케임브리지로의 여정을 다시 시작했다. 아직 아픈 것은 여전했지만, 그런 움직임들이 잭에게 활력을 불어넣어 주었다.

"수술을 받고 완전히 회복되기를 하나님께서 원하시는지도 몰라."

잭은 두 아이에게 미국에서 날아온 좋지 못한 소식을 전해 줘야만 했다. 두 아이의 생부는 혀에 암이 생겼고 그로 인한 지독한 고통과 죽음을 자살로 대신한 것이었다. 이제 잭은 두 아이의 마지막 남은 희망이었다. 잭은 두 아이를 교육시킬 수 있었다는 사실로 하나님께 감사를 드렸다. 이미 그에 대한 이야기를 오웬 바필드와 마친 상태였다.

1963년 봄, 친구들은 잭에게 스스로 건강을 챙기라고 충고해 주었다. 다행히 잭의 건강이 너무도 좋아져서, 워니와 아일랜드로 떠날 수 있을 정도였다. 잭은 17살이 된 더글라스의 도움을 받아 아일랜드로의 여행을 계획했다.

하지만 6월의 어느 날, 잭은 더글라스에게 이렇게 말했다.

"하버드 박사님을 모셔 오거라. 내 상태가 몹시 좋지 않구나."

신장이 문제였다. 신장 투석을 위해 잭은 병원으로 옮겨졌다.

기억나는 것은 나중에 자신이 친구들과 이야기를 나누고 있던 것들뿐이었다. 이야기의 요점은 잭이 혼수 상태에 빠져 있었다는 내용이었다. 하지만 찰스 윌리엄스의 아내와 이야기를 나누고 있지 않았던가? 왜 부인이 침대 아래에 출판되지 않은 중요한 책의 원서를 숨기고 있었던 거지? 무어 부인에게도 이야기를 하지 않았던가? 결국 잭은 자신이 환각상태였음을 깨달았다. 약 때문이었을까? 어쩌면 부분적으로만 혼수상태에 빠져 있었을지도 모른다.

"워니는 어디 있지?" 잭이 물었다.

그제서야 잭은 워니가 아일랜드에 있다는 사실을 기억해 냈다. 루르드에서 숙취를 해소하고 있을 것이 분명했다. 잭이 아프다는 내용으로 보낸 편지에도 아직 답장이 없었다. 이럴 때마다 정신을 잃을 정도로 술을 마시는 워니 때문에 잭은 화가 났다. 젊은 미국 청년인 월터 호퍼가 잭을 간절히 돕기를 원했다. 잭이 가장 걱정하는 것이 킬른이었기 때문에 잭은 호퍼에게 킬른으로 들어와 달라고 부탁했다. 그런 다음 잭은 엄청난 걸음을 내디뎠다. 다름 아닌 뒷걸음질하는 일이었다. 잭은 케임브리지 교수직을 사임했다. 다른 뭔가가 될 기회를 왜 거절하겠는가? 잭은 자신이 이 자리가 나기를 얼마나 간절히 기다렸었는지를 되돌아보았다. 잭은 전혀 위선자가 아니었다. 호퍼와 더글라스가 케임브리지에 있는 잭의 짐들을 챙겨 왔다.

"하나님, 왜 혼수상태에서 깨어나게 하셨는지요? 다른 할 일이 또 있는 것입니까?" 잭은 매일 매일 생각했다. 그리스도께서 다시 살리신 나사로를 잭은 동경했다. 물론 처음에는 그렇지 않았다. 이전에 잭은 다음과 같은 글을 쓴 적이 있었다.

> 주님께서 이미 죽은 자 가운데서
> 부활하신 후에
> 당신을 위해 목숨을 아끼지 않고 바친 것이
> 첫 번째 순교자 스데반 아니었는지요.
> 주님의 옷자락이 찢겨나가고, 족쇄가 흘러내렸고,
> 모든 사람들이 어쩔 수 없이 간직하는 것을 포기하며,
> 심하게 부서진 배가 닻을 내리고
> 어둠 가운데 안전하게 보이고
> 파도 하나 없이 잔잔한 가운데
> 순종하며 다시금 항해를 떠나는
> 당신의 죽음처럼
> 모두가 다시 죽어야 함을
> 너무도 잘 알고 있기에.[1]

잭은 9월에 킬른으로 돌아와서는 호머, 플라톤, 버질, 단테, 조지 허버트와 같이 자신이 좋아하는 작가들의 작품을 모두 읽었다. 훨씬 좋아진 듯했다. 호퍼가 미국으로 돌아가야만 할 때가 되었을 때, 잭은 워니가 아일랜드로부터 돌아와 주기를 바랬다.

"답장을 써야만 하는 저 수많은 편지들만 아니라면 혼자서도

어떻게 해보련만!"

화가 난 색이 불평을 늘어놓았다.

마침내 워니가 돌아왔다. 배 모양의 얼굴에 사과 같은 볼을 가진 자신의 형을 다시 보게 된 것이 이렇게까지 기뻤던 적이 없었을 정도였다. 워니의 얼굴은 검게 그을려 있었다. 워니가 늦게 온 것이 결국은 모두에게 득이 될 수도 있어 보였다. 잭이 진정으로 워니를 필요로 하는 동안만은 적어도 워니가 술을 마시지 않을 수 있기 때문이었다.

둘은 다시 절친한 사이가 되었고, 복슨과 원야드 그리고 멜버른의 때를 회상하며 좋고 나빴던, 추하고 아름다웠던 일들에 대해 이야기를 나누었다. 워니가 함께 있으니 괴로웠던 기억들은 아무런 문제가 되지 않았다.

"이제 더할 나위 없이 인생이 즐겁기만 한 것 같아. 좀 천천히 가야 할 것 같아"라며 잭은 스스로를 위로했다. 그리고는 워니에게 이렇게 말했다. "이제 아이들도 괜찮아 보이지 않아?" 그런 다음 잭은 관심이 없다는 듯이 이렇게 덧붙였다. "난 말이야, 홀리트리니티교회에 묻히고 싶어."

워니가 슬퍼하는 모습을 보며 잭은 소리 없이 웃었다. "몇 년 전에 나한테 자서전에 대해 이야기했던 거 기억나?"

"아니." 워니가 고개를 흔들었다.

"지금은 꽤나 공손한 것 같은데. 하지만 자서전을 쓰다 보면 마지막으로 갈수록 돈 문제나 오랜 친구들, 가족들의 죽음, 나빠지는 건강 같은 것들 때문에 이야기가 비참해진다고 했지."

"인간은 저 세상으로 가는 여정을 견뎌내야만 해"라고 워니가 중얼거렸다.

"바로 그거야." 잭도 동의했다.

톨킨이 찾아왔다. "우린 마치 나뭇잎을 잃어가는 고목처럼 보이는군 그래"라고 톨킨이 자신들의 모습을 그려 보았다. 그리고는 톨킨은 잔인할 만큼 솔직한 자신의 모습을 이렇게 말했다.

"잭, 자네를 보니 마치 내 뿌리를 향해 날아오는 도끼를 보는 것 같지 뭔가."

잠이 쏟아졌다. 거의 항상 그러했다. 아주 가끔씩, 톨킨과 같은 옛 친구들과 이야기를 나눌 때만 오랫동안 깨어있을 수 있었다. 보통 잭은 킬른에서 자신이 쓴 멋진 작품들을 읽다 잠이 들어 버렸다. 천국에 이만큼이나 달콤한 것이 또 있을까? 어쩌면 손에 펜을 들고 종이를 마주 대하고 있는 것이 달콤할 수도 있지만, 이제 잭에게는 더 이상 글을 쓰기 원하는 그런 불타는 열망은 없었다. 이미 기독교인으로서의 임무를 다하지 않았던가? 심판을 받을 때가 된 것이다.

잭은 지금까지 온 길을 되돌아보기 시작했다. 전에 없던 일이었다. 14편의 장편 소설 길이의 산문시 소설, 상당량의 단편 이야기와 서정시, 낭송시는 몇 편이나 되던가? 상상력으로 만들어진 작품들은 수백만 단어는 더 될 것이었다. 변증론 또한 수백만 단어를 향해 달려가고 있다고 잭은 생각했다. 그 다음은 학문적인 언구 내용들로 이 또한 백만 단어 정도 될 것이었다. 수많은 수필까지 포함해야 할까? 백 편은 넘을 것이었다! 다른 작품들의 서문들? 기억하기 힘들 정도였다. 잭이 맑은 정신으로 정성을 다해 쓴 10,000통 혹은 20,000통의 편지들이 충분한 작품임을 부인할 사람이 누가 있겠는가?

"분명한 건 더 이상 할 말이 없을 정도라는 거야!"라고 잭은 스스로를 확신시켰다.

1963년 11월, 잭의 65번째 생일을 일주일 앞둔 날이었다. 잭에게는 큰 문제가 될 것이 아니었다. 어디로 가는가도 그러했다. 시간이란 이 물질 세계에서만 중요한 것이 아니지 않은가. 잭은 이제 지칠 대로 지쳐 있었다. 마치 온종일 잠을 자는 듯했다. 점심 후 안락의자에서 자고 있던 잭을 워니가 깨웠고 정중히 침대에 가서 누우라고 이야기했다. 4시, 워니가 차를 가져다주었다. 어찌보면 당연한 일이었다. 얼마나 많이 잭이 워니에게 차를 가져다주었던가? 또 바닥에 쓰러진 워니를 침대에 눕혔던 것은 얼마였던가? 워니는 흥겹게 자신이 쓰고 있는 프랑스 역사책에 대해 이야기를 했다. 잭은 워니가 자랑스러웠다. 그렇다. 우리 모두가 그러한 것처럼, 워니 또한 결점투성이에 불쌍한 인간이지만 술에 취하지 않은 동안 워니는 큰 일을 한 것이었다. 잭에게 큰 도움을 주면서도 한 번도 동생에 대해 불평을 하지 않았다. 잭은 무어 부인이 잔소리를 늘어놓았던 그 오랫동안 워니가 그에 대한 불평을 거의 하지 않았던 것을 생각하고 있었다. 물론 내심 워니는 상당히 짜증이 나있는 상태였음을 잭은 알고 있었다. 그런 형이 있다는 것은 멋진 일이었다. 잭은 드로게라에 있는 자매들이 워니가 이야기한 것보다 훨씬 자신을 희생하고 있을 것이라고 생각한다는 말을 들은 적이 있었다. 워니가 구원을 받았고 잭도 그러했다. 이제 더 이상 잭이 할 일이 많지 않았다.

"쉬게나, 꼬마 돼지 동생." 워니가 우스갯소리를 하며 방을 나갔다.

잭의 방이 황금빛으로 가득했다. 5시 30분, 이제 잭이 그리도 오랫동안 동경하던 소중한 '다른 세계'로 들어갈 차례였다.

미주

둘

1) Excerpts from "Tegner's Drapa", taken from The Poetical Works of Longfellow by Henry Longfellow. Houghton Mifflin, 1975.

셋

1) Excerpts from Boxen: the Imaginary World of the Young C. S. Lewis by C. S. Lewis and C. S. Lewis's letter to Owen Barfied of 27th May 1928. Reproduced by permission of Curtis Brown Limited, London.

2) Excerpts from C. S. Lewis: A Biography by Roger L. Green and Walter Hooper. Reprinted by permission of Harcourt Brace & Company.

넷

1) Excerpts from Spirits in Bondage by William Heinemann. Reprinted by permission of Harcourt Brace & Company.

2) Excerpts from Letters of C. S. Lewis by C. S. Lewis, copyright 1966 by W. H. Lewis and the Executors of C. S. Lewis and renewed 1994 by C. S. Lewis Pte Ltd. Reprinted by permission of Harcourt Brace & Company.

다섯

1) Excerpts from Spirits in Bondage by William Heinemann. Reprinted by permission of Harcourt Brace & Company.

여섯

1) Excerpts from Letters of C. S. Lewis by C. S. Lewis, copyright 1966 by W. H. Lewis and the Executors of C. S. Lewis and renewed 1994 by C. S. Lewis Pte Ltd. Reprinted by permission of Harcourt Brace & Company.

2) Ibid

3) Ibid

일곱

1) Excerpts from Letters of C. S. Lewis by C. S. Lewis, copyright 1966 by W. H. Lewis and the Executors of C. S. Lewis and renewed 1994 by C. S. Lewis Pte Ltd. Reprinted by permission of Harcourt Brace & Company.

2) Ibid

여덟

1) Excerpts from All My Road Before Me: the diary of C. S. Lewis from 1922–1927 edited by Walter Hooper. Reprinted by permission of Harcourt Brace & Company.

2) Excerpts from Clive Staples Lewis: A Dramatic Life by William Griffin. Harper & Row, 1986.

3) Excerpts from Letters of C. S. Lewis by C. S. Lewis, copyright 1966 by W. H. Lewis and the Executors of C. S. Lewis and renewed 1994 by C. S. Lewis Pte Ltd. Reprinted by permission of Harcourt Brace & Company.

4) Ibid

아홉

1) Excerpts from Letters of C. S. Lewis by C. S. Lewis, copyright 1966 by W. H. Lewis and the Executors of C. S. Lewis and renewed 1994 by C. S. Lewis

Pte Ltd. Reprinted by permission of Harcourt Brace & Company.

2) Ibid

3) Excerpts from "Poema Historiale" by Humphrey Carpenter. Taken from The Inklings. Houghton Mifflin Company, 1979. Reprinted by permission of Houghton Mifflin Company. Canadian permission to reprint granted by HarperCollins Ltd.

열

1) Excerpts from "Queen of Drum" in Narrative Poems by C. S. Lewis, copyright 1969 by C. S. Lewis Pte Ltd, Preface copyright 1969 by Walter Hooper. Reprinted by permission of Harcourt Brace & Company.

2) Excerpts from "Planets", taken from C. S. Lewis: Poems by C. S. Lewis, copyright 1964 by the Executors of the Estate of C. S. Lewis Pte Ltd. And Walter Hooper. Reprinted by permission of Harcourt Brace & Company.

3) Excerpts from Letters of C. S. Lewis by C. S. Lewis, copyright 1966 by W. H. Lewis and the Executors of C. S. Lewis and renewed 1994 by C. S. Lewis Pte Ltd. Reprinted by permission of Harcourt Brace & Company.

4) Ibid

열하나

1) Excerpts from The Price of Success by J. B. Phillips. Harold Shaw Publishers, 1984. Reprinted by permission of Harold Shaw Publishers. (ch. 11)

열둘

1) Excerpts from "To Charles Williams", taken from C. S. Lewis: Poems by C. S. Lewis, copyright 1964 by the Executors of the Estate of C. S. Lewis Pte Ltd. And Walter Hooper. Reprinted by permission of Harcourt Brace & Company.

2) Excerpts from Essays Presented to Charles Williams. Oxford University Press, 1947. Reprinted by permission of Oxford University Press.

3) Ibid

열여섯

1) Excerpts from A Grief Observed by C. S. Lewis. Copyright 1961 by N. W. Clerk. Reprinted by permission of HarperCollins Publishers Inc. Canadian permission to reprint granted by Faber and Faber Ltd.

2) Ibid

3) Ibid

4) Ibid

5) Ibid

6) Ibid

7) Ibid

8) Ibid

9) Ibid

10) Ibid

11) Ibid

12) Ibid

13) Ibid

14) Ibid

15) Excerpts from An Experiment in Criticism by C. S. Lewis. Cambrige University Press, 1961. Reprinted by permission of Cambridge University Press.

열일곱

1) Excerpts from "Stephen to Lazarus", taken from C. S. Lewis: Poems by C. S. Lewis, copyright 1964 by the Executors of the Estate of C. S. Lewis Pte Ltd. And Walter Hooper. Reprinted by permission of Harcourt Brace & Company.